시스템 분석과 설계 개정판

효과적인 비즈니스 정보시스템 개발　**허원실** 지음

지은이 **허원실** wsheo57@gmail.com

1981년부터 2005년까지 우송정보대학 정보센터에서 개발부장과 운영부장을 거쳐 전산소장을 역임했다. 1983년부터 최근까지는 우송정보대학 컴퓨터정보과 전임교수로 시스템 분석, 실무사례, 프로그래밍 언어(Java, C++, PHP) 등을 강의했다. 주요 프로젝트로 우송정보대학의 학사관리 시스템 분석, 설계 및 개발 책임을 맡아 수행했으며 대학 홈페이지 구축과 취업관리 시스템 구축 등도 수행했다.

시스템 분석과 설계 개정판 : 효과적인 비즈니스 정보시스템 개발

초판발행 2015년 11월 30일
7쇄발행 2024년 1월 20일

지은이 허원실 / **펴낸이** 전태호
펴낸곳 한빛아카데미(주) / **주소** 서울시 서대문구 연희로2길 62 한빛아카데미(주) 2층
전화 02-336-7112 / **팩스** 02-336-7199
등록 2013년 1월 14일 제2017-000063호 / **ISBN** 979-11-5664-206-0 93000

총괄 박현진 / **책임편집** 유경희 / **기획·편집** 변소현 / **진행** 정지윤
디자인 표지 더그라프, 내지 여동일 / **제작** 박성우, 김정우
영업 김태진, 김성삼, 이정훈, 임현기, 이성훈, 김주성 / **마케팅** 길진철, 김호철, 심지연

이 책에 대한 의견이나 오탈자 및 잘못된 내용에 대한 수정 정보는 아래 이메일로 알려주십시오.
잘못된 책은 구입하신 서점에서 교환해 드립니다. 책값은 뒤표지에 표시되어 있습니다.

홈페이지 www.hanbit.co.kr / 이메일 question@hanbit.co.kr

지금 하지 않으면 할 수 없는 일이 있습니다.
책으로 펴내고 싶은 아이디어나 원고를 메일(**writer@hanbit.co.kr**)로 보내주세요.
한빛아카데미(주)는 여러분의 소중한 경험과 지식을 기다리고 있습니다.

원리를 제대로 알면 IT가 맛있다

시스템 분석과 설계 개정판

효과적인 비즈니스 정보시스템 개발　**허원실** 지음

H3 한빛아카데미
Hanbit Academy, Inc.

기초가 튼튼한
개발자가 되기를 바라며

『시스템 분석과 설계』가 한빛아카데미㈜의 IT CookBook 시리즈로 출간된 지 10년의 세월이 지났습니다. 그동안 꾸준한 사랑을 받으며 2014년 7쇄까지 발행하게 된 것에 대해 조금은 놀랍기도 하고 책임감도 느낍니다. 그동안 부족한 책을 아껴준 독자들과 뚝심으로 이 책을 지켜온 한빛아카데미㈜ 관계자에게도 이 자리를 빌려 감사의 인사를 드립니다.

그동안 한빛아카데미㈜로부터 이 책의 개정판 출간을 수차례 제안받은 바 있습니다. 그럼에도 불구하고 이제야 개정판을 내게 된 것은 필자의 무능함과 게으름의 소치라고도 할 수 있겠습니다. 그러나 최근까지도 소프트웨어 개발환경, 가령 소프트웨어 개발업체와 개발인력들이 주로 사용하는 개발 방법론과 도구 등에서 실제적인 변화를 감지하지 못한 이유도 있습니다. 이는 아마도 새로운 소프트웨어 개발 방법론과 도구가 실제 현장에서 활용되기까지 상당히 많은 시간이 소요됐을 것이고, 또한 그러한 방법론이나 도구들이 실제 현장에서 효율적인지 검증하는 데도 많은 시간이 소요됐기 때문일 것입니다.

하지만 시대는 변하고 있고 새로운 방법론에 대한 요구는 커지고 있습니다. 필자는 이러한 현실을 감안하여 개정판 출간을 더 이상 미룰 수 없다는 판단에 집필을 시작하였습니다. 이번 개정판에서 추가된 핵심적인 부분은 13~15장의 객체지향 방법론입니다.

이 책의 자세한 구성은 다음과 같습니다.

구성

1부. 시스템 분석/설계 개요 : 시스템 개발 과정에 대해 전반적으로 이해할 수 있도록 SDLC 모형의 5단계를 개략적으로 설명하고 시스템 분석과 설계의 중요성, 주요 방법론과 산출물 등을 살펴봅니다.

2부. 구조적 분석 방법론 : 구조적 분석 방법론의 원리와 구조적 방법론의 모형화 도구인 자료흐름도, 자료사전, 소단위 명세서에 대해 학습합니다. 그리고 실습 예제와 미니 프로젝트를 통해 직접 작성 연습을 해 봅니다.

3부. 정보공학 방법론 : 정보공학 방법론을 적용하여 시스템을 분석하고 설계하는 과정을 학습한 후 미니 프로젝트로 관계형 데이터베이스의 설계 과정을 연습해 봅니다.

4부. 객체지향 방법론 : 객체지향의 개념과 주요 용어를 정리하고 UML 도구 사용법을 익힌 후 미니 프로젝트로 객체지향 방법론의 설계 과정을 연습해 봅니다.

5부. 소프트웨어 품질관리 : 소프트웨어 품질관리의 개념과 품질목표를 이해한 후 소프트웨어 품질관리 절차에 대해 알아봅니다.

아무쪼록 이 책이 시스템 분석과 설계를 공부하려는 독자들에게 유용한 가이드 역할을 할 수 있기를 바랍니다. 이 책이 출간되기까지 힘써 주신 한빛아카데미(주) 관계자 여러분의 노고에 거듭 감사드립니다.

저자 허원실

강의 보조 자료

한빛아카데미 홈페이지에서 '교수회원'으로 가입하신 분은 인증 후 교수용 강의 보조 자료를 제공받으실 수 있습니다. 한빛아카데미 홈페이지 상단의 [교수회원전용공간] 메뉴를 클릭해 주세요.
http://www.hanbit.co.kr/academy

학습 로드맵

이 책은 비즈니스 시스템 개발의 전 과정과 시스템을 개발하는 데 필요한 분석/설계 방법론을 다룹니다. 구조적 분석 방법론, 정보공학 방법론, 객체지향 방법론의 주요 개념과 원리를 공부한 후 미니 프로젝트로 해당 방법론이 어떻게 적용되는지 연습해 볼 수 있습니다.

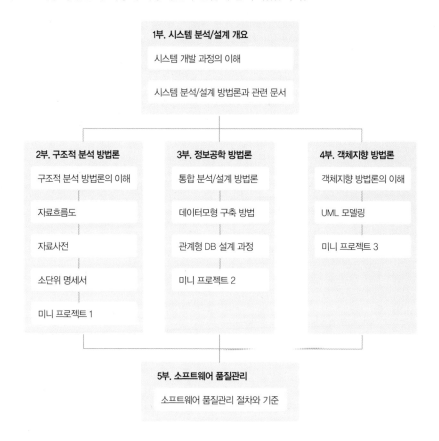

연습문제 해답 안내

본 도서는 대학 강의용 교재로 개발되었으므로 연습문제 해답은 제공하지 않습니다.

Part 03 정보공학 방법론

Part 04 객체지향 방법론

Part 01

시스템 분석/설계 개요

Chapter 01
시스템 개발 과정의 이해

학습목표

▶ 소프트웨어 위기와 소프트웨어 공학의 출현 배경을 이해한다.

▶ 시스템(소프트웨어) 개발 과정에 참여하는 사람들에 대해 알아본다.

▶ 시스템 개발 단계를 이해하기 위해 SDLC 모형 및 프로토타입 모형을 학습한다.

▶ 프로젝트 관리의 개념을 이해하고 절차를 학습한다.

01 소프트웨어 공학

1 소프트웨어 위기

최근 우리는 급속한 과학기술의 발전을 목도하고 있다. 더불어 인류의 미래를 주도할 첨단 산업기술인 6T에 주목하고 있다. 정보기술^{IT}, 생명공학기술^{BT}, 나노기술^{NT}, 환경공학기술^{ET}, 우주항공기술ST, 문화콘텐츠기술^{CT}이 바로 그 주인공이다. 이들은 전통적인 산업기술과 다른 것으로 과거의 어떤 기술보다 인류 생활에 큰 변화를 몰고 올 것이다.

컴퓨터로 대표되는 정보기술$^{IT, Information Technology}$ 혁명은 인터넷의 확산과 더불어 인류문명을 새롭게 바꾸어 나가고 있다. 그 중심에 소프트웨어^{Software}가 있다. 그렇다면 소프트웨어의 발전을 이룩한 주인공은 천재적인 프로그래머일까? 아니면 소프트웨어 개발 기술일까?

초기 프로그래머들은 뛰어난 수학자이거나 과학자였다. 아니 자신의 창의적인 아이디어를 이용해 뛰어난 프로그램을 창조해 낸 예술가였는지 모른다. 하지만 소수의 천재들에 의해서만 소프트웨어가 개발된 것은 아니다. 만약 그랬다면 지금과 같이 급격하게 증가하고 있는 소프트웨어의 수요를 충족시킬 수는 없었을 것이다.

실제로 지난 20~30년 동안 우리 사회는 그러한 사실을 경험하였다. 프로그래머의 수요가 늘어났고 대학의 컴퓨터 관련 학과는 인기 상한가를 누렸다. 당연히 컴퓨터 관련 전공자들의 몸값은 뛰었고 수요와 공급의 불균형으로 인한 인력난을 겪었다. 하지만 개발현장에서는 수많은 오해와 시행착오를 경험하는 시기이기도 했다. 컴퓨터는 만능이라는 막연한 기대와, 프로그래머는 원하는 프로그램을 다 만들어낼 수 있을 것이라는 오해 등이 바로 그것이다. 수많은 개발 프로젝트는 실패로 끝나거나 중도에 포기되기도 했다.

개발기간의 지연을 해결해 보려고 추가 인력을 투입했지만 결과는 나아지지 않았다. 오히려 개발비용만 기하급수적으로 증가했다. 이러한 현상을 빗대어 '90 : 90 법칙'이란 용어가 회자되기도 했다. 즉, 개발 공정의 90%가 진행되었다고 말하는 시점부터 실제로 남은 공정에 90%의 시간과 노력이 필요할 것이라는 다소 독설적인 격언이다. 비록 프로젝트가 마무리되어 시스템이 운영된다 해도 끊임없이 제기되는 문제점의 수정과 보완을 위해 추가적인 인력과 비용을 지속적으로 요구하게 되었다.

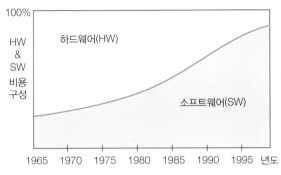

그림 1-1 하드웨어와 소프트웨어 비용 구성률

2 소프트웨어 공학의 출현

이런 값비싼 대가를 치루며 많은 개발자들은 소프트웨어 개발 방법론에 주목하게 되었다. 산업혁명으로 시작된 대량 생산체제가 급격한 수요의 증가에 대응할 수 있는 공급체계를 갖출수 있게 했다는 사실에 주목하며 소프트웨어의 개발에도 이와 같은 원리를 적용할 필요를 느끼게 된 것이다. 이렇게 해서 탄생한 것이 이른바 소프트웨어 공학Software Engineering이다. 이론적으로는 소프트웨어의 개발도 마치 공장에서 대량으로 필요한 제품을 생산하듯이 자동화된 시스템에 의해 규격화된 제품(소프트웨어)을 생산해 낼 수 있도록 하자는 것이다. 이러한 노력은 이 분야의 선구적인 소프트웨어 공학자들에 의해 시도되었다. 지금도 대학, 연구소, 대규모 컴퓨터 회사 등에 의해 진행되고 있으나 아직 완성된 단계라고 할 수는 없다. 다만 이 과정에서 소프트웨어 개발 방법론이란 개념체계가 형성되었다는 데 의미가 있다. IEEE는 소프트웨어 공학을 다음과 같이 정의한다.

> 소프트웨어 공학이란 소프트웨어의 개발, 운용, 유지보수 및 파기에 대한 체계적인 접근 방법이다.

공학적 원리란 이론이나 방법론 또는 도구를 적절하게 선택하여 적용시키면서도 기존의 이론이나 방법론으로 해결할 수 없는 문제에 대해서 새로운 이론이나 방법 또는 기술을 찾아내려는 노력을 말한다. 소프트웨어 공학은 이러한 공학적 원리에 의하여 소프트웨어를 개발하는 것뿐만 아니라 소프트웨어 프로젝트 관리, 도구와 방법론의 개발, 소프트웨어 생산을 지원하는 이론까지 포함하고 있다. 소프트웨어 공학의 의미를 소프트웨어 공학의 목표에 맞추어 정의하면 '품질이 좋은 소프트웨어를 최소한의 비용으로 계획된 일정에 맞추어 개발하는 것'이라고 할 수 있다.

3 소프트웨어 공학의 계층 구조

소프트웨어 공학에서 다루는 주제의 계층 구조는 다음과 같다.

그림 1-2 소프트웨어 공학에서 다루는 주제의 계층 구조 [01]

■ 도구

도구란 프로그램 개발 과정에서 사용되는 여러 가지 방법을 자동화한 것을 말한다. 예를 들면, 요구분석 단계에서는 시스템 모형을 다이어그램으로 그려 주고 요구사항이 정확한지, 빠짐없이 분석되었는지, 일관성이 있는지 점검한다. 그 밖에도 비용 예측, 설계, 테스팅, 문서화, 유지보수 단계에서 사용하는 도구도 많이 나와 있다.

CASE^{Computer Aided Software Engineering}는 소프트웨어 개발 전 단계를 지원하는 대표적인 도구이다. 1980년대 말 개인용 컴퓨터의 성능이 향상되면서 소프트웨어 개발 방법으로 다이어그래밍 도구와 자동 분석 기능을 패키지로 만들어 워크스테이션에 장착시킨 것이다. CASE는 계획, 분석, 설계와 같이 전반부를 지원하는 상위 CASE와 코딩, 테스팅, 유지보수와 같이 후반부를 지원하는 하위 CASE로 구분하기도 한다. CASE를 사용하면 개발 과정의 단계별 상황에 대해 설계자, 프로그래머, 테스터, 계획수립자, 관리자들이 공통의 시각을 공유하여 소프트웨어 개발환경을 증진시킬 수 있다.

■ **방법론**

방법론이란 소프트웨어 개발에 사용되는 기술적인 방법을 정형화시켜 제시하는 것을 말한다. 소프트웨어 개발의 여러 단계, 즉 요구사항 분석 및 설계, 프로그램 코딩, 테스팅, 유지보수 등을 각각 어떻게 할 것인가에 초점을 맞춘다고 할 수 있다. 한 단계에 관해서만 다루는 것을 방법^{Method}이라고 하고 전 단계에 관하여 모색하는 것을 방법론^{Methodology}이라고 구분한다.

참고로 분석 및 설계 단계에서는 주로 다이어그램을 이용하여 필요한 사항과 개발 과정을 단순화·추상화시킨다.

방법론은 크게 프로세스 중심 방법론, 자료 중심 방법론, 객체지향 방법론으로 구분한다.

• **프로세스 중심 방법론**

프로세스 중심 방법론은 1970년대에 제시되어 가장 널리 알려졌는데 자료의 변환과정과 프로세스를 강조하여 프로그램을 개발하는 방법이다. 즉 하나의 문제를 해결하기 위해 프로그램을 작성할 때 그 문제를 풀기 위한 절차를 처음부터 마지막 단계까지 논리적 순서에 맞게 나열하는 과정으로 해법을 찾으려는 방법론이다. 이 과정에서 하나의 처리 단위를 프로세스라고 말하며 단위 프로세스는 그 처리에 필요한 자료를 입력받아 목적에 맞게 그 자료를 변환하여 출력한다는 점에서 자료의 흐름^{Data Flow}, 변환^{Transaction} 등이 중심 개념이라 할 수 있다.

대부분의 프로그래밍 언어들은 이러한 절차적 처리에 적합하게 만들어졌으며 데이터베이스가 보편화되기까지 이러한 방법론이 주류를 이루었다. 또한 자료 처리를 위해서는 파일시스템을 활용했다. 그러나 이러한 절차적 방법론은 새로운 문제를 해결하기 위해서 또 다른 파일과 프로세스가 필요하기 때문에 소프트웨어의 재사용성이 낮고 파일시스템의 관리가 복잡해지는 등의 단점을 가지고 있다.

• **자료 중심 방법론**

자료 중심 방법론은 프로그램을 개발할 때 사용할 자료를 규명하고 자료 간의 관계를 분석한 후 자료구조를 정의하고 이를 토대로 프로세스 구조를 고안하는 방법이다. 이러한 방법론의 탄생 배경은 프로세스 중심 방법론에 대한 반성에서부터 출발한다. 즉 처리는 사용자의 요구에 따라 자주 변하는데, 자료는 비교적 변화하지 않는 특성에 착안하여 자료구조를 정의하고 필요한 요구에 따라 해당 자료들을 추출하여 원하는 결과를 출력하는 방식을 택하게 된 것이다.

프로세스 중심 방법론이 파일시스템에 기반한 절차적 언어(FORTRAN, COBOL, BASIC, PASCAL, C 등)의 프로그래밍 방식이라면 자료 중심 방법론은 데이터베이스에 기반한 쿼리 중심 언어의 프로그래밍 방식이라고 할 수 있다. 1980년대 후반 이후 대부분의 응용 프로그램이 데이터베이스 기반의 쿼리 중심 언어로 개발되었다.

- **객체지향 방법론**

    객체지향 방법론은 자료와 프로세스를 묶어서 생각하는 방법이다. 자료와 프로세스의 결합을 객체라 부르며 이를 캡슐화 함으로써 좀 더 쉽게 프로세스의 모듈화, 정보 은닉, 코드 재사용의 효율성을 꾀할 수 있다. 앞서 살펴본 프로세스 중심 방법론과 자료 중심 방법론의 장점을 묶어 진화한 방법론이라고 말할 수 있다.

    앞서 1980년대 후반 데이터베이스를 기반으로 한 응용 프로그램 개발이 주류를 이루었다고 설명했다. 그러나 소프트웨어 개발의 획기적 발전의 계기는 객체지향 방법론의 개발과 적용에서 비롯되었다. 1990년대 이후 소프트웨어 개발현장에서는 RAD$^{Rapid\ Application\ Development}$라 불리는 비주얼 개발 도구들(Visual Basic, Delphi, PowerBuilder, Visual C++ 등)이 출현하였다. 종전에 개발자들이 수개월에 걸쳐 개발하던 응용 프로그램을 단지 수일 만에 개발할 수 있게 된 것이다. 미리 개발되어 정의된 클래스 객체, 객체들이 단일 목적으로 조합된 컴포넌트 등이 개발자에게 제공되었다. 개발자들은 클래스나 컴포넌트들을 조합하는 것만으로도 훌륭한 응용 프로그램을 손쉽게 개발할 수 있게 되었다.

■ 프로세스

소프트웨어를 개발할 때 사용하는 방법과 도구를 적용할 순서를 정의한 것이 프로세스이다. 프로세스는 소프트웨어 개발에 필요한 작업 이름, 작업 내용, 결과물, 절차나 지시사항 등을 작업 사이의 선후 관계와 더불어 나타낸 것으로 소프트웨어 명세, 소프트웨어 개발, 소프트웨어 검증, 소프트웨어 진화 등의 영역으로 구분하기도 한다.

- **소프트웨어 명세**

    소프트웨어 개발에 앞서 표준화된 소프트웨어 명세 작성이 선행되어야 한다. 이 과정에서는 각종 코드 체계의 정리, 명명(命名) 규칙의 수립, 자료(테이블) 명세, 모듈 명세 등의 작업이 이루어진다.

- **소프트웨어 개발**

    소프트웨어 명세를 바탕으로 소프트웨어를 개발하는 과정으로, 다양한 사용자층의 요구에 맞추어 사용자 편의성을 최우선으로 고려하여 개발을 진행한다.

- **소프트웨어 검증**

  소프트웨어 개발을 완료한 이후에는 검증 과정을 거쳐 소프트웨어의 품질보증을 하게 된다. 소프트웨어 품질의 중요성이 날로 높아지고 있는 점을 감안할 때 소프트웨어 검증 절차의 중요성 또한 소홀히 할 수 없다.

- **소프트웨어 진화**

  처음부터 완벽한 소프트웨어를 개발하는 것이 최선의 목표이지만 사용 환경이 변화함에 따라 소프트웨어도 진화가 필요하다. 소프트웨어 진화란 개발이 완료된 소프트웨어가 새로운 요구에 부응하기 위해 새로운 버전으로 발전하는 것을 의미한다.

프로세스는 소프트웨어 공학의 관리적인 측면을 강조한 것으로 개발팀이나 사용자의 특성에 따라 달라진다. 프로세스를 어떻게 정의하느냐에 따라 소프트웨어의 품질이 달라지는 만큼 프로세스를 최적화하고 향상시키려는 노력은 계속되어야 한다.

■ 품질

소프트웨어 공학에서 가장 중요한 목표는 양질의 소프트웨어를 생산하는 것이다. 양질의 소프트웨어를 한마디로 정의하기란 쉬운 일이 아니다. 당장 소프트웨어를 접하는 관점에 따라 품질을 평가하는 기준이 달라지기 때문이다. 소프트웨어 품질을 평가하는 기준이 많이 있지만 정확성, 유지보수성, 무결성, 사용성 네 가지는 프로젝트팀에게 유용한 지표가 된다.

- **정확성**

  정확성은 소프트웨어가 요구하는 기능을 수행하는 정도를 말한다. 정확하게 작동하지 않는 프로그램은 사용자에게 가치가 없다.

- **유지보수성**

  소프트웨어 유지보수는 다른 소프트웨어 공학 활동보다 오랜 기간과 많은 노력이 필요하다. 유지보수성은 프로그램에 오류가 발견되면 이를 수정할 수 있고, 프로그램의 환경이 변하면 새로운 환경에 적응시킬 수 있고, 고객의 요구사항이 변경되면 이를 수용할 수 있는 프로그램의 용이성을 말한다.

- **무결성**

  소프트웨어 무결성은 해커와 바이러스가 번성하는 요즘 그 중요성이 날로 강조되고 있다. 무결성은 시스템 보안을 위해 공격에 저항하는 시스템의 능력을 말한다. 공격은 소프트웨어의 세 가지 구성요소(프로그램, 자료, 문서) 모두에 가해질 수 있다. 무결성을 측정하려면 위협과 보안이 정의되어야 하는데, 위협은 특정한 유형의 공격이 주어진 시간 내에 발생하는 확률이고 보안은 특정한 유형의 공격을 물리칠 수 있는 확률이다.

• 사용성

소프트웨어 제품을 논의할 때마다 나오는 캐치프레이즈는 사용자 편의성^{User Friendliness}일 것이다. 사용자가 쓰기에 편리하지 않으면 프로그램의 수행능력이 아무리 뛰어나도 보편화되기 어려워 실패하기 쉽다. 사용성은 다음 네 가지 특성으로 측정할 수 있다.

– 시스템을 배우는 데 요구되는 물질적, 지적 노력
– 시스템의 사용이 적합한 효율을 갖는 데 걸리는 시간
– 보통 사람이 시스템을 사용할 때 측정되는 생산성의 순수 증가
– 시스템에 대한 사용자의 주관적 평가

02 시스템과 시스템 개발자

앞서 소프트웨어 공학의 출현 배경을 언급하면서 컴퓨터는 만능이며, 프로그래머는 무엇이든 지 원하는 프로그램을 작성할 수 있을 것이라는 오해에 대해 지적하였다. 이러한 오해는 아직 도 시스템 개발은 컴퓨터를 잘 알고 프로그래밍 능력을 갖춘 사람들만의 몫이라는 편견으로 남아 있다.

1 시스템의 개념

좋은 시스템을 개발하려면 어떤 사람들의 역할이 필요할까? 이 질문에 답하기 위해서는 시스 템에 대한 이해가 있어야 한다. 여기서 시스템이란 포괄적 의미의 개념보다는 컴퓨터 등 정보 기기들을 이용하여 효율적인 업무처리를 돕기 위한 체제로 한정하여 이해해야 한다. 아주 단 순화한 시스템의 구조는 다음 그림과 같이 입력과 처리 그리고 출력 기능을 갖는 체제이다.

입력 ⟶ 처리 ⟶ 출력

그림 1-3 시스템의 구조

즉, 시스템이란 컴퓨터에 의해 처리가 가능한 형태로 자료를 변환하여 입력하고, 그 자료를 저장, 처리, 가공하여 필요한 시점에 정보를 출력할 수 있도록 설계되고 구현된 정보체계를 의미한다.

2 시스템 개발에 참여하는 사람들

■ 조직 전문가 또는 경영 컨설턴트

현실세계의 다양한 업무처리 절차 가운데 정보화가 가능한 것은 무엇인지를 식별하고 이를 현행 시스템의 운영 담당자에게 제시하는 절차를 흔히 정보전략계획[ISP, Information Strategy Plan]이 라 부른다. 정보전략계획은 BPR[Business Process Re-engineering]이라 부르는 업무처리 절차의 재설계 등과 함께 비효율적인 업무절차를 개선하고 정보화함으로써 업무효율을 높이고 서비스 품질을 높이는 데 그 목적을 두고 있다. 이러한 작업의 추진은 흔히 조직 전문가 집단이나 경영 컨설턴트에 의해 진행된다.

■ 시스템 관리자

시스템 개발에 중요한 열쇠를 쥐고 있는 사람들은 바로 풍부한 현업 경험을 가지고 있는 관리자(운영자) 집단이다. 이들은 오랫동안 업무처리를 해오며 다양한 경험과 예외사항 처리 노하우를 가지고 있으며, 정보화된 새로운 시스템을 주도적으로 운영한다. 이들에 의해 시스템의 기능이 정의되며 요구사항이 도출되기 때문에 이들은 누구보다도 시스템 개발의 중요한 역할을 감당한다.

■ 시스템 분석가 및 시스템 설계자

시스템 분석가$^{System\ Analyst}$는 오랜 시스템 개발 경험을 갖춘 고도로 숙련된 전문가로 시스템 개발의 중심적인 역할을 감당하며 프로젝트 관리자$^{PM,\ Project\ Manager}$를 겸하는 경우가 많다. 또한 시스템 설계자$^{System\ Designer}$가 별도로 없는 경우 이를 겸하기도 한다.

■ 프로젝트 관리자

대형 프로젝트의 경우는 프로젝트 관리를 총괄하는 프로젝트 관리자를 별도로 둔다. 프로젝트 관리자는 프로젝트의 전 기간 동안 일정관리, 인력관리, 품질관리, 위기관리 등의 역할을 담당한다. 이때 프로젝트를 몇 개의 파트로 나누어 진행할 경우 파트 리더$^{PL,\ Part\ Leader}$를 둘 수도 있다.

■ 프로그램 개발자

프로그램 개발자는 설계 문서를 바탕으로 시스템을 구현하는 사람으로, 프로그래머라고도 한다. 이들은 개발환경에 따라 적절한 프로그램 개발 경험이나 능력을 갖추었다. 클라이언트–서버$^{C/S,\ Client-Server}$ 환경의 개발자들은 파워빌더$^{Power\ Builder}$나 비주얼 베이직$^{Visual\ Basic}$, 델파이^{Delphi} 등의 개발 툴에 익숙한 자들이며, 웹기반 환경의 개발자들은 자바^{Java}, 닷넷$^{.Net}$ 프레임워크 환경에서 서버 사이드 스크립트인 ASP, JSP, PHP 등과 클라이언트 사이드 스크립트인 Java Script, HTML, XML 등에 익숙한 자들이다.

■ **데이터베이스 전문가 및 서버 관리자**

데이터베이스의 중요성이 커지면서 개발자와는 별도로 데이터베이스의 유지관리, 성능관리 등을 전담하는 전문가도 필요하게 되었다. 이들을 데이터베이스 관리자 또는 DBA$^{Data\ Base}$ ^{Administrator}라고 한다. 아울러 각종 서버를 점검하며 관리하는 서버 관리자도 필요한데, 이들은 서버의 보안관리, 계정관리, 리소스(디스크, 메모리 등의 시스템 자원) 관리 등을 담당한다.

그림 1-4 **시스템 개발 참여 인력**

SDLC 모형

집을 지을 때 건축주 혹은 건축가는 사용 목적과 사용자의 편의성을 고려하여 어떻게 지을지 구상하고 예산을 가늠한다. 시스템을 개발하는 과정도 이와 흡사하다. 시스템의 요구사항을 파악하고 필요한 기능들을 정의한 후 개발에 필요한 인력과 기간을 계획한다. 이와 같이 최종 시스템이 완성되기까지는 많은 공정(단계)이 필요하다.

1 SDLC 모형의 5단계

SDLC[Software Development Life Cycle] 모형으로 불리는 소프트웨어 생명주기 모형은 전통적으로 소프트웨어의 개발 단계를 5단계로 나누어 분석(정의), 설계, 구현, 테스트, 유지보수 순으로 진행된다. 이러한 5단계 이론은 선행 단계를 마친 다음에야 다음 단계로 진행되는 특성 탓에 폭포수 모형[Waterfall Model]이라고도 불린다.

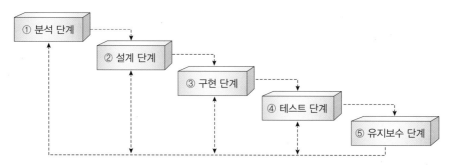

그림 1-5 SDLC 모형 5단계

❶ 분석 단계(Definition Phase)

시스템이 갖추어야할 기능이 무엇인가를 정의하는 단계이다. 분석이란 추상적이고 모호한 대상을 구체적이고 명확하게 정의하는 일이다. 예를 들어 인사관리라고 하면 너무 추상적이고 포괄적이어서 어떤 기능을 갖고 있는지 잘 알 수 없다. 하지만 임용처리, 승진처리, 발령처리 등과 같이 세분화시키면 좀 더 명확하게 이해할 수 있다. 분석 단계는 시스템 범위(영역)에 포함되어야 할 업무들을 정의하는 것으로 어떻게(How) 처리할 것인가 하는 관점보다는 무엇을 (What) 처리할 것인가에 초점을 맞추어 접근한다.

❷ 설계 단계(Design Phase)

분석 단계에서 산출된 분석 문서를 바탕으로 소프트웨어를 기술적으로 어떻게 구현할 것인가를 설계하는 단계이다. 설계 단계는 분석 단계와 구현 단계의 사이에 위치하고 있으며, 구체적이고 명확하게 정의된 분석 결과를 시스템에 구현시키기 위해 기술적인 고려사항들을 반영하여 최적의 대안을 찾는 절차라고 할 수 있다. 자료의 입출력 절차를 설계하는 인터페이스 설계를 비롯하여 자료의 저장소에 대한 설계인 데이터베이스 설계, 각종 코드 설계, 처리에 대한 절차와 구조 설계 등 시스템 구현에 필요한 기술적 대안들이 이 단계에서 마련된다. 분석 단계와 대비하여 이 단계는 How에 초점이 맞추어져 있다.

❸ 구현 단계(Implement Phase)

설계 문서를 바탕으로 직접 프로그램을 작성하는 단계이다. 통상적으로 이 단계에 많은 시간과 인력이 투입된다. 하지만 잘 분석된 결과를 바탕으로 최적의 설계가 이루어졌다면 구현 단계는 오히려 단순한 코딩 절차에 지나지 않는다. 설계 문서에 나타난 사상을 단지 프로그래밍 언어의 문법과 절차에 맞게 전환하는 과정이기 때문이다. 과거에는 프로그래머가 문제를 분석한 후 구체적인 설계 과정을 거치지 않고 곧바로 코딩 단계에 들어갔기 때문에 프로그래밍 자체가 매우 까다롭고 또 유동적인 경우가 많았다. 프로그래밍 과정에서 설계 변경이 수시로 일어났고 앞서 작성한 모듈과의 일관성이 없어 많은 오류를 내포한 프로그램이 되기 쉬웠다.

❹ 테스트 단계(Test Phase)

완성된 시스템의 테스트는 단위 모듈 테스트를 비롯하여 모듈 간의 인터페이스를 테스트하기 위한 통합 테스트 그리고 현업에 적용해 보는 현업 수용 테스트 등으로 나누어 진행된다. 시스템의 분석, 설계, 구현 등의 개발 과정은 대개 하향식 접근을 한다. 즉 상위 단계부터 정의한 후 세분화된 하위 단계를 정의하는 식이다. 반면 테스트 단계는 상향식 접근을 한다. 즉 하위 모듈부터 테스트하여 무결성을 검증한 이후에 단위 모듈 간의 인터페이스가 이상 없이 작동하는지를 테스트한 후 통합된 시스템이 정상적으로 작동되는지 여부를 테스트한다. 그리고 최종적으로 현업부서에서 시험적으로 운영해 보며 다양한 경우에 대해 오류가 없는지 테스트를 거친 이후 최종적으로 현업에 인도되어 사용된다.

❺ 유지보수 단계(Maintenance Phase)

실제 현업에서 시스템을 운영하면서 발생하는 문제점을 보완하며 기능을 개선해 가는 단계이다. 이미 개발자의 손을 떠나 현장에서 운영되는 가운데 새 업무가 추가된다든지 업무의 방식이 바뀌어 현재 시스템으로는 원하는 목적을 달성할 수 없을 때 시스템의 일부 기능을 개선한다. 그러나 이러한 과정이 반복적으로 발생하면 유지보수 단계에서 많은 인력과 비용이 소요된다.

2 SDLC 모형과 건축 과정의 비교

SDLC 모형을 건축 과정과 비교해 보자. 분석 단계는 건축물에 대한 시방서 작성 단계에 해당하며, 설계 단계는 건축물에 대한 각종 설계도면 작성 단계, 구현 단계는 직접 건축물을 짓는단계, 테스트 단계는 건축물에 대한 감리 단계, 그리고 유지보수 단계는 건축물에 대한 하자보수 단계 등에 해당된다.

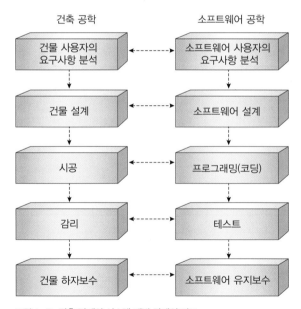

그림 1-6 건축 단계와 시스템 개발 단계의 비교

3 SDLC 모형의 특성

3.1 SDLC 모형의 단계별 인력소요

SDLC 모형의 단계별 인력소요를 나타낸 [그림 1-7]을 보자. 시스템 개발을 의뢰하는 담당 부서의 현업 인력과 실제로 시스템 개발을 의뢰 받아 시스템을 개발하는 전산 인력의 소요 현황이 나와 있다. 우선 전산 인력을 보면 분석 단계의 초기에 적은 인력이 투입된 후 점차 증가하다가 구현 단계를 정점으로 다시 감소한 후 유지보수 단계에서 최소한의 인력이 투입된다. 반면에 현업 인력은 분석 단계의 초기에 많은 인력이 투입되었다가 구현 단계에서 최소 인력이 투입된 이후 테스트 단계를 거쳐 유지보수 단계에서는 분석 단계 이전만큼의 인력이 다시 투입된다.

이 그림에서 볼 수 있는 것처럼 시스템 분석의 초기 단계에는 경험이 풍부한 시스템 분석가가 투입되어 현업의 요구사항을 분석하는 것이 일반적이다. 또한 시스템이 안정화되는 유지보수 단계에서는 최소한의 전산 인력만 업무에 투입되고 현업 인력은 시스템을 운영한다. 하지만 이러한 인력소요 그래프는 사실과 다를 수 있다(2장의 [그림 2-3] 참조). 즉 희망과는 달리 유지보수 단계에서 여전히 많은 전산 인력의 투입을 요구받기 때문이다.

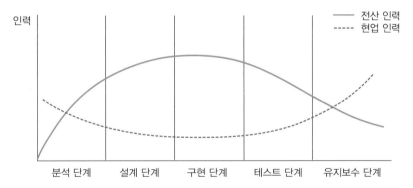

그림 1-7 SDLC 모형의 단계별 인력소요

3.2 SDLC 모형의 장단점

수명주기 모형으로 불려지는 SDLC 모형은 오랫동안 소프트웨어 공학자들과 개발자들에 의해 전통적인 방법론으로 받아들여지고 적용되어 왔다. 이는 시스템 개발의 각 단계가 비교적 명확하고 또한 각 단계들 간에 유기적인 연관성을 가지고 있어 쉽게 적용할 수 있는 방법론이기 때문이다. 지금까지도 대부분의 개발 프로젝트가 SDLC 모형을 기반으로 진행되고 있다.

그런데 이러한 SDLC 모형은 최종 단계가 진행되기까지는 시스템의 결과물을 얻을 수 없어 충분한 분석을 기반으로 개발이 진행되지 않았을 경우 테스트 단계 또는 유지보수 단계에서 문제점이 노출되어 이를 개선하는 데 많은 비용과 시간이 소요될 가능성이 크다. 또한 대형 프로젝트의 경우 긴 개발기간 동안 외부환경이나 내부 정책이 변화할 소지가 크고, 이를 개선하기 위해 이전 단계로 되돌아가 변경관리를 해야하므로 막대한 시간과 비용이 들어가는 단점이 있다.

04 프로토타입 모형

1 프로토타입 모형

프로토타입 모형Prototype Model은 SDLC 모형의 단점을 보완하고자 개발된 것이다. 흔히 '시제품 모형'이라고도 부른다. 빠른 시간 안에 프로토타입(시제품)을 개발하여 사용자가 평가한 후 보완할 점을 수정·보완하여 최종 완제품을 만드는 방식이다.

프로토타입 모형의 개발 과정은 [그림 1-8]과 같다. 분석가는 사용자와 더불어 시스템의 초기 버전 또는 기본적인 요구사항을 결정한다. 이때 프로토타입을 신속히 만들어 사용자에게 보여주고 평가를 받아 개선할 점을 반영해 새로운 버전을 제공한다. 이러한 과정을 사용자가 만족할 때까지 계속 반복한다.

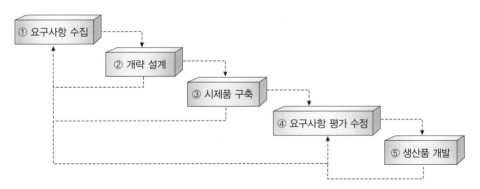

그림 1-8 **프로토타입 모형의 개발 과정**

2 프로토타입 모형의 장단점

프로토타입 모형은 SDLC 모형의 경우와 달리 개발의 최종 단계에서 시스템의 결과물을 확인할 수 있는 게 아니라 개발 초기에 미리 결과물을 확인할 수 있다는 점에서 사용자의 이해를 돕는다. 또한 개발의 초기 단계에서 수정·보완할 사항을 미리 파악할 수 있다는 점과 분석 및 설계 과정에 사용자가 동참하여 즉각적인 피드백을 줄 수 있는 점 등의 장점을 가진다.

하지만 프로토타입 모형은 일회적이거나(예 올림픽 통합관리 시스템) 대규모 프로젝트의 개발에는 적용하기 쉽지 않다. 또한 불완전한 요구사항(신속한 결과를 보려고 잘 정의된 요구사항을 제시하지 못할 경우)을 바탕으로 분석과 설계 과정을 거쳐 시제품이 만들어지므로 결과적으로 불완전한 시스템을 산출하여 수정과 보완에 많은 인력과 시간이 투입되는 단점이 있다.

05 프로젝트 관리

소프트웨어를 개발하고 유지보수를 하는 일은 매우 복잡하다. 전문적인 소프트웨어를 상품으로 개발하는 일은 개인이 비상업적으로 소규모 응용 프로그램을 작성하는 것과는 달리 대부분 예산이나 시간에 쫓기기 때문에 체계적인 프로젝트 관리가 필요하다.

프로젝트 관리란 프로젝트를 성공적으로 이끄는 데 필수적인 계획, 조직화, 인력 확보, 지휘, 통제를 하기 위한 절차, 기법, 기술, 노하우 등으로 정의된다. 소프트웨어 프로젝트는 다른 분야의 프로젝트와 달리 구성원 사이의 의사전달 과정, 프로젝트 성격, 개인 역량, 관리하는 기술 등이 미치는 영향이 크기 때문에 인간관계가 중요하며, 관리자의 통솔력이나 판단력이 요구되는 사회적, 정치적, 기술적인 활동이라고도 할 수 있다.

소프트웨어 프로젝트가 다른 분야의 프로젝트보다 어려운 이유는 소프트웨어의 비가시적 특징으로 인해 진행 과정을 확인하기 어렵고, 표준화된 프로세스가 없어서 어느 특정 프로세스가 개발상 문제를 일으키게 될지 확실하게 예측할 수 없기 때문이다. 또한 대규모 프로젝트를 진행할 경우 과거의 경험이 크게 도움이 되지 않는 경우가 많다. 컴퓨터와 정보통신 기술이 너무나 급속히 변하기 때문에 이전의 경험도 별 도움이 안 되는 낡은 것이 되어버려 새로운 프로젝트에 적용하지 못하게 될 수도 있기 때문이다. 이런 이유 때문에 소프트웨어 프로젝트가 일정보다 늦어지고 예산을 초과하는 것이 새삼스러운 일이 아니다. 좋은 프로젝트 관리가 프로젝트의 성공을 보장하는 것은 아니지만 관리를 잘못하면 프로젝트는 실패할 수 있다.

소프트웨어 프로젝트 관리는 방대한 주제이다. 여기서 전부 다루기가 힘들므로 중요한 관리자의 활동을 소개하고 프로젝트 계획, 프로젝트 일정, 품질관리, 위험 관리를 중심으로 설명하려고 한다.

1 관리자의 활동

프로젝트 관리자의 업무 범위는 조직이나 기관에 따라 또는 개발하려는 소프트웨어 생산품에 따라 천차만별이기 때문에 표준화된 목록으로 작성하는 것은 불가능하다. 그러나 대부분의 관리자는 다음 사항을 책임져야 한다.

- 제안서 작성
- 프로젝트 계획과 일정
- 프로젝트 비용 산정
- 프로젝트 모니터링과 중간평가
- 실무자 선정과 평가
- 보고서 작성과 발표

프로젝트 제안서[Proposal]는 프로젝트의 목적과 함께 어떻게 목적을 달성할 것인지 기술해야 한다. 프로젝트 예산과 일정을 포함시키고, 왜 특정 업체나 팀에게 수주해야 하는지 밝힌다. 제안서 작성이 중대한 일이긴 하지만 정해진 가이드라인이 있는 것은 아니고 경험에 의해 축적되는 기술이라고 할 수 있다.

프로젝트 계획은 주요업무, 일정표, 개발하려는 산출물에 대하여 프로젝트의 목적 달성을 위해 어떻게, 얼마나 다가가고 있는지를 미리 설정하는 것이라고 할 수 있다. 프로젝트를 완성하기 위한 비용 산출과 자원 확보도 계획해야 한다.

프로젝트 모니터링은 프로젝트가 얼마나 진전되고 있는지 원래 계획과 실제 상황을 비교하여 점검하는 일로, 프로젝트가 진행되는 동안 계속해야 한다. 프로젝트가 진행되는 동안 몇 번에 걸쳐 공식 또는 비공식적인 중간평가 기회를 갖는 것은 정상적이다. 전반적인 진행 상황을 파악할 수 있을 뿐만 아니라 사용자가 될 고객들의 조직 내부에서 일어나는 요구변경이나 목적변경에 적응할 수 있는 기회가 될 수도 있다.

프로젝트 관리자는 프로젝트에 참여할 실무자를 선정해야 한다. 경험이 풍부하고 기술이 좋은 실무자를 구할 수 있다면 이상적이지만 현실적으로 그런 조건을 갖춘 사람은 높은 보수를 바라거나 이미 다른 프로젝트에 참여하고 있는 경우가 많다. 따라서 부족함이 있어도 타협해야 하는 경우가 많다. 경험이 없는 실무자가 일을 배우려고 투입되는 수도 있고 개발을 의뢰한 조직이 자기들의 직원을 훈련시켜 주기를 바랄 수도 있다. 이와 비슷한 여러 가지 상황이 프로젝트 관리자로 하여금 실무자를 선택하여 프로젝트팀을 구성하는 데 제약사항이 될 수 있다.

프로젝트 관리자는 고객과 프로젝트를 맡고 있는 조직 쌍방을 위해 프로젝트 진행에 관하여 세부적인 보고서를 작성해야 할 뿐만 아니라, 공식/비공식적인 중간평가에서 프로젝트 진행 상황을 양쪽 모두에게 발표해야 한다. 결국 프로젝트 관리자는 말뿐만 아니라 글로도 원활한 의사소통 능력을 갖추고 있어야 한다.

2 프로젝트 계획

프로젝트 관리의 성패는 프로젝트를 얼마나 치밀하게 계획하느냐에 달려 있다고 해도 과언이 아니다. 프로젝트 관리자는 발생 가능한 문제를 예상하고 그에 대한 해결책을 준비해야 한다. 프로젝트의 시작과 더불어 세워진 계획은 프로젝트가 굴러가게 하는 구심점이 되기 때문에 주어진 정보를 가지고 만들 수 있는 최선의 계획을 세워야 한다. 계획은 무조건 고정시키지 않고 프로젝트가 진전되면서 좀 더 나은 정보가 들어오면 수정하는 융통성을 발휘해야 한다. 다음은 프로젝트 계획과 함께 수립할 수 있는 다른 종류의 계획을 나열한 것이다.

- **품질계획**Quality Plan : 품질을 위한 계획과 표준을 설명
- **검증계획**Validation Plan : 시스템 검증을 위한 접근방법, 자원, 일정을 설명
- **구성관리계획**Configuration Management Plan : 구성관리 방안과 구조를 설명
- **유지보수계획**Maintenance Plan : 유지보수를 위한 요구사항, 비용, 노력을 설명
- **인력개발계획**Staff Development Plan : 팀원들의 경험 축적과 기술개발 설명

사실 프로젝트 계획은 프로젝트가 완성되어야 끝나는 반복적인 과정이다. 프로젝트는 완성 예정일, 실무자 확보, 전체 예산 등에서 제약조건이 많고 초기 예상치가 어디까지나 '가상'으로 설정한 것이므로 계획을 수시로 변경하는 것이 불가피하다.

3 프로젝트 일정 수립

프로젝트 일정 수립은 프로젝트 관리자에게 부담이 많은 업무이다. 프로젝트를 구성하는 전체 작업을 여러 개의 세부 작업으로 나누고 이들을 파악하여 각각의 세부 작업이 완료되는 데 걸리는 시간과 자원을 예측해야 하기 때문이다. 최종 일정 계획은 각각의 세부 작업에 걸리는 시간과 인원을 배치하고 작업 순서와 일정을 정하면 산출할 수 있다. 그러나 대규모 프로젝트에서는 세부 작업들이 많고 또 그 중에는 병렬처리가 가능한 작업이 있으므로 이들의 상관관

계 또는 선행관계, 즉 어느 작업이 끝나야 다른 작업을 시작할 수 있는지의 관계를 모두 고려해야 프로젝트를 완료하는 데 걸리는 전체적인 일정을 수립할 수 있다. 이러한 일정 수립에는 작업 네트워크를 이용하는 CPM^{Critical Path Method}이나 간트 차트^{Gantt Chart}라고 하는 막대 그래프를 사용하기도 한다. 프로젝트 일정은 대부분 세부 작업과 세부 작업 사이의 의존관계 그리고 실무자 배정을 보여주는 차트로 그려서 표시하는 것이 보편적이다.

일정을 수립하는 데 있어서 프로젝트 각 단계가 아무 문제없이 진행되리라 생각하면 오산이다. 당장 프로젝트에 투입된 실무자가 아프거나 그만둘 수도 있고, 하드웨어가 고장날 수도 있고 기본적인 하드웨어나 소프트웨어의 배달이 늦을 수도 있다. 새로운 프로젝트일수록 첨단 기술을 도입하는 경우가 많고, 첨단 기술의 어떤 부분이 일을 더 어렵게 할 수도 있는 것이어서 예정한 시간보다 더 걸릴 수도 있다. 시간뿐만 아니라 작업을 완료하는 데 필요한 자원도 산정해야 한다. 주된 자원은 인적 자원이지만 특화된 하드웨어 자원이나 소프트웨어도 필요하다. 예기치 않은 사고가 발생했을 때 드는 비용과 그로 인해 완료 일정이 지연되었을 때 발생하는 비용 또한 고려해야 한다.

4 품질관리

품질관리^{Quality Control}는 각각의 작업 결과^{Work Product}가 요구사항에 부합하는지를 확인하기 위해 개발주기 전체에 걸쳐 시행하는 검열^{Inspection}, 검토^{Review}, 테스트^{Test} 등을 말한다. 또한 작업에 적용되었던 소프트웨어 프로세스에 대한 피드백도 포함한다. 작업 결과가 요구사항 명세에 부합되지 않았다면 프로세스도 관리해야 하기 때문이다.

품질은 설계 품질^{Quality of Design}과 적합 품질^{Quality of Conformance}로 나누어 측정한다. 설계 품질은 사용자의 요구를 반영하여 설계자가 시스템 설계 시 설계 문서에 적용하는 품질 특성을 말한다. 재료의 등급, 허용할 수 있는 한계오차, 성능 기준 등의 요소들이 설계 품질에 영향을 미친다. 적합 품질은 구현할 때 설계 명세대로 이행하는 정도를 말하며, 적합 정도가 크면 클수록 품질 적합도는 높아진다. 다시 말해서 품질 적합도는 주로 구현에 초점을 맞추고 있기 때문에 설계된 대로 구현되고 시스템이 요구사항에 부합하며 성능이 목표를 만족한다면 품질 적합도는 높다.

5 위험 관리

소프트웨어 프로젝트 관리자가 해야 할 또 다른 중요한 일은 프로젝트 일정을 지연시키거나 자원을 초과해서 사용한다거나 소프트웨어의 품질을 떨어뜨리는 위험이 발생했을 때 이를 해결할 대책을 마련하는 것이다. 위험 분석은 프로젝트 개발 과정에 내재된 위험 요소를 인식하고 그 영향을 분석하는 일이다. 위험 분석의 결과는 위험 요소가 가져올 결과와 더불어 프로젝트 계획안에 문서화되어야 한다.

프로젝트 관리란 이와 같이 프로젝트를 성공적으로 완료하기 위해 위험 요소를 사전에 예측하고 위험을 피하거나 그 영향을 최소화하기 위해 행하여지는 모든 기술과 활동을 말한다. 위험 요소를 적절히 관리하지 못하면 프로젝트는 실패할 수도 있다. 위험의 종류는 다음 세 가지로 분류할 수 있다.

- **프로젝트 위험** : 프로젝트 일정을 지연시키거나 자원 추가를 유발시킨다.
- **생산품 위험** : 개발하고 있는 소프트웨어의 품질이나 성능을 저하시킨다.
- **비즈니스 위험** : 개발하거나 개발을 주선하는 기관에 해를 끼친다.

우연히 일어날 가능성이 있는 소프트웨어의 위험 요소를 살펴보면 다음 표와 같다.

표 1-1 **소프트웨어의 위험 요소**

종류	위험 요소	내용
프로젝트 위험	인력부족	경험 있는 실무자가 프로젝트 완료 전에 사직
	관리변화	조직 내에서 관리의 우선순위 변화
	하드웨어 미비	개발에 필수적인 하드웨어 수급이 배달지연 등으로 부족
	규모의 과소 평가	시스템 크기의 과소 평가
생산품 위험	요구변경	계속적인 요구사항 변경
	명세서 지연	기본적인 인터페이스 명세서가 일정대로 작성되지 못함
비즈니스 위험	기술변화	기반 기술을 신기술로 대체하지 못한 기술적 취약
	생산품 경쟁	경쟁 상품이 먼저 시장에 나옴

[표 1-1]의 분류가 반드시 상호 배제적인 것은 아니다. 예를 들면 시스템 규모를 과소평가한 경우 요구변경, 명세서 지연 등은 프로젝트 위험 요소임과 동시에 생산품 위험 요소도 되기 때문이다.

위험 관리 프로세스는 다음 4단계로 나눌 수 있다.

- **[1단계] 위험 인식** : 가능한 프로젝트, 생산품, 비즈니스 위험을 인식한다.
- **[2단계] 위험 분석** : 위험 발생 가능성과 결과를 추정한다.
- **[3단계] 위험 계획** : 위험을 피하거나 프로젝트에 끼칠 영향을 최소화할 수 있는 계획을 세운다.
- **[4단계] 위험 모니터링** : 위험 요소에 대한 정보를 지속적으로 획득하려는 노력이 위험 부담을 낮출 수 있다.

▼ 요약

01 소프트웨어 위기
소프트웨어 수요는 폭발적으로 증가하는데 공급은 이에 못 미쳐 수요와 공급 간의 심각한 불균형이 생겼다. 그로 인해 소프트웨어 위기를 경험하게 되었다.

02 소프트웨어 공학
소프트웨어 위기를 극복하기 위한 노력의 일환으로 소프트웨어에 공학 개념을 도입한 것이다. 소프트웨어 공학은 공학적 원리로 소프트웨어를 개발하는 것뿐만 아니라 프로젝트 관리, 도구와 방법론의 개발, 소프트웨어 생산을 지원하는 이론까지도 포함한다.

03 소프트웨어 공학의 목표
소프트웨어 공학의 가장 중요한 목표는 양질의 소프트웨어를 생산하는 것이다. 소프트웨어의 품질을 평가하는 기준으로는 정확성, 유지보수성, 무결성, 사용성 등 관점에 따라 여러 가지가 있다.

04 시스템
소프트웨어 공학 측면에서 시스템이란 컴퓨터 등의 정보기기에 의해 처리가 가능한 형태로 자료를 변환하여 입력하고, 입력된 자료를 저장, 처리, 가공하여 필요한 시점에 출력할 수 있도록 설계되어지고 구현되어진 정보체계이다.

05 시스템 개발에 참여하는 사람들
시스템 개발에 참여하는 사람들은 단지 시스템 분석가나 설계자, 프로그래머로 한정되는 것이 아니라 조직 전문가, 경영 컨설턴트, 현업 담당자, 데이터베이스 전문가 및 서버와 네트워크 등 하드웨어 장비 관리자 등 다양한 집단의 사람들로 구성된다.

06 소프트웨어 프로세스 모형
- **SDLC 모형** : 계획, 요구분석, 설계, 구현, 테스트, 유지보수 단계로 이루어지고 각 단계별로 해야 할 일들의 구분이 명확하다.
- **프로토타입 모형** : 추후에 개발될 소프트웨어의 본보기인 프로토타입을 만들어 고객들이 실험해 보도록 함으로써 더 나은 소프트웨어의 개발을 도모하는 방법이다.

07 프로젝트 관리
관리자의 활동, 프로젝트 계획, 프로젝트 일정, 품질관리, 위험 관리 등의 업무를 포함한다.

▚ 연습문제

01 '소프트웨어 위기'의 이해를 돕기 위한 문헌을 찾아보시오.

02 '소프트웨어 공학'의 개척자들에 대한 문헌을 찾아보시오.

03 '소프트웨어 공학' 분야의 학습에 도움을 받을 수 있는 관련 사이트를 검색해 보시오.

04 '소프트웨어 개발 프로세스 모형'에 대해 'SDLC 모형'과 '프로토타입 모형' 외에 다른 모형은 어떤 것들이 있는지 조사하여 요약해 보시오.

05 이 장에서 다룬 용어 및 약어를 정리하시오.

Chapter 02

시스템 분석/설계 방법론과 관련 문서

학습목표

▶ 시스템 생명주기 모형의 첫 단계인 시스템 분석의 중요성을 인식한다.

▶ 시스템 분석 및 설계 방법론의 개괄적인 검토를 통해 각 방법론의 특징과 장단점을 학습한다.

▶ 시스템 분석 단계에서 해야 하는 중요한 절차인 요구사항 분석의 세부 내용을 이해한다.

▶ 시스템 분석 및 설계 과정에서 산출되는 문서에 대해 알아본다.

01 시스템 분석의 중요성

1 요구사항 분석과 설계의 중요성

앞서 SDLC 모형의 첫 번째 단계는 시스템 분석이라는 것을 살펴보았다. 시스템 분석 단계의 중요성과 이 단계에서 해야 할 일들을 살펴보도록 하자.

시스템 분석 단계에서는 개발하려고 하는 시스템에 대한 요구사항을 정의한다. 어떻게^{How} 개발할 것인가에 초점을 맞추기보다는 무엇을^{What} 개발할 것인가를 정의하는 것이다. 이 단계의 중요성에 대해 다음과 같은 예를 들어보자.

> ① 건축주가 건축가에게 아무런 요구를 하지 않은 채 건물 신축을 의뢰한다.
>
> ↓
>
> ② 건축가는 임의대로 건물을 완공한 후 건축주에게 양도한다.
>
> ↓
>
> ③ 건축주는 완공된 건물이 자신의 용도에 맞지 않을 뿐 아니라 자신의 기대와도 많은 차이가 있는 것을 발견하고 이의 시정을 요구한다.
>
> ↓
>
> ④ 건축가는 건축주에게 그렇다면 왜 건축을 시작하기 전에 그런 요구를 구체적으로 밝히지 않았는지 묻는다.

조금은 어이없어 보이는 위의 예가 실제 시스템 개발 과정에서는 쉽게 발견할 수 있다. 시스템 분석가가 개발을 요구한 사람에게 시스템에 포함되어야 할 필수적인 기능들에 대해 질문을 하면 대부분 명확하게 정의하지 못하는 경우가 많다. 대부분의 요구자는 알아서 잘 만들어 달라는 말만 하게 되는데 이는 위 건축주의 예와 다를 바가 없다.

건축주와 건축가의 예를 통해서도 볼 수 있듯이 시스템이 다 완성된 후 시스템에 포함되어야 할 필수적인 기능이 누락된 것을 발견한다면 시스템의 초기 단계부터 다시 고쳐야 하는 최악의 상황이 발생한다. 이는 개발기간의 지연은 물론이고 개발비용의 증가뿐만 아니라 시스템의 신뢰성에도 심각한 문제를 발생시킬 수 있다. 그러므로 좋은 시스템을 만들기 위해서는 충분한 시간과 철저한 분석을 통해 시스템에 포함되어야할 기능을 명확히 정의해야 한다. 다음 그림은 오류 발견 시점에 따른 추가비용 비율을 개발비용과 대비하여 나타낸 것이다. 그림에서 볼 수 있듯이 유지보수 단계에서 오류가 발생하면 다른 단계에서 오류가 발생한 것보다 더 많은 추가비용이 든다.

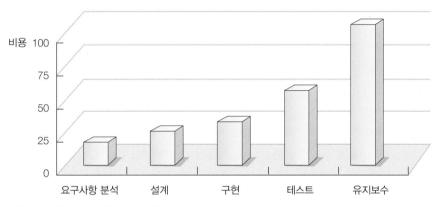

그림 2-1 오류의 발견 시점과 그에 따른 비용

소프트웨어 시스템은 물리적이기보다는 논리적인 요소들로 구성되어 있다. 건축의 경우 개발비용의 80~90%가 시공에 소요되지만, 소프트웨어 개발은 건축의 시공에 해당되는 프로그래밍에 전체 개발비용의 약 20%가 소요된다. 즉, 요구사항 분석과 설계가 제대로 되어 있을 경우 프로그래밍은 기계적인 일에 불과하다.

[그림 2-2]에서 볼 수 있듯이 소프트웨어의 경우 약 40~50%의 개발비용이 프로그래밍 이전 단계에 소요된다. 소프트웨어 개발에 있어 요구사항 분석과 설계가 중요한 이유는 이들 과정이 체계적으로 이루어지지 않으면 좋은 품질을 기대하기 어렵기 때문이다.

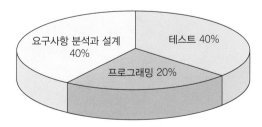

그림 2-2 개발비용 분포

2 이상적인 SDLC 모형

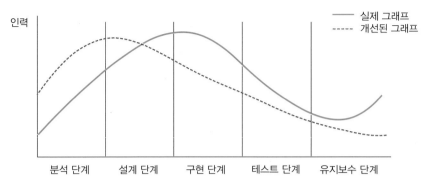

그림 2-3 개선해야 할 SDLC 모형의 단계별 인력소요

1장의 '[그림 1-7] SDLC 모형의 단계별 인력소요'에 의하면 시스템 분석 단계로부터 설계, 구현 단계를 향하여 인력소요가 상향 곡선을 그린 뒤 유지보수 단계에 이르러 하향 곡선을 그리며 안정되는 것을 볼 수 있었다. 하지만 실제로는 이와 달리 [그림 2-3]에서 보는 것처럼 유지보수 단계가 진행되면서 오히려 인력소요가 증가한 것으로 나타나는 게 현실이다. 그 이유는 잦은 요구사항의 변경 등과 같은 요인들 때문이기도 하지만 불충분한 분석에 따른 시스템 구축 탓이기도 하다.

대부분 프로젝트가 제한된 일정에 쫓기게 되어 문제점이 노출된다 하더라도 근본적인 해결책을 강구하기보다는 미봉책에 그치는 경우가 많으며, 사용자 측에서도 충분한 검토를 거치지 않은 채 불분명한 요구사항을 정의하는 경우가 많다.

바람직한 시스템 개발 과정이 되려면 초기 분석과 설계에 좀 더 많은 시간과 인력을 투입하여 충분한 요구사항 분석 및 검토를 거친 후 설계함으로써 유지보수에 적은 비용이 소요될 수 있도록 하는 것이 바람직하다.

02 시스템 분석/설계 방법론

시스템 분석 및 설계 과정에서 사용되는 방법론은 기능 모델링, 동적 모델링, 정보 모델링, 객체지향 모델링 관점에서 살펴볼 수 있다. 이 절에서는 각 모델링에 대해 간략히 검토해 보고, 3장 이후부터 각 모델링의 구체적인 방법론을 살펴보자. [01]

1 기능 모델링

소프트웨어 시스템은 입력된 정보를 여러 단계에 걸쳐 새로운 정보로 변환시킨 뒤 출력해 주는 것이라 할 수 있다. 이렇게 시스템을 기능 관점에서 바라보고 시스템에서 요구되는 정보의 흐름과 변환을 나타낸 것을 기능 모델링이라고 한다.

1.1 구조적 분석 방법론

구조적 분석 방법론SSA, Structured System Analysis은 1979년 드마르코DeMarco가 도식적 기초를 이용하여 소개했는데, 1980년대부터 널리 활용되기 시작해 현재 요구사항 분석에 가장 많이 활용하는 기법이다. 구조적 분석 방법론에서 사용하는 도구로는 자료흐름도DFD, 자료사전DD, 소단위 명세서Mini-Spec 등이 있으며 이에 대한 자세한 내용은 뒤에서 상세히 다루도록 하겠다.

구조적 분석 방법론의 특징은 다음과 같다.

■ **매우 간결하다(Concise)**

자료흐름도를 작성하기 위해서는 단지 네 개의 기호만이 필요하며 정보기술 전문가가 아니더라도 누구나 쉽게 직관적으로 도형의 의미를 이해할 수 있다.

■ **이해하기 쉽다(Understandability)**

자료흐름도뿐만 아니라 자료사전의 경우도 낯익은 기호들(=, +, [ ], ( ), { })만으로 자료의 의미를 기술하기 때문에 문서를 이해하기 쉽고 누구라도 쉽게 작성할 수 있다.

■ **검증이 가능하다(Verifiable)**

자료흐름도나 자료사전에 사용되는 자료명이나 입력 자료명, 출력 자료명 등은 실제 현업에서 사용하고 있는 그대로를 사용하고 있으므로 도형에 표현된 자료흐름이 실제 흐름과 맞는지를 검증할 수 있다.

■ **체계적이다(Organized)**

자료흐름도, 자료사전, 소단위 명세서는 서로 유기적으로 연관되어 작성되므로 시스템에 대한 체계적인 접근이 가능하다. 또한 자료흐름도나 자료사전은 하향식으로 작성되어 상위의 개략적인 도형에서 하위의 구체적인 도형으로 단계적으로 접근하며 이해할 수 있도록 작성된다.

1.2 SADT

소프테크사에서 개발된 SADT^{Structured Analysis and Design Technique}는 본질적으로는 그래프 언어이며 자연어의 이름과 그 외 다른 표기법을 첨가한 요구기술 방법론으로, 시스템 구조를 계층적으로 기술한다. SADT 언어는 구조적 분석^{SA, Structured Analysis} 언어라고도 하며, 이 언어 및 이를 사용하는 절차는 토목 공학과 기계 공학에서 사용하는 청사진 체제와 유사하다. SADT는 다음과 같은 사항을 수행하기 위한 방법론을 제공한다.

- 대규모이고 복잡한 문제를 구조적으로 생각하게 한다.
- 각 작업자의 노력과 역할을 효과적으로 나누고 또 통합해서 팀으로서 효과적으로 활동하게 한다.
- 명료하고 정확한 표기법에 의해서 인터뷰, 분석, 설계의 결과를 전달하게 한다.

SADT 표기법은 다음과 같다.

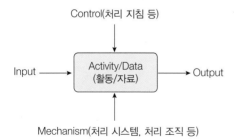

그림 2-4 **SADT 표기법**

1.3 PSL/PSA

PSL/PSA[Problem Statement Language/Problem Statement Analyzer]는 미시간 대학의 다니엘 타이초로우 교수가 미시간 대학의 ISDOS 프로젝트에서 개발한 정보처리 시스템에 대한 요구사항 분석과 문서화를 지원하는 시스템이다.

개발해야 할 목적 시스템의 요구사항 명세서를 기계처리가 가능한 요구 정의 언어인 PSL로 기술하고 나서, 이 언어의 처리기인 PSA에 입력한다. PSL에는 28개의 서로 다른 오브젝트형과 60종류의 관계가 준비되어 있다. PSL/PSA의 개념도는 다음과 같다.

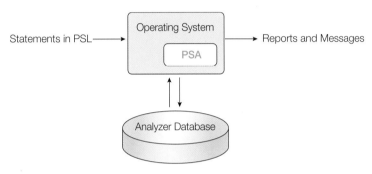

그림 2-5 **PSL/PSA 개념도** [02]

PSL/PSA는 수많은 예약어와 문법구조를 가지고 있어 매우 복잡할 뿐만 아니라 IBM 시스템에 적합하게 설계되어 있어 범용으로 사용하기에 부적합하다는 약점을 가지고 있다.

2 동적 모델링

많은 시스템들은 입력에 대한 반응이 요구되는 시간 안에 이루어져야 하기 때문에 시간에 종속되어 있다. 이러한 시간과 변화의 관점에서 시스템을 묘사한 것이 바로 동적 모델링이다. 동적 모델링에는 시스템의 제어흐름, 상호작용, 동작의 순서를 다루는 내용이 포함되어 있는데, 여기서 제어는 외부의 자극에 시스템이 어떠한 동작을 수행하는지 나타낸 것이다.

2.1 실시간 시스템

동적 모델링을 중요하게 여기는 시스템을 일반적으로 실시간 시스템[Real-Time System]이라 부른다. 실시간 시스템은 제한된 시간 내에 외부에서 주어진 사건[Event]에 응답[Response]해야 하고 자료를 처리해야 한다. 이러한 실시간 시스템에 대한 중요성은 우리 주변에서 빠른 속도로 증가하고 있으며 다양한 분야에서 그 복잡도 또한 증가하고 있다.

실시간 시스템의 특징은 여러 프로세스를 동시에 수행하거나 프로세스 처리에 우선순위를 가지는 점이다. 또한 자원에 대한 동시 접근 및 할당을 하게 되고 이를 제어할 수 있는 기능이 주어진다. 대표적인 실시간 시스템으로는 통신 시스템, 비행기 운행 관리 시스템, 자동차 속도 조절장치, 원자력 발전소의 원자로 제어장치, 군사용 미사일 시스템 등이 있다.

시스템의 동적인 면을 묘사하는 여러 모델링 도구들은 이미 많이 개발되어 사용되고 있다. 그 예로 상태변화도[STD, State Transition Diagram], SDL[Specification & Description Language], 프로세스 활성표[PAT, Process Activation Table] 등을 들 수 있다.

2.2 상태변화도

상태변화도는 시스템의 제어흐름과 동작의 순서를 나타낸다. 상태변화도에서 중요한 개념은 시스템이 가지고 있는 값을 표시하는 상태[State]와 상태에 가해지는 외부적인 사건[Event]이다. 상태변화도는 이러한 상태와 사건에 의해 시스템의 제어를 나타내는데, 이때 유한 오토마타[Finite State Machine]를 확장해 도식적으로 표현한다.

유한 오토마타는 시스템의 동작을 표시해 주는 추상적인 모델로, 하드웨어 및 소프트웨어뿐만 아니라 여러 분야에서 요구되는 공통적인 기본원리와 개념을 제공한다. 유한 오토마타는 시스템의 주어진 내부 상태가 외부로부터 입력(자극)을 받아들여 새로운 상태로 전이할 수도 있고, 외부의 결과를 출력할 수도 있다. 또한 시스템의 동작과 수행 순서를 모델링하기 쉬운 장점도 가지고 있다.

다음은 전화 시스템의 상태변화도를 나타낸 것이다.

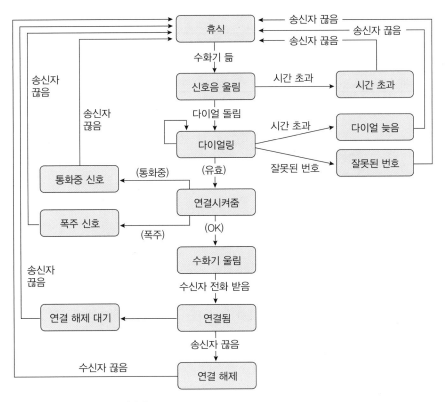

그림 2-6 **전화 시스템의 상태변화도** [03]

3 정보 모델링

정보 모델링Information Modeling은 시스템에 사용되는 정보 데이터를 중심으로 시스템의 정적인 정보구조를 나타내는 데 사용한다. 즉 시스템에 필요한 엔티티Entity를 정의하고 이들 엔티티 사이의 연관성을 규명한다. 이 모델은 시스템의 기능이나 동작에 초점을 맞추기보다는 시스템을 구성하고 있는 객체를 중심으로 객체의 특성을 정의한다. 정보 모델링은 앞의 두 모델링 기법보다 후에 소개되었으나 정보의 중요성이 증가함에 따라 그 중요성과 역할이 증대되고 있다.

정보 모델링은 객체 모델링Object Modeling, 개념적 데이터 모델링Conceptual Data Modeling, 의미 데이터 모델링Semantic Data Modeling으로 불리기도 한다. 정보 모델링 중에서 가장 많이 사용하는 도구는 EER 모델Enhanced Entity-Relationship Model이다. EER 모델은 1976년 피터 첸Peter Chen에 의해 제안된 EREntity- Relationship 모델에 데이터의 계층 구조를 추가하여 확장시킨 것이다.

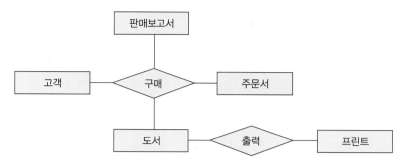

그림 2-7 전형적인 ER 모델 [04]

4 객체지향 모델링

소프트웨어 시스템이 복잡해지고 대형화되면서 이를 해결하기 위한 여러 가지 방법론이 연구되고 있다. 객체지향 개발 방법론Object-Oriented Modeling은 소프트웨어 위기를 극복하기 위한 개발 방법 중 가장 최근에 나타난 것으로 현재까지 나타난 소프트웨어 개발의 문제점을 해결해 줄 많은 장점들을 가지고 있다.

소프트웨어를 개발할 때 나타나는 근본적인 특성은 시스템에 대한 요구사항이 계속해서 변한다는 점이다. 이는 피할 수 없는 것으로 시스템은 요구사항 변경을 수용할 수 있어야 하며, 이를 위해 유연성과 적응력을 갖도록 설계되어야 한다. 그러나 현재까지 개발 방법으로는 시스템의 확장이나 변경이 용이하지 못해 많은 어려움을 겪고 있다. 여기에서 객체지향 소프트웨어 개발 방법은 이를 극복할 수 있는 매우 유용한 방법론으로 인식되고 있다.

객체지향 개발의 목적은 기존의 데이터와 행위가 분리되었던 개발 방법의 복잡성과 통합의 어려움을 극복하려는 데 있다. 객체지향 개발 방법은 전혀 새로운 방법론은 아니며 기존의 경험에서 배운 지혜를 추가하여 좋은 시스템을 개발하려는 취지에서 시작됐다. 객체지향 방법론은 데이터와 행위를 하나로 묶어 객체를 정의하고 추상화시키는 작업이라 할 수 있다.

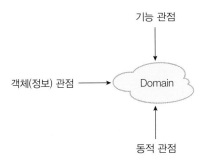

그림 2-8 **객체지향 분석의 3관점**

객체지향 개발 방법은 객체[Object], 객체의 속성[Attribute]과 행위[Behaviour], 유사한 객체의 집합으로 나뉘어진 클래스[Class], 객체 사이의 관계[Relationship] 등을 기본 개념으로 하고 있다. 객체지향 개발 방법은 코드와 요던[Coad & Yourdon], 야콥슨[Jacobson], 부치[Booch], 슐레이어와 멜러[Shlaer & Mellor], 럼보[Rumbaugh] 등에 의해 다양한 방법론으로 제시되었다. 자세한 내용은 13장에서 살펴보겠다.

03 요구사항 분석

시스템 분석의 주된 목적은 시스템에 대한 요구사항을 정의하는 것이다. 대개 사용자의 요구사항은 매우 추상적이고 비정형적인 경우가 많은데 이를 정형화하는 과정이라고도 볼 수 있다. 사용자 요구사항을 조사하는 방법과 조사할 내용에는 어떤 것들이 있는지 간략히 살펴보자.

1 요구사항 조사 방법

사용자의 요구사항을 조사하는 방법에는 관찰 조사, 질문지 조사, 면담 조사 등이 있다.

■ 관찰 조사

실제 현업부서를 방문하여 부서의 작업 환경, 현업의 처리 절차, 개선할 사항 등을 관찰하며 정량적인 정보(빈도, 수량, 비용 등)를 수집하는 방법이다.

■ 질문지 조사

체계적으로 설계된 질문지를 이용해 필요한 정보를 수집하는 방법이다. 직접 관찰하거나 면담하기 어려운 부서나 담당자에게서도 손쉽게 정보를 수집할 수 있으나, 질문지의 구성에 따라 필요한 정보를 정확하게 수집하기 어려울 수도 있다.

■ 면담(인터뷰) 조사

가장 보편적이며 중요한 정보수집 방법으로 시스템 분석가와 현업부서 담당자 간의 직접 대화를 통해 현행 시스템의 문제점 및 개선 요구사항 등을 파악할 수 있는 방법이다. 하지만 시스템 분석가의 경험, 면담 기술 등에 따라 정보의 질에 많은 차이가 있을 수 있다.

2 요구사항 조사 내용

사용자 요구사항을 분석하기 위해 조사하는 내용에는 조직에 대한 정보, 현재 사용 중인 여러 서식들, 시스템 인프라 현황, 현재 운영 중인 시스템의 지원 범위와 장단점 등이 있다.

■ 조직에 대한 정보

조직의 연혁, 조직도, 업무 분장 및 규정 등을 수집 · 분석한다. 이러한 과정을 통해 시스템에 포함되어야 할 핵심적인 기능 및 처리 조건을 파악할 수 있다.

■ 현재 사용 중인 제반 서식

부서에서 현재 사용 중인 제반 서식을 빠짐없이 수집 · 분석하는 절차는 매우 중요하다. 이러한 서식은 결국 데이터베이스 설계 및 입력과 출력 설계의 기본이 되는 정보를 제공한다.

■ 시스템 인프라

서버의 가용 자원, 성능 등을 비롯하여 네트워크 구축 상태 및 데이터베이스 사용 등을 조사, 분석한다. 이를 통해 새로운 시스템의 구축 및 운영에 적합한 자원이 마련되어 있는지를 알 수 있다.

■ 현재 운영 중인 시스템

현재 운영 중인 시스템이 있는 경우, 시스템의 지원 범위를 비롯하여 운영자 매뉴얼 등을 수집하여 분석할 뿐만 아니라 시스템의 문제점, 보완점 등을 면밀히 분석한다.

04 구조적 검토회의

1 기존 검토회의의 문제점

검토회의는 개발에 관련된 요원들이 작성된 산출물의 품질을 평가하기 위해 개최하는 기술 평가 모임이다. 이 절에서 살펴볼 구조적 검토회의 이전의 검토회의의 문제점을 살펴보면 다음과 같다.

■ 참석자의 역할과 책임이 불명확

참석자의 역할과 책임이 분명하지 않아 참석자는 다른 사람에게 의존하게 되고 그 결과 아무런 조치도 취해지지 않게 된다.

■ 검토회의의 효율적인 진행법 부재

회의의 효율적인 진행 절차가 없어 참여자는 많은 시간을 낭비하고 회의 내내 불필요한 활동을 하게 된다. 이럴 경우 회의 후 취해야 할 조치를 잊어버리기 쉽다.

■ 산출물보다 사람 평가 경향

회의를 적절히 운영하지 못하는 경우, 산출물보다 사람을 평가하는 시간이 될 수 있다.

■ 검토회의 목적이 불분명

검토회의 목적이 산출물의 품질을 개선하는 것이기는 하지만, 종종 프로젝트의 진척 상황이나 문제점을 토론하는 자리가 된다.

2 구조적 검토회의의 효과

구조적 검토회의Structured Walk-Through는 프로젝트에 참여한 사람들이 개발 단계에서 작성된 문서와 프로그램을 조사하고 버그와 문제점을 찾아내는 과정이다. 구조적 검토회의의 목적은 기존 검토회의에서 나타나는 문제점을 해결함으로써 품질관리의 성과를 증대시키고자 하는데 있다. [05]

구조적 검토회의는 다음과 같은 점에서 종래 검토회의 방식과는 다르다.

■ 역할과 책임을 분명히 정의

검토회의 참석자는 대개 산출물 발표자, 중재자, 서기, 산출물 검토자, 사용자 대표 등으로 각자의 역할과 책임이 분명하다. 따라서 발표자(또는 개발자)의 산출물에 대한 일방적인 발표 혹은 책임 공방이 이뤄지는 종전의 검토회의와는 다르다고 할 수 있다.

■ 검토회의의 이전 단계, 진행 단계, 이후 단계로 구분되어 작업 수행

검토회의 이전 단계에서는 참석자의 결정 및 통보, 산출물 자료의 배포 등을 진행한다. 그리고 진행 단계에서는 중재자의 진행으로 대개 60분을 초과하지 않도록 하고, 진행의 효율성과 주제를 벗어난 토론에 머물지 않도록 한다. 마지막 이후 단계에서는 검토회의 결과를 기록한 문서를 참석자들에게 배포한다. 또한 개발자는 검토회의에서 요청된 수정사항을 반영한 후 그 결과를 참석자들에게 보고한다.

■ 참여자들의 심리적 갈등 해소

구조적 검토회의의 참석자들은 오류의 발견과 수정이 목적일 뿐 특정인에 대한 평가와 비판을 목적으로 하는 것이 아니라는 점에서 참여자들 간의 심리적 갈등이 해소될 수 있다.

■ 분명한 목표

검토회의는 소프트웨어의 품질을 증대시키기 위한 분명한 목표를 가지고 진행되는 절차로써 소프트웨어 개발의 전 과정에서 반드시 필요한 구조적 기법으로 인식되고 있다.

■ 개발 초기 산출물이 안고 있는 문제점 발견 가능

구조적 검토회의의 목적은 소프트웨어의 품질을 높이기 위한 것으로 소프트웨어 개발 전 과정에서 실시된다. 따라서 개발 초기의 산출물이 안고 있는 문제점을 조기에 발견하여 소프트웨어 오류로 인한 위험과 오류 수정에 따르는 비용의 절감 효과를 가져올 수 있다.

■ 산출물의 완전성, 일관성, 이해 가능도 확인

검토회의 과정을 통해 산출물의 오류를 제거함으로써 산출물의 완전성을 높일 수 있으며, 관련된 산출물들 간의 일관성을 유지할 수 있고, 검토자뿐만 아니라 사용자에게 이해하기 쉬운 산출물을 작성하는 효과를 기대할 수 있다.

■ 각자가 가지고 있는 개념과 기법의 상호 교환 가능

구조적 검토회의 과정에서 새로운 개발 기법의 사용을 권장하고 표준안의 적절한 이용 및 권고가 이뤄지며, 구조적 기법의 도구와 절차를 신입자에게 교육하고 개인적인 개발 노하우를 공유하는 효과를 기대할 수 있다.

■ 프로젝트 진척도 측정 가능

검토회의를 통해 입증되기까지는 완료된 산출물이 아닌 것으로 간주하여 모든 산출물이 검토회의를 거치도록 하면 프로젝트 진척도 측정의 기준으로 삼을 수 있다.

■ 공동 책임 의식 고취

모든 참석자들이 프로젝트에 대해 공동 책임을 갖도록 함으로써 참석자들의 책임감을 고취시킬 수 있다. 뿐만 아니라 특정한 사람에게만 책임을 묻는 데서 오는 부담감을 해소하고 공동이 함께 해결방안을 모색하는 동기부여가 이루어지게 된다.

3 구조적 검토회의 참석자의 역할

구조적 검토회의의 참석자와 그들의 역할을 살펴보면 다음과 같다.

■ 산출물 발표자(Presenter)

발표자는 검토회의 참석자들에게 산출물을 설명한다. 대부분의 경우 산출물에 대해 책임을 맡고 있는 사람이 발표를 한다. 누구보다도 그 산출물에 대해 잘 알고 있고 검토회의에서 발견된 버그들을 제거할 책임이 있기 때문이다.

■ 중재자(Moderator)

중재자는 검토회의가 효율적이고 순조롭게 진행되도록 구조적 검토회의를 계획하고 회의 진행을 조정한다. 그리고 검토회의를 위한 의사일정도 작성한다. 보통 발표자와 같은 프로젝트 팀에 속하는 개발요원이 맡는다.

■ 서기(Scribe)

서기는 검토회의에서 발견된 오류나 기타 문제점들을 기록한다. 서기는 참석자의 의견을 잘 듣고 발견된 오류와 문제점들을 간결하고 정확하게 요약할 수 있어야 한다. 따라서 산출물에 대해 상세한 지식이 있는 프로젝트 팀원 중 한 사람이 맡는다.

■ **산출물 검토자**

검토자들은 장래의 유지 관점에서 산출물을 검토한다. 역할에 따라 다음과 같은 요원으로 나뉜다.

- **표준화 요원** : 약정한 설계 표준 또는 프로그래밍 표준이 얼마나 잘 지켜졌는지의 관점에서 검토한다.

- **유지보수 요원** : 프로그램이 향후 유지보수가 용이하도록 설계되었는지, 다른 사람이 이해하기 쉽게 프로그램되었는지 등에 주안점을 두고 검토한다.

■ **사용자 대표(User Representative)**

때로는 사용자 대표를 검토회의에 초대하기도 한다. 사용자 대표는 자신의 요구사항이 충족되었는가를 확인하고 프로젝트 진척 사항에서 피드백과 질적 문제에 대한 조언을 한다.

05 시스템 분석/설계 문서

소프트웨어 시스템 개발 과정에서는 수많은 문서들이 산출된다. 이러한 문서들은 비가시성을 갖는 소프트웨어의 특성을 고려할 때 소프트웨어 그 자체라고도 할 수 있다. 하지만 이러한 산출물(문서)의 중요성을 인식하지 못하거나 소홀히 여긴 나머지 유지보수에 어려움을 겪는 경우가 많다. 이 절에서는 소프트웨어 시스템 개발 과정의 주요 문서들을 살펴보고 그 문서들에 포함되어야 할 내용들을 간략히 살펴보기로 한다.

1 제안요청서

소프트웨어 시스템 개발을 계획하면 첫 번째로 적절한 개발 절차를 고려해야 한다. 조직 내부의 인력을 이용해 개발할 것인가? 아니면 해당 분야의 전문 개발업체에게 의뢰할 것인가? 또한 개발기간, 개발에 소요되는 예산규모, 그리고 개발의 범위 등을 어떻게 설정할 것인가? 이러한 내용에 대해 검토가 끝나면 이를 정리하여 제안요청서^{RFP, Request for Proposal}를 작성한다. 제안요청서는 전문 개발업체에게 개발을 의뢰할 경우 작성하는 문서로, 작성이 끝나면 후보 개발업체를 모집하여 설명회를 갖는다.

제안요청서에는 일반적으로 다음의 사항들이 포함된다.

제안요청서

- 사업명 : ○○
- 사업기간 : 2015.7~2016.7
- 사업목적 : ○○ ○○ ○○
- 사업범위 : ○○ ○○ ○○
- 예산규모 : 2억원
- 개발환경(기존 시스템 환경)
- 제안서 작성 시 고려사항
- 제안서 작성기준(목차 등)
- 제출기한 및 제출방법
- 제안서 평가기준

그림 2-9 제안요청서 샘플

[제안요청서의 구성요소]

■ 사업명

'우송정보대학 통합정보시스템 구축사업' 등과 같이 개발 프로젝트의 내용을 함축하고 있는 명칭으로 사업명을 기술한다.

■ 사업기간

사업기간을 시작일부터 종료일까지 명시한다. 사업기간은 1년을 기준으로 그보다 짧으면 단기 프로젝트, 그보다 길면 장기 프로젝트로 본다.

■ 사업목적

소프트웨어 개발 프로젝트를 진행하게 된 배경 및 목적을 간략히 기술한다. 이때 추상적인 구호에 그칠 것이 아니라 구체적이고 실질적인 기대효과를 명시하는 것이 바람직하다. 예를 들어 '대학 경쟁력 강화' 등과 같은 막연하고 추상적인 목적보다는 '인터넷 기반의 포털 시스템 구축을 통한 업무효율성 및 사용자 만족도 제고' 등과 같이 구체적이고 실질적인 기대효과를 명시하는 것이 바람직하다.

■ 사업범위

사업범위는 제안요청서의 가장 중요한 부분으로 프로젝트에 포함되어야 할 개발의 범위를 명시하는 것이다. 가능한 상세히 작성하는 것이 바람직한데, 이유는 제안에 참여하는 업체들이 정확한 투입인력의 계획 및 사업비 예산 등을 수립할 수 있기 때문이다.

■ 예산규모

사업을 추진하는 측에서 제시하는 예산의 규모로, 사업에 참여하기를 원하는 업체들이 참고할 수 있도록 대략적인 예산규모를 제시하는 것이 바람직하다. 물론 사업의 규모에 따라 적정한 예산을 제시하는 것이 바람직하지만 그렇지 못할 경우 협상과정을 통해 조정할 수도 있다.

■ 개발환경(기존 시스템 환경)

현재 운영 중인 시스템의 일반적인 환경을 명시함으로써 신규 시스템 개발계획을 수립할 때 이를 참조할 수 있도록 한다. 예를 들면, 서버의 구성 현황, 네트워크 구성 현황, 데이터베이스의 운영 현황 및 운영 플랫폼^{Platform} 등을 제시한다.

■ 제안서 작성 시 고려사항

제안서 작성 시 우선 고려해야 할 사항이 있으면 제시한다. 예를 들면 기존의 하드웨어 인프라 환경 및 데이터베이스를 계속 사용할 수 있도록 할 것인지 아니면 하드웨어 인프라 및 데이터베이스의 변경을 포함하여 제안할 것인지 등도 제안서 작성 시 매우 중요한 정보가 된다.

■ 제안서 작성기준(목차 등)

통상적인 제안서 작성에 포함되어야 할 내용을 제시하는 항목으로 제안서의 규격, 제출 부수, 요약본의 제출 부수 등을 명시한다.

■ 제출기한 및 제출방법

제안서의 제출일과 시간을 명시한다. 제안서를 접수할 때 경쟁업체 간에 사전 정보의 노출을 방지하기 위해 제안금액을 작성한 문서는 별도로 봉인하여 제출하도록 제시한다.

■ 제안서 평가기준

제안서를 제출한 업체에 대해서는 공정한 심사를 거쳐 우선협상 대상업체를 선정하게 되는데 제안요청서에 제안서 평가기준을 제시하는 것이 일반적이다. 예를 들면 제안업체의 사업수행 능력(40%), 제안업체의 기술력(40%), 제안금액(20%) 등으로 나눈 후 각 항목별 세부 평가기준을 명시한다.

흔히 제안요청서는 참여하는 개발업체들을 초청한 자리에서 제안 설명회를 갖고 그 자리에서 배부한다. 대개 제안요청서를 배부한 후 약 15일에서 30일의 기간을 주고 제안서 제출을 요청하게 된다.

2 제안서

제안요청서를 받은 후보 개발업체들은 요구사항에 맞는 제안서를 작성하게 된다. 제안서는 개발업체의 사업수행 능력을 간접적으로 보여줄 수 있는 문서이므로 제안요청서를 충분히 검토한 후 요구사항에 맞게 상세히 작성한다.

제안서에는 일반적으로 다음과 같은 사항들이 포함된다.

제안서

- 제안업체의 일반사항
(회사명, 대표자, 회사연혁, 자본금 등)
- 제안목적
- 사업명
- 시업기간
- 사업목적
- 사업범위
- 사업추진체계
- 개발 방법론
- 일정계획
- 투입인력 계획(투입인력에 대한 프로필 포함)
- 기술이전 계획
- 제안업체의 사업수행 실적
- 제안금액(별지)

그림 2-10 **제안서 샘플**

[제안서의 구성요소]

■ 제안업체의 일반사항(회사명, 대표자, 회사연혁, 자본금 등)

제안업체의 일반사항은 객관적으로 그 회사의 사업수행 능력을 가늠해 볼 수 있는 중요한 자료가 된다. 제안업체의 개발연혁, 회사의 자본규모, 관련분야의 개발인력 현황 등을 통해 해당 프로젝트 수행에 적절한 회사인지를 판단할 수 있다. 물론 신기술 분야의 경우 회사 규모나 연혁이 경쟁업체보다 다소 떨어진다 해도 경쟁력을 갖는 우수한 회사가 있을 수 있으므로 절대적인 기준이 될 수는 없다.

■ 제안목적

해당 프로젝트에 참여하게 된 목적을 설득력 있게 작성한다.

■ 사업명

제안요청서에 제시된 사업명과 동일하게 작성한다.

■ 사업기간

제안요청서에 제시된 사업기간에 준하여 작성하되 제안업체의 판단에 따라 가감이 가능하다.

■ **사업목적**

제안요청서에 제시된 사업목적에 준하여 작성하되 제안업체에서 분석한 자료를 바탕으로 특화된 사업목적을 제시할 수도 있다.

■ **사업범위**

제안요청서에 제시된 사업범위를 기준으로 작성하되 제안업체의 분석을 바탕으로 상호 연계되는 사업을 추가로 포함하는 것이 바람직한 경우 이를 포함할 수도 있다. 또한 사업의 효율적 수행을 위해 나누어 추진하는 것이 바람직하다고 판단되는 경우 이를 추후 사업의 범위에 포함시키는 방안을 제시할 수도 있다.

■ **사업추진체계**

사업을 추진하기 위한 조직 및 지원체계를 제시한다. 대부분의 개발업체들은 특화된 분야의 개발 경험과 인력을 보유하고 있으며 필요에 따라서는 상호 유기적으로 협력하여 프로젝트를 추진하는 경우가 많다. 이런 경우 사업관리를 맡게 될 업체와 각기 다른 분야의 개발업체와의 협력체계(컨소시엄)를 명시한다.

■ **개발 방법론**

사업의 특성 및 규모에 따라 최적의 개발 방법론을 적용하는 것이 바람직하다는 것은 누구나 공감하는 일이다. 하지만 경우에 따라서는 기존의 하드웨어 인프라 내지는 데이터베이스 운영환경 등을 고려하여 개발 플랫폼을 정하는 경우가 많다. 이것은 기존의 투자에 대한 보호 차원에서 취하게 되는 의사결정이나 때에 따라서는 새로운 기술 환경으로의 전환을 가로막는 요인이 되기도 한다.

■ **일정계획**

프로젝트 추진 일정계획을 제시한다. 일정계획은 주요 사업 단위별로 소프트웨어 수명주기 모형에 입각해 각 단계별 일정을 간트 차트$^{Gantt\ Chart}$ 형태로 작성한다. 이때 프로젝트 단계별로 투입되는 인력계획에 맞추어 일정계획을 수립하는 것이 무엇보다 중요하다. 추진 일정은 고객의 입장에서 가장 중요하게 생각하는 요소이기도 하다.

■ 투입인력 계획(투입인력에 대한 프로필 포함)

소프트웨어 개발비용의 대부분은 투입인력에 대한 인건비 항목이 차지한다. 소프트웨어의 개발 과정에 투입되는 인력은 소프트웨어의 품질을 결정하는 중요 인자라고 볼 수 있다. 따라서 투입인력 개개인에 대한 프로필을 꼼꼼히 살펴보는 것이 중요하다. 해당 분야의 개발 경험을 가지고 있는지 여부와 개발 툴이나 개발 플랫폼에 익숙한 개발자인지 등의 요소는 제안업체의 기술력을 판단할 수 있는 근거가 된다.

■ 기술이전 계획

사용자가 소프트웨어 운영을 제대로 하기 위해서는 개발 과정에서부터 참여하는 것이 좋다. 개발 과정에서 생긴 산출물에 대한 이해뿐만 아니라 설계 사상을 잘 알고 있어야 하기 때문이다. 사용자에게 기술이전이 원만하게 이뤄지지 못한다면 결국 사용자 스스로 시스템을 운영할 수 없게 되어 개발업체에 종속적으로 운영할 수밖에 없다. 이 경우 신속한 유지보수가 어려울 뿐만 아니라 개발업체의 도산이나 지원인력의 확보가 어려울 경우 심각한 운영위기를 맞을 수 있다.

■ 제안업체의 사업수행 실적

제안업체의 사업수행 실적은 제안업체가 프로젝트를 수행할 능력을 갖추고 있는지 객관적으로 보여주는 중요한 항목이다. 고객은 이를 증빙할 수 있는 관련서류의 제출을 요청하고, 필요에 따라서 주요 레퍼런스 사이트Reference Site에 대한 실사를 실시하여 사실여부 및 고객만족도 등을 조사해 이를 입증할 필요도 있다.

■ 제안금액(별지)

대부분의 사업추진이나 물품 구입 시 경쟁업체들의 공정한 참여를 보장하기 위해 또는 최소 비용으로 사업추진이나 물품 구입을 하기 위해 공개입찰을 실시하는데, 이때 제안금액은 가장 중요한 선택항목이 된다. 하지만 소프트웨어 개발의 경우는 제안금액이 최우선 고려사항이 되어서는 안 된다. 재료비나 물품비가 주된 경우의 입찰에서는 당연히 적은 금액을 제안한 업체를 선정하면 되지만, 소프트웨어 개발에는 인력투입 비용이 비용의 상당 부분을 차지하므로 양질의 고급인력을 투입하여 좋은 품질의 결과물을 산출하는 것이 더 중요하다. 그러므로 각 단위항목별 예산이 과다하게 책정되었는지 여부를 심사하되 제안금액의 과다 여부만으로 평가하지 않도록 한다.

복수의 제안업체들로부터 접수된 제안서는 공정한 절차를 거쳐 평가한 후 득점 상위 업체부터 우선협상을 진행한다. 물론 이 과정에서 제안업체들로부터 제안 설명회Presentation를 갖는 게 일반적이다.

3 사업수행 계획서

제안서를 제출한 개발업체와 제안요청서를 배부했던 고객과의 협상 절차가 마무리되면 계약을 체결한 후 맨 먼저 작성하는 것이 사업수행 계획서Project Plan이다. 사업수행 계획서는 앞서 작성했던 제안요청서를 바탕으로 사업수행에 필요한 제반 계획사항들을 명확히 기술하는 문서로, 사업수행이 종료되었을 때 이의 검증을 위한 근거가 되는 중요한 문서이다.

사업수행 계획서에 포함되는 내용들은 다음과 같다. 각 항목별 설명은 제안서에서 설명한 내용을 참조하기 바란다.

사업수행 계획서

- 사업명
- 사업기간
- 사업목적
- 사업범위
- 사업추진체계
- 개발 방법론
- 산출물계획
- 일정계획
- 품질관리계획
- 보고계획
- 위기관리 및 보안대책
- 교육계획
- 주관기관 협조요청사항

그림 2-11 **사업수행 계획서 샘플**

[사업수행 계획서의 구성요소]

■ 산출물계획

산출물계획 작성은 다음 표를 참조하기 바란다.

표 2-1 개발 단계별 산출물 내역 예

단계명	세그먼트명	단위업무명	산출물
분석	요구사항 정의	인터뷰 실시	인터뷰 내역서
		요구사항 정의	요구사항 정의서
	신논리모델 구축	프로세스 모델링	기능 차트
			프로세스 정의서
		데이터 모델링	ERD
			엔티티 목록
			엔티티 정의서
설계	페이지 설계	페이지 레이아웃 설계	페이지(화면) 목록
			페이지(화면) 레이아웃
			보고서 목록
			보고서 레이아웃
	시스템 설계	시스템 구조 설계	애플리케이션 구조도
			프로그램 목록
		데이터베이스 설계	테이블 목록
			테이블 정의서
	컨버전 설계	컨버전 전략 수립	컨버전 계획서
	테스트 설계	테스트 계획 수립	테스트 계획서
개발	코딩(컨버전 실행)	프로그램 코딩	소스코드
	테스트 실시	테스트 실시	테스트 결과
구현	구현계획 수립	릴리즈 및 비상계획 수립	구현 계획서
		교육훈련 계획 수립	교육훈련 계획서
	시스템릴리즈	인수 테스트 실시	인수 테스트 기준서
			인수 테스트 결과
	시스템 사용교육	사용자 매뉴얼 작성	사용자 매뉴얼
		운영자 매뉴얼 작성	운영자 매뉴얼
		고객교육 실시	교육결과

■ **일정계획**

일정계획의 작성 예는 다음 그림을 참조하기 바란다.

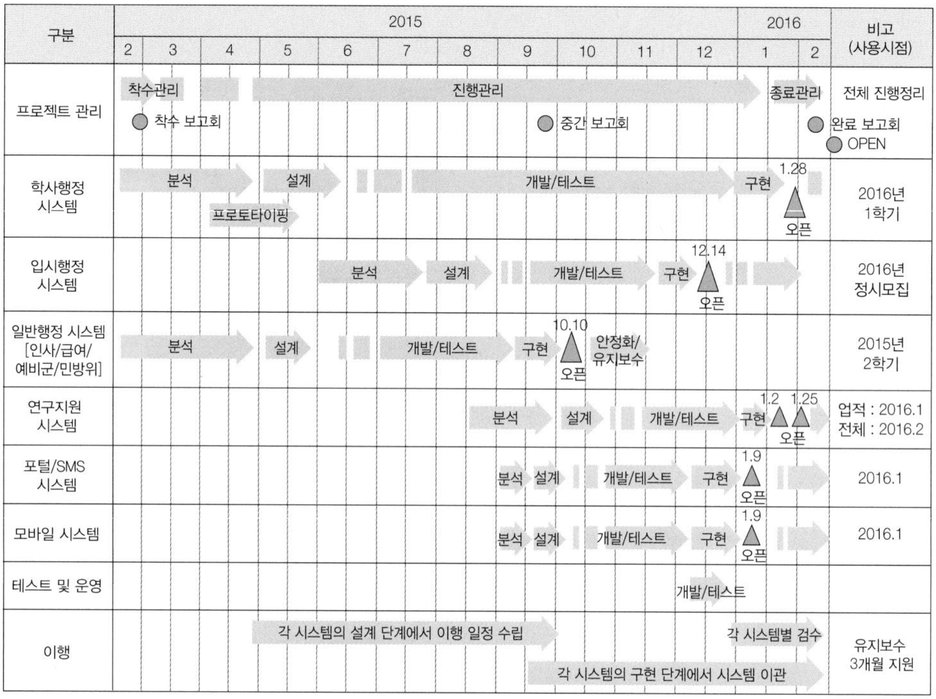

그림 2-12 일정계획 예

■ **품질관리계획**

품질관리 활동에 대한 절차는 다음 표를 참조하기 바란다.

표 2-2 품질관리 절차의 예

절차	활동	내용
품질계획 수립	착수 점검회의	프로젝트 초기에 제안서 및 사업수행 계획서를 검토하여 초기 위험을 감지
	품질보증 계획 수립	프로젝트에서 수행할 품질보증 활동 계획을 수립
	표준 및 절차 매뉴얼	각 산출물 작성 표준 및 작성 절차, 사용양식을 정의
품질보증 활동	테스트	시스템 구성요소에 대한 테스트 계획을 수립하고 테스트를 실시함으로써 개발 단계에서의 품질요구 수준을 만족하도록 하는 활동

품질검토	워크스루	결함을 조기에 발견하여 차후 공정에 문제가 발생하지 않도록 프로젝트 산출물과 프로젝트 진행상태가 계획과 부합하는지를 규명하는 활동
	고객검토	고객이 참여해 요구사항을 충분히 반영했는지 검토하는 활동
	사내감리	품질 조직에 의한 프로젝트의 객관적 평가를 통해 위험을 파악하여 종합적인 문제해결을 조기에 실현하고자 하는 활동
	내부품질심사	품질 조직에서 프로젝트 수행의 전반적인 내용과 사업관리 진행 상황 등을 심사
	제품검사	SW 개발품에 대하여 품질 조직에서 제품출하 여부를 판단하기 위해 최종검사를 실시
사후관리	A/S 활동	프로젝트 종료 후 인도한 시스템에 대해 하자 발생 시 A/S를 실시

■ 보고계획

보고계획의 작성 예는 다음 표와 같다.

표 2-3 **보고계획의 작성 예**

구분	시기	내용	보고서
착수보고	착수계 제출 후	• 과업착수 및 사업수행 계획에 대한 보고	착수 보고서
중간보고	설계 종료 후	• 학사/입시/행정 업무시스템 분석 및 설계 후 중간 보고 • 사업의 이력 및 목적 • 시스템 구성	중간 보고서
최종보고	구현 종료 후	• 프로젝트 수행 종료에 따른 작업 결과 확인 • 사업의 이력 및 목적 • 시스템 구성 • 이용 활성화 방안 등	완료 보고서
주간보고	주 1회	• 지난주 계획대비 실적 점검 • 다음주 업무일정 수립	주간업무 보고서
월간보고	월 1회	• 공정률(실적/계획) • 투입인력 현황 • 분야별 당월 실적 및 익월 추진계획 • 프로젝트 수행에 따른 예상 문제점 및 대책 • 주요 결정 요청사항	월간업무 보고서
수시보고	수시	• 과업수행 중 특이사항 발생 시	

■ 위기관리 및 보안대책

소프트웨어 개발 과정에는 많은 위기가 찾아오기 마련이다. 이를 어떻게 관리하고 극복하느냐는 소프트웨어 개발의 성패에 매우 중요한 요인이 아닐 수 없다. 제안업체는 별도의 위기관리 및 보안대책을 위한 명문화된 계획서를 작성하여 고객과 공유해야 한다.

■ 교육계획

앞서 제안서 작성 시 기술이전 계획의 중요성에 대해 언급하였다. 교육계획은 사용자 그룹별로 기술이전을 위한 교육훈련 계획 일정을 작성하는 것을 말한다.

■ 주관기관 협조요청사항

개발업체 측에서 주관기관에게 사업수행과 관련한 협조요청사항을 기술하는 것을 말한다.

4 요구사항 명세서

요구사항 분석 결과 산출되는 주요 문서로 요구사항 명세서^{Requirements Specification}가 있다. 이 문서는 향후 프로젝트의 추진 범위가 되며 시스템의 설계, 구현, 테스트 등의 과정에서 참조하게 될 뿐만 아니라 최종 검수를 위해서도 매우 중요하다. 요구사항 명세서에 포함되어야 할 내용은 다음과 같다.

요구사항 명세서

- 기능 요구사항
- 성능 요구사항
- 인터페이스 요구사항
- 운영 요구사항
- 자원 요구사항
- 검증 요구사항
- 인수 테스트 요구사항
- 문서화 요구사항
- 보안 요구사항
- 이식성 요구사항
- 품질 요구사항
- 신뢰성 요구사항
- 유지보수성 요구사항
- 안전 요구사항

그림 2-13 요구사항 명세서 샘플

[요구사항 명세서의 구성요소]

■ 기능 요구사항

시스템이 구현해야 할 기능(시스템의 메뉴구조)에 대한 요구 명세를 기술한다.

■ 성능 요구사항

시스템이 수행할 응답시간 등의 성능Performance에 대한 요구 명세를 기술한다.

■ 인터페이스 요구사항

사용자의 편의성을 고려한 인터페이스와 인터넷 환경에서의 접근성 등에 대한 요구 명세를 기술한다.

■ 운영 요구사항

시스템 운영에 필요한 환경(하드웨어 환경 및 소프트웨어 환경)을 명시한다. 하드웨어 환경은 서버의 용량, 성능 등을 의미하며, 소프트웨어 환경은 OS의 버전, DB의 최대 동시 접속자수 등을 의미한다.

■ 자원 요구사항

운영에 필요한 자원Resource의 제약 등에 대한 요구 명세를 기술한다.

■ 검증 요구사항

시스템의 검증을 위한 조건, 절차, 검증 문서 등에 대한 요구 명세를 기술한다.

■ 인수 테스트 요구사항

최종 사용자를 위한 인수 테스트의 조건, 절차 등에 대해 요구 명세를 기술한다.

■ 문서화 요구사항

사용자 매뉴얼, 운영자 매뉴얼 등 시스템의 사용과 운영을 위해 필수적인 문서들에 대한 문서화 요구사항을 기술한다.

■ 보안 요구사항

시스템의 안전한 운영을 위해 요구되는 보안 기능에 대한 요구 명세를 기술한다.

▪ 이식성 요구사항

시스템 설치에 필요한 조건 등에 대한 요구 명세를 기술한다.

▪ 품질 요구사항

시스템의 품질기준 및 지침을 제시하고, 품질관리를 위한 절차 등에 대한 요구 명세를 기술한다.

▪ 신뢰성 요구사항

시스템의 검증이나 품질 요구사항 등은 모두 시스템의 신뢰성 확보를 위한 절차라 할 수 있다. 시스템의 제반 요구사항 가운데 신뢰성에 대한 요구사항의 중요성은 증대되고 있다.

▪ 유지보수성 요구사항

시스템의 개발비용과 더불어 운영에 따른 비용의 증가는 소프트웨어 위기를 자초한 커다란 이슈라고 할 수 있다. 시스템의 유지보수성을 높이는 것은 소프트웨어 비용 증가를 최소화할 수 있는 방편이다.

▪ 안전 요구사항

소프트웨어의 보안 요구사항이 시스템의 내부 사용자 및 외부 사용자로부터의 보호를 목적으로 한 것이라면, 안전 요구사항은 시스템의 내부적 문제로부터의 보호를 목적으로 한다. 즉, 적절한 시점에서의 자료 백업, 시스템 자원이 임계치(예 저장용량의 70% 이상, 평균 CPU 사용 80% 이상 등)에 도달했을 때의 적절한 조치 등은 안전을 위한 최소한의 요구라 할 수 있다.

5 설계 명세서

설계 명세서$^{Design Specification}$는 설계 과정에서 산출된 각종 설계 문서를 말한다. 건축물을 시공하기 위해서 각종 설계도면들이 얼마나 중요한지는 쉽게 짐작할 수 있을 것이다. 이러한 도면들은 향후 건축물의 하자보수를 위해서도 반드시 갖추어져야 한다. 마찬가지로 소프트웨어 시스템의 개발 단계에서 산출된 각종 설계 문서들 또한 반드시 갖추어져야 할 중요한 문서이다.

설계 명세서에 포함되는 문서는 설계 방법론에 따라 다를 수 있는데, 기본적으로 시스템 구조도, 데이터베이스 설계 문서, 프로그램 작성 지침, 인터페이스 설계 문서 등이 포함된다.

▶ 요약

01 요구사항 분석의 중요성

개발 초기 단계에서 소프트웨어 개발에 포함되어야 할 사용자의 요구사항을 정확하게 파악하고 반영하는 것이 중요하다. 소프트웨어의 개발비용 측면에서도 전체 개발비용의 약 40~50%가 프로그래밍 이전 단계에 소요된다.

02 이상적인 SDLC 모형

시스템 개발의 초기 단계인 분석 단계에 보다 많은 시간과 비용을 투입하더라도 추후 유지보수 단계에서 추가적인 비용이 최소화될 수 있도록 하는 것이 바람직하다.

03 시스템 분석/설계 방법론

- **기능 모델링** : 대표적 방법론으로 구조적 분석 방법론, SADT, PSL/PSA 등이 있으나 드마르코(DeMarco)에 의해 소개된 구조적 방법론이 가장 많이 활용되고 있다.

- **동적 모델링** : 시스템의 제어흐름, 상호작용 등을 나타내는 데 적합한 방법론으로 '실시간 시스템'이라 부른다. 동적 모델링 방법론 가운데 하나인 '상태변화도(STD)'는 시스템의 제어흐름과 동작의 순서를 나타낸다.

- **정보 모델링** : 정적인 정보구조를 나타내도록 고안된 방법론으로 오늘날 관계중심 데이터베이스 설계의 기초가 되는 ERD 등으로 표현된다. 정보의 중요성이 증가함에 따라 그 중요성과 역할이 증대되고 있다.

- **객체 모델링** : 기능 모델링, 동적 모델링, 정보 모델링의 세 가지 관점을 포함하는 모델링 방법이며 현재까지 나타난 소프트웨어 개발의 문제점을 해결해 줄 많은 장점들을 가지고 있다.

04 요구사항 조사 방법

대상 조직에 대한 관찰 조사, 질문지 조사, 담당자 인터뷰 등을 통해 필요한 정보를 수집 및 분석한다.

05 구조적 검토회의

보다 효율적인 요구사항 분석을 위해 구조적 검토회의를 갖는 것이 바람직하며, 구조적 검토회의의 과정을 통해 개발 초기 산출물이 안고 있는 문제점들을 발견할 가능성을 높일 수 있다.

06 문서화의 중요성

시스템 개발의 전 과정에서 산출되는 개발문서들은 소프트웨어의 비가시성을 고려할 때 매우 중요한 가치를 지닌다. 따라서 소프트웨어 개발의 각 단계별로 문서화가 필수적이다.

07 시스템 분석/설계 문서

제안요청서(RFP), 제안서(Proposal), 사업수행 계획서(Project Plan), 요구사항 명세서(Requirements Specification), 설계 명세서(Design Specification) 등이 있다.

01 시스템 분석/설계 방법론을 소개하고 있는 문헌(혹은 웹 사이트)을 찾아 주요 개념을 비교 및 정리하시오.

02 소프트웨어의 개발 과정과 건축 공학 단계의 유사성을 고려할 때 요구사항의 변경에 따른 추가 개발비용의 심각성에 대해 토의하시오.

03 시스템 분석과 설계 과정에서 산출되는 문서 가운데 입수 가능한 문서가 있다면 그 내용을 살펴보고 유사한 프로젝트의 수행에 필요한 문서를 작성할 수 있는 소양을 갖추도록 준비해 보시오.

Part 02

구조적 분석 방법론

Chapter 03

구조적 분석 방법론

학습목표

▸ 구조적 분석 방법론의 일반적 원리를 이해한다.

▸ 구조적 분석 방법론에서 사용하는 모형화 도구의 특성을 이해한다.

▸ 구조적 분석 방법론에서 사용하는 모형화 도구인 자료흐름도, 자료사전, 소단위 명세서에 대해 살펴본다.

▸ 구조적 분석 방법론에 의한 시스템 분석의 4단계를 살펴본다.

01 구조적 분석의 원리

1 구조적 분석 방법론의 개요

1장에서 소프트웨어 위기에 대해 언급한 바 있다. 소프트웨어 위기란 소프트웨어의 수요와 공급의 현격한 차이에서 발생한 문제를 말한다. 즉 소프트웨어에 대한 수요는 폭발적으로 증가하는데 공급은 그에 미치지 못해 개발비용이 증가하고 개발기간이 늘어나며 개발인력이 부족한 현상을 말한다.

산업혁명 이후 종래의 수작업 기반의 생산 시스템은 대량 생산체제로 급격히 발전하게 되었다. 오늘날 대부분의 생산품들은 표준화된 생산라인에 의해 대량 생산이 가능한 체제로 바뀌었다. 그 결과 생산비 절감, 생산인력 감소, 제품의 신뢰성 증가 등의 효율성을 기할 수 있게 되었다.

이와 같은 맥락에서 소프트웨어의 개발에도 공학적(엔지니어링) 개념을 도입해 표준화된 모듈을 자동화된 공정을 거쳐 생산할 수 있다면 소프트웨어 위기를 극복할 수 있을 것이라 생각하게 되었다. 이렇게 등장한 학문이 소프트웨어 공학이다. 그러나 소프트웨어 공학의 발전에도 불구하고 아직까지 완전한 의미에서의 자동화된 소프트웨어 생산체제를 갖추었다고 볼 수 없다. 하지만 다양한 방법론이 개발되어 소프트웨어 생산성 향상을 기하게 된 것만은 사실이다.

여기서 말하는 소프트웨어 개발 방법론Software Development Methodology이란 기술적 방법Method, 도구Tool, 절차Procedure의 세 가지 요소들과 이들을 통합하는 단계에 대한 포괄적 개념이라 할 수 있다.

소프트웨어 개발 방법론 가운데 구조적 방법론은 시스템 분석 단계의 문제점을 해결하고 사용자와 의사소통을 원활하게 할 수 있도록 도형화된 도구를 이용해 정형화된 분석 절차에 따라 사용자 요구사항을 파악하고 문서화하는 분석 기법이다.

구조적 분석 방법론은 요던^{Yourdon} 등에 의해 개발되어 보급된 이후 지금도 널리 사용되고 있다. 구조적 방법론에서 사용하는 도구로는 자료흐름도^{DFD}, 자료사전^{DD}, 소단위 명세서^{Mini-Spec} 등이 대표적이며 하향식 기능 분해^{Functional Decomposition} 기법 등을 사용하는 특성을 갖고 있다.

구조적 시스템 분석의 원리는 먼저 프로그래밍에 적용되어 좋은 프로그래밍 관례들을 정형화하였으며 이 관례는 설계와 분석 그리고 정보계획 분야까지 적용되었다. 그런 관례들 중 몇 가지는 오래전부터 있었으나 구조적 기법이 도입되기 전까지는 정형화되지 못했으며 표준화되어 전파되지 않았다.

2 구조적 분석의 기본원리

■ 추상화 원칙

추상화^{Principle of Abstract}는 특정 대상에 대한 실체로부터 분리된 개념이나 관점이다. 또한 특정 대상을 '어떻게'가 아닌 '무엇'으로 표현하는 간소한 방법이다. 추상화는 실체를 둘러싸고 있는 사소한 것에 제약을 받지 않고 문제 해결을 고려할 수 있게 한다.

■ 정형화 원칙

정형화 원칙^{Principle of Formality}은 소프트웨어 프로젝트의 제어와 산출물의 품질관리를 위한 기초가 된다. 정형화는 대상을 수학적 알고리즘과 같이 연구할 수 있도록 해준다. 즉 형식이 생각과 명령을 자동화 시킬 수 있는 근거를 제공한다.

■ 분할 정복

시스템은 대부분 사람이 한 번에 이해할 수 없을 정도로 복잡하고 규모가 크다. 분할 정복은 이처럼 복잡하고 큰 시스템을 좀 더 작고 독립적인 서브 시스템으로 나누고(분할), 작게 분할된 시스템들을 쉽게 해결한다(정복)^{Divide-and-Conquer Concept}는 개념이다. 이 개념은 추상화의 원칙과 함께 복잡도를 다루는 데 있어서 강력하고도 기본적인 도구이다.

■ 계층적 구조의 개념

이 개념은 분할 정복의 개념과 밀접하게 관련되어 있다. 여러 개의 작은 독립적인 모듈로 나누어진 것들을 어떻게 배열하는 것이 좋을 것인가 하는 문제는 상당히 중요하다. 회사의 조직은 물론 많은 자연적인 시스템에도 적용되고 있는 계층적 구조는 모듈들의 상호 연관 관계 및 구조에 대한 이해도 향상에 크게 도움이 된다. 계층적 구조 개념^{Hierarchical Structure Concept}은 많은 부서를 가진 복잡한 시스템에서 일어날 수 있는 의사소통과 제어 문제를 다룰 수 있다.

02 모형화 도구의 특성

시스템 분석가가 수행하는 대부분의 업무는 사용자가 원하는 시스템을 모형화하는 것이다. 건축가들이 새로운 건물을 설계할 때 다양한 모형을 사용하는 것과 같이 분석가들이 사용하는 모형에도 여러 가지가 있다. 이 책에서 다루는 분석 모형은 모두가 지면모형^{Paper Model}으로 컴퓨터 하드웨어와 소프트웨어가 복합된 시스템이 결국은 어떤 모습으로 완성될 것인지를 추상적으로 표현한다.

1 모형화 도구를 사용하는 이유

왜 모형화 도구를 사용하는가? 이 질문에 답하기 위해 다음과 같은 예를 들어보자.

> 신형 자동차 모델을 개발하기 위해 개발팀은 다양한 측면을 고려한다. 아마도 자동차의 기능적 측면, 디자인 측면, 경쟁 모델과의 차별화 전략 등을 고려할 것이다. 그리고 개발하고자 하는 신형 모델의 모형 제작에 착수할 것이다. 이를 위해 개발팀은 여러 번의 아이디어 회의를 거쳐 개발 모델의 콘셉트를 정한 후, 콘셉트 디자인을 설계도로 옮기고 이를 바탕으로 클레이 모형을 제작하게 된다.

이러한 모형의 분석과 설계 과정은 실제 자동차를 만드는 과정을 거치지 않더라도 실제 자동차의 기능과 디자인을 미리 구현해 보는 효과를 준다. 더욱이 모형의 개선과 재설계 과정을 되풀이하면서 좀 더 완전한 실체에 접근할 수 있어 금상첨화이다. 만일 모형화 과정을 거치지 않고 직접 자동차를 만들어 본 후 기능 또는 디자인의 개선을 위해 다시 새로운 자동차를 만드는 작업을 되풀이한다고 생각하면 모형화의 목적을 쉽게 이해할 수 있다.

소프트웨어 개발에 있어서도 모형화 도구는 많은 이점을 갖고 있다. 시스템 분석가들이 모형화 도구를 사용하는 목적은 다음과 같다.

- 비용을 줄이고 위험도를 최소화하면서 사용자 요구사항에 대해 변경과 수정을 용이하게 할 수 있다.
- 설계자와 프로그래머가 시스템을 설계하고 구현할 수 있도록 시스템 분석가가 사용자의 환경을 정확히 이해하고 문서화하였는지 검증할 수 있다.
- 실제 시스템을 구축하고 설치하는 것보다 낮은 비용으로 모형을 구축할 수 있다.
- 시스템에 대한 깊은 지식은 없더라도 그것을 이해하고자 하는 사람들이 쉽게 이해하도록 할 수 있다.
- 시스템을 모형화하고자 하는 사람의 생각을 정형화할 수 있다.

2 모형화 도구의 특성

모형화 도구는 다음과 같은 특성을 가진다.

■ 도형적 모형

대부분의 시스템 모형은 도형^{Diagram}에 의존한다. 시스템 모형에서 도형의 사용이 필수적인 것은 아니지만 백 마디의 말보다 한번 직접 보는 것이 낫다는 격언처럼 서술문에 비해 도형이 훨씬 이해하기 쉽다.

예를 들어 낯선 장소를 찾아가려는 사람에게는 수 마디 말보다도 한 장의 약도가 더 유용한 정보가 될 것이다. 마찬가지로 시스템을 설명할 때도 텍스트보다는 도형을 통해 더 잘 설명할 수 있다.

■ 하향식 분할 모형

좋은 모형화 도구는 시스템을 하향식$^{Top-Down}$으로 세분화하여 묘사한다. 작은 시스템에서는 필요로 하는 모든 것을 한 두 페이지에 표시할 수 있고, 시스템의 어떤 측면에 대해 알고자 하더라도 시스템 모두를 쉽게 이해할 수 있기 때문에 하향식 분할이 그리 중요하지 않다. 그러나 실제 프로젝트의 규모는 일반적으로 작지 않다. 사용자, 시스템 분석가 혹은 프로그래머이든 어느 누구도 전체 시스템을 즉시 이해한다는 것은 불가능한 일이다. 또한 복잡한 시스템의 도형적 모형을 엄청나게 넓은 종이 위에 표시하지 않고서는 한 장에 나타낼 수 없다. 따라서 우리가 사용하는 모형화 도구는 시스템 각각의 구성부분을 독자적으로 표시하고, 시스템 모형의 한 부분에서 다른 부분으로 간단히 연결할 수 있어야 한다.

하향식 분할 모형에 대한 이해를 돕기 위해 앞에서 이야기 한 약도의 예를 들어 보면, 한 장의 그림에 찾아가려는 지역을 모두 묘사하기 어려운 경우 개략적인 위치 정보를 담고 있는 약도와 특정 지역의 지리를 상세히 담고 있는 지도가 모두 필요하다. 이처럼 사람들은 전체적인 관점에서 바라본 후 좀 더 분할된 상세 정보를 찾아봄으로써 대상을 더 잘 이해할 수 있게된다.

■ **최소 중복 모형**

모형은 실세계의 어떤 시스템에 대한 표현으로, 시간이 지남에 따라 정적이거나 동적으로 변화될 가능성이 크다. 따라서 실세계의 변화에 따라 모형도 최신의 형태로 변화할 필요가 있다. 하지만 그때마다 중복된 부분들을 모두 바꿔야 한다면 모형을 유지보수 하기가 어려울 것이다. 따라서 어느 정도 의미 있는 중복은 허용하더라도 시스템을 모형화해 나가는 과정에서 중복을 최소화하는 것이 좋다.

예를 들어 건물의 층별 배치도를 작성할 때 한 장의 도면에는 전체 층의 평면도를 작성하고 각 층별 자세한 평면도는 따로 작성한다. 이때 전체 층의 평면도에는 각 층의 평면도에 작성할 내용과 중복되는 부분을 배제하고 작성하는 것이 도면의 유지관리에 유리하다. 왜냐하면 만일 어느 한 층의 용도변경으로 도면에 수정이 필요할 경우 해당 층의 도면만 수정하면 되지만 만일 전체 층의 평면도에 중복해 표현했을 경우 이를 모두 다시 수정해야 하기 때문이다.

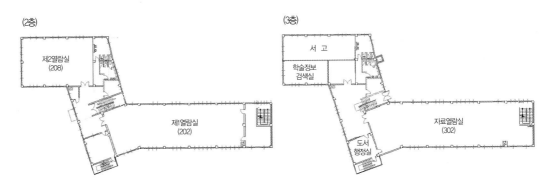

그림 3-1 **층별로 따로 작성한 평면도의 예** [01]

■ 투명적 모형

좋은 모형의 조건은 이해하기가 쉬워야 하며 추상화한 모형을 보면서 실세계를 자연스럽게 인식할 수 있어야 한다. 마치 지도를 보며 실제의 지형을 보는 것처럼 느낄 수 있는 것과 같은 원리이다. 과학자들은 인간의 좌측 뇌는 순차적인 인지능력을 가지고 있는 반면 우측 뇌는 그림과 비동기적으로 동시에 수행되는 일을 처리한다고 한다. 이것은 우리가 프로그램의 수행 흐름과 같이 본질적으로 순차적인 일을 모형화하고자 할 때는 좌측 두뇌가 잘 처리할 수 있도록 텍스트와 같은 모형화 도구를 사용해야 한다는 것을 의미한다. 그리고 동시에 많은 활동이 일어나는 다차원적인 일을 모형화하고자 할 때는 우측 뇌의 처리 특성에 맞게 도형적인 모형화 도구를 사용해야 한다는 것을 의미한다. 이렇게 함으로써 모형을 보는 것이 아니라 실제 시스템을 보고 있다는 느낌을 갖도록 할 수 있다.

■ 다양한 모형

사용자에 따라 그들의 과거 경험에 의해 특정 모형화 도구를 선호하는 경향이 있다. 또는 특정 모형화 도구에 대해 익숙하지 못하다는 이유로 그것을 기피하기도 한다. 따라서 여러 부류의 사용자들을 만족시키기 위해서는 다양한 모형화 도구가 필요하다. 또한 프로젝트에 따라 조직마다 서로 다르게 적용될 수 있는 문서의 표준안에 맞추어 다른 모형화 도구를 선택하기도 한다. 그리고 시스템의 특성에 따라 중요한 부분이 명확히 보이는 데 더 적합한 모형화 도구를 사용할 필요가 있다. 예를 들어 어떤 건축물의 실체를 정확하게 묘사하기 위해서는 평면도, 측면도, 단면도 등 다양한 모형을 통해 기술하고, 건축물 전체를 완전히 이해하기 위해서는 이와 같은 다양한 모형들을 종합할 필요가 있다. 그러므로 다양한 모형화 도구들 중 사용자, 조직, 시스템의 특성 등에 따라 적합한 도구를 선택해 사용해야 한다.

03 구조적 분석 모형화 도구

구조적 시스템 분석에서 사용하는 도구로는 자료흐름도, 자료사전, 소단위 명세서가 있다.

1 구조적 방법론의 3가지 모형화 도구

❶ 자료흐름도(DFD)

구조적 시스템 분석의 모형화 도구 중 가장 중요한 것으로, 주어진 시스템의 기능을 자료로 변환하는 '처리'와 이들 처리를 '자료의 흐름'으로 연결하는 네트워크형 구조를 갖는다. [02]

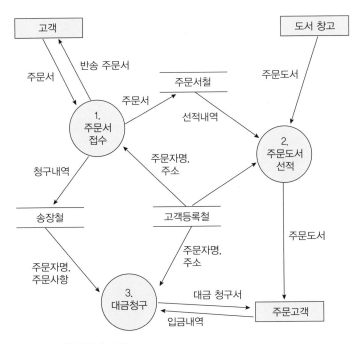

그림 3-2 **전형적인 자료흐름도**

❷ 자료사전(DD)

자료흐름도에 기술된 모든 자료들에 대해 구성 자료항목, 자료에 대한 의미, 자료의 단위 및
값에 대한 사항을 정의하는 도구이다.

```
name =              courtesy-title + first-name + (middle-name) + last-name
courtesy-title =    [Mr. | Miss | Mrs. | Ms. | Dr. | Prof. ]

first-name =        {legal-character}

last-name =         {legal-character}

legal-character =   [A-Z | a-z | ' | - | ]]
```

그림 3-3 전형적인 자료사전

❸ 소단위 명세서(Mini-Spec)

입력 자료를 출력 자료로 변환하기 위해 수행되어야 하는 정책이나 규칙을 구체적으로 기술하
는 도구이다. 자료흐름도에는 처리와 자료흐름의 전체적인 구조를 표현하지만 자세한 변환 내
용을 묘사할 수는 없다. 이를 보완하기 위해 소단위 명세서가 이용된다. [03]

```
항공권 배정처리

1. FOR 항공권 예약 신청서철에서 각각의 항공권 예약 신청서별로

   1.1 신청일자, 신청금액에 적합한 티켓 할당량을 조사한다

   1.2 IF 항공권 할당량 >= 신청수량 THEN

       1.2.1 항공권 할당량 = 항공권 할당량 - 신청수량

       1.2.2 항공권 수량계 = 항공권 수량계 - 신청수량

       1.2.3 항공권 예약 신청서의 신청일자, 신청금액, 신청수량을
             확정일자, 확정금액, 확정수량으로 발행내역서에 기록한다

       1.2.4 작성 완료된 발행내역서를 작성하고
             남은 항공권 예약 신청서는 처리하지 않는다

2. 만일 위의 처리과정에서 완성된 발행내역서를 작성하지 못했으면
   2.1 미완료된 발행내역서를 출력한다
```

그림 3-4 전형적인 소단위 명세서

04 구조적 분석 절차

구조적 시스템 분석은 앞에서 설명한 모형화 도구를 사용한다. 주어진 순서에 따라 정형적인 방법을 적용함으로써 분석가가 복잡한 시스템을 좀 더 용이하게 분석할 수 있도록 한다. 즉 양질의 분석 명세서를 산출할 수 있도록 도와준다. 구조적 시스템 분석은 4단계의 절차로 구성되는 데 이를 간략히 소개하면 다음과 같다.

1 구조적 분석의 4단계 절차

❶ 현 물리적 모형화(CPM, Current Physical Modeling)

구조적 시스템 분석의 첫 번째 활동은 분석자와 사용자의 반복적인 면담을 통해 사용자의 업무수행 절차 및 환경을 있는 그대로 모형화하는 것이다. 이 단계에서는 시스템을 파악해 문제점을 인식하는 것이 중요하다.

아직 구조적 분석 모형화 도구인 자료흐름도[DFD] 작성법에 대해 충분한 학습이 이뤄지지 않았기 때문에 여기에서는 대학 도서관의 도서대출 처리를 예로 들어 이의 처리 절차를 기술하며 각 단계별 차이점을 이해하도록 하자.

현 물리적 모형 작성을 위한 사례

① 도서대출을 희망하는 고객은 '도서목록카드철'에서 희망하는 도서를 검색한 후 '도서대출 신청서' 양식에 도서명, 저자명, 대출 희망자의 인적사항(소속, 성명 등)을 기록한 후 도서대출 담당자에게 제출한다.

② 도서대출 담당자는 '도서대출 신청서'에 기록된 도서명, 저자명 등을 보고 서가에서 해당도서를 찾는다.

③ 만일 해당도서를 찾은 경우, 도서대출 희망자의 신분증을 받아 확인한 후 '도서대출대장'에 대출도서내역, 대출자 인적사항, 대출일자, 반납예정일자 등을 기록한 후 도서를 대출해 준다.

이 과정을 모형화 할 경우, 모형 작성자는 현업에서 실제로 사용되는 자료(문서)명을 모형에 그대로 표현하고 처리 절차 역시 가감 없이 표현하면 된다.

❷ 현 논리적 모형화(CLM, Current Logical Modeling)

현 물리적 모형에 존재하는 구현 의존적인 물리적 특성을 제거해 구현방법에 관계없이 현 시스템에서 수행하는 논리적 기능 및 유지해야 할 자료로 표현될 수 있도록 모형화하는 단계이다.

현 논리적 모형 작성을 위한 사례

위 예시된 현 물리적 모형 작성을 위한 사례를 바탕으로 작성된 모형으로 분석가(모형 작성자)는 구현 의존적인 물리적 특성을 제거하고 논리적 기능을 중심으로 새롭게 현 논리적 모형을 작성하게 된다. 이를 모형이 아닌 기술로 표현하면 다음과 같다.

① 도서대출 희망자는 '도서목록'에서 희망도서를 검색한 후 '도서대출 신청서'를 작성하여 대출 담당자에게 제출한다.

② 대출 담당자는 도서대출 희망자의 신분증을 확인한 후 해당도서를 대출해 주고 '도서대출대장'에 대출내역을 기록한다.

이 과정에서 물리적 특성을 제거한다는 것은 도서대출 희망자가 '도서목록카드철'에서 희망하는 도서를 검색하는 과정과 도서대출 담당자가 서가에서 해당도서를 찾는 과정 등이다. 따라서 단순히 전자의 행위를 '도서 검색', 후자의 행위를 '대출 처리' 등과 같이 표현하는 것이 필요하다. 따라서 세 개의 행위로 나눠졌던 처리 절차를 두 개의 행위로 구분했다.

또한 자료명도 '도서목록카드철' 대신에 '도서목록' 등으로 표현하는 것이 바람직하다. 왜냐하면 '도서목록카드철'이란 전산화 이전의 물리적 형태의 목록카드를 의미하는 반면 '도서목록'이란 전산화된 형태의 DB를 포함하는 의미에서의 논리적 표현이기 때문이다.

❸ 신 논리적 모형화(NLM, New Logical Modeling)

현 논리적 모형에 새롭게 추가되어야 할 기능이나 변경되어야 할 기능을 반영해 새로운 시스템에서 수행될 모든 기능 및 이에 필요한 자료에 대한 모형을 구축하는 단계이다. 사용자의 요구사항을 논리적으로 표현한 최종 분석 명세서를 완성하게 된다.

신 논리적 모형 작성을 위한 사례

시스템 분석가는 현 시스템에서 개선해야 할 기능들을 파악한 후 자신이 작성할 모형에 이를 반영하게 된다.

① 도서대출 희망자가 손쉽게 도서를 검색할 수 있도록 '도서목록'을 DB화하여 다양한 전산환경 (인터넷 혹은 도서검색용 단말기)에서 제공하며, 도서대출 희망자가 스스로 원하는 도서를 찾아볼 수 있도록 서가를 열어 개가식으로 운영할 것을 제안한다.

② 또한 도서대출 희망자의 신분증을 바코드화하여 스스로 자신의 신분증을 바코드 인식기에 인식시킴으로써 자신의 신분증을 도서대출 담당자에게 별도로 건네는 일이 필요없도록 한다. 그뿐만 아니라 모든 도서에는 바코드를 부착하고 아울러 도난 방지용 태그를 부착하여 대출 처리 절차를 거치지 않은 도서의 반출을 방지할 수 있도록 한다.

　개선된 대출 처리 방식은 대출 희망자가 원하는 도서를 찾아 도서관 출입구에 설치된 대출 처리용 바코드 인식기에 도서를 인식시킨 후 자신의 신분증을 신분증 인식용 바코드 인식기에 인식시킴으로써 다른 사람의 도움을 받지 않고도 대출 처리가 가능하도록 개선할 것을 제안한다.

③ 나아가 모든 도서들을 전자 문서화하여 DB를 구축할 뿐 아니라 국내외 도서관과의 유기적인 네트워크를 구축하고 상호 DB를 공유할 수 있도록 개선함으로써 온라인 도서대출(소정의 이용료를 지불한 후 자료 다운로드 가능)이 가능하도록 추진할 것을 제안한다.

이와 같이 개선된 신 논리적 모형에서 '도서검색'은 도서의 비치 여부를 확인하기 위한 선택적 행위이며 물리적 공간을 뛰어넘어 언제 어디에서나 검색이 가능하도록 개선하였다. '대출 처리'라는 과정을 자동화함으로써 대출 업무에 필요한 인력을 최소화하고 자료의 정리, 전자 문서화 등에 투입할 수 있을 것으로 기대하며, 나아가 전자화된 도서를 온라인 환경에서 자유롭게 이용할 수 있을 것으로 기대한다.

❹ 신 물리적 모형화(NPM, New Physical Modeling)

신 논리적 모형은 이상적이고 개념적인 모형이라 할 수 있다. 하지만 현실은 그러한 모형을 구현하기에 적합하지 않을 수 있다. 따라서 이 단계는 현실적인 물리적 환경을 감안해 최종 적용할 모형을 제시한다.

신 물리적 모형 작성을 위한 사례

신 논리적 모형의 제시에도 불구하고 현실적으로 이의 실현을 위해서는 많은 예산과 시간이 필요한 것 또한 사실이다. 이에 현실적이고 적용 가능한 모형을 제시할 수밖에 없는데, 이를 신 물리적 모형이라 한다. 신 물리적 모형의 구축 사례를 기술하면 다음과 같다.

① 모든 도서목록을 DB화하여 온라인에서 검색이 가능하도록 제공한다.

② 서가는 개가식으로 운영하여 희망하는 도서를 직접 찾아 대출받을 수 있도록 한다.

③ 대출 희망자의 신분증을 바코드화하여 인식기에 인식시키면 대출자의 인적사항이 대출정보에 입력될 수 있도록 구현한다. 단, 대학의 학사 시스템과 연계하여 학적상태를 실시간으로 검색할 수 있을 뿐 아니라 갱신할 수 있도록 구현한다.

④ 모든 도서는 바코드화하며, 도난방지용 태그를 채용하여 도서의 불법 유출을 방지한다. 대출 처리는 대출 담당자에 의해 자동화된 시스템으로 처리한다.

⑤ 향후 단계적으로 주요도서 자료에 대한 전자 문서화를 추진하여 온라인 이용이 가능하도록 추진한다.

이와 같은 도서대출 처리에 대한 모형이 결정되면 이를 시스템에 반영하여 구현할 수 있도록 개발하면 된다.

▌ 요약

01 구조적 분석 방법론

요던(Yourdon) 등에 의해 개발되어 보급된 이후 널리 사용된 방법론이다. 하향식 기능 분해 기법을 사용하며, 구조적 프로그래밍 기법에 활용된다.

02 구조적 분석의 기본원리

구조적 분석 방법론은 추상화 원칙, 정형화 원칙, 분할 정복의 개념, 계층적 구조의 개념 등의 네 가지 원리로 요약할 수 있다.

03 모형화 도구의 특성

모형화 도구의 특성으로는 도형적 모형, 하향식 분할 모형, 최소 중복 모형, 투명적 모형, 다양한 모형 등으로 요약할 수 있다.

04 구조적 분석 모형화 도구

구조적 분석 방법론의 모형화 도구로는 자료흐름도(DFD), 자료사전(DD), 소단위 명세서(Mini-Spec) 등 세 가지가 있다.

05 구조적 분석 절차

구조적 분석 방법론의 분석 절차는 현 물리적 모형화 → 현 논리적 모형화 → 신 논리적 모형화 → 신 물리적 모형화 순으로 진행된다.

01 구조적 분석 방법론에 대한 요던(Yourdon)의 문헌을 조사한 후 주요 개념을 정리해 보시오.

02 구조적 분석 방법론의 모형화 도구인 자료흐름도(DFD), 자료사전(DD), 소단위 명세서(Mini-Spec)의 작성 사례를 수집한 후 각 모형의 작성법을 살펴보시오.

Chapter 04

자료흐름도

학습목표

▶ 구조적 분석 방법론의 모형화 도구인 자료흐름도의 특징을 이해한다.

▶ 자료흐름도의 구성요소인 네 개의 심볼을 식별하여 작성할 수 있도록 학습한다.

▶ 자료흐름도의 작성 과정에서 놓치기 쉬운 작성 원칙들을 살펴본 후 적용한다.

▶ 자료흐름도의 작성 사례를 평가하고 개선할 수 있도록 다양한 사례를 검토한다.

01 자료흐름도의 특징

구조적 분석의 중요한 목적은 명세할 문제 영역을 이해하기 쉽게 유용한 수준까지 분할하는 것이다. 분할이 적당이 이루어지면 소단위 명세서를 작성할 수 있게 된다. 따라서 우리는 소단위 명세서를 한 페이지에 작성할 수 있는 수준까지 시스템을 분할해야 한다. 자료흐름도는 이를 위한 중요한 모형화 도구이다.

자료흐름도는 현재 시스템 모형화 도구로 가장 보편적으로 사용되고 있으며, 특히 조작하는 데이터에 비해 시스템의 기능이 매우 중요하고 복잡한 경우에 유용하다. 자료흐름도는 처음 소프트웨어 공학 분야에서 시스템 설계 문제를 연구하기 위해 사용한 표기법으로 그래프 이론에서 사용하던 표기들을 사용한다.

자료흐름도가 갖는 중요한 특징들을 살펴보면 다음과 같다.

- 도형을 이용한 그림 중심의 표현이다.
- 하향식 분할의 원리를 적용한다.
- 다차원적이다.
- 자료의 흐름에 중점을 두는 분석용 도구이다.
- 제어의 흐름은 중요시 하지 않는다.

이러한 특징은 다음과 같은 효과가 있다.

- 사용자의 업무 및 요구사항을 쉽게 문서화할 수 있다.
- 사용자와 분석가 사이의 의사소통을 위한 공용어의 역할을 한다.
- 일관성 있고 정확한 사용자의 요구사항을 파악할 수 있는 요구분석용 도구의 역할을 수행한다.

자료흐름도는 사람이나 조직의 관점 대신 자료의 관점에서 상황을 명백히 표현하며, 과거의 분석 방식에서 크게 변화한 것이다. 종래의 분석에서는 사용자의 관점에서 업무의 운영 실태를 보려 하였으며, 사용자와 면담하고 어떻게 업무가 수행되는지를 알려고 하였다. 그런 연후에 시스템 관점으로부터 새로운 업무처리에 대해 정의하려고 노력하였다. 이러한 접근방법은 구조화되지 않은 방법에서 사용되는 방식으로, 처리흐름도^{Flow Chart}가 적용되면서부터 시스템의 관점으로부터 업무처리의 설계사항을 정의하게 되었다.

자료흐름도는 시스템의 동작 상태를 데이터 처리기의 관점이 아닌 데이터 관점에서 표현한다. 이 방법의 장점으로는, 데이터를 조작하는 다양한 사람 또는 조직은 무슨 일이 일어나는지 한 단면만을 알 수 있으나, 데이터 자체는 어떤 일의 발생에 대한 전체적인 전말을 알 수 있다는 것이다. 우리가 구조적 시스템 분석을 시작하게 되면 데이터에 빈번히 접촉하고 업무에서 데이터의 변환과정을 추적하게 된다. 이것을 데이터와 면담하는 것이라고 의인화해서 표현할 수 있으며, 어떤 다른 면담보다 더욱 생산적인 일이 된다.

자료흐름도의 구성요소

자료흐름도의 구성요소에는 처리Process, 자료흐름Data Flow, 자료저장소Data Store 그리고 단말 Terminator 등이 있다. 이 책에서 이들을 표기할 때는 현재 자료흐름도의 표준 표기법으로 사용되고 있는 톰 드마르코Tom DeMarco 표기법을 따르기로 한다.

1 자료흐름도의 4가지 구성요소

■ 처리

처리The Process, Bubble는 입력되는 자료흐름을 출력되는 자료흐름으로 변환하는 것으로, 원Bubble 으로 표기한다. 원 안에는 처리가 수행하는 일 또는 처리를 수행하는 행위자를 기술한다.

그림 4-1 **처리의 표현**

■ 자료흐름

자료흐름The Flow, Data Flow은 자료흐름도에서 구성요소들 간의 접속관계Interface를 나타낸다. 대부분의 자료흐름은 여러 처리 사이를 연결하지만, 자료저장소로부터 자료흐름이나 자료저장소로의 자료흐름을 나타낼 수 있으며, 때로는 단말로부터 자료흐름 또는 단말로의 자료흐름을 나타내기도 한다. 모든 경우에 자료흐름은 명칭이 부여된 화살표로 표기한다.

대출 신청서
→

대출 승인서
→

그림 4-2 **자료흐름의 표현**

■ **자료저장소**

자료저장소The Store, Data Store는 머물고 있는 자료군의 집합이다. 자료흐름도에서 자료저장소의 표기법은 두 개의 직선 즉, 평행선으로 나타내고, 평행선 안에 자료저장소의 명칭을 부여한다.

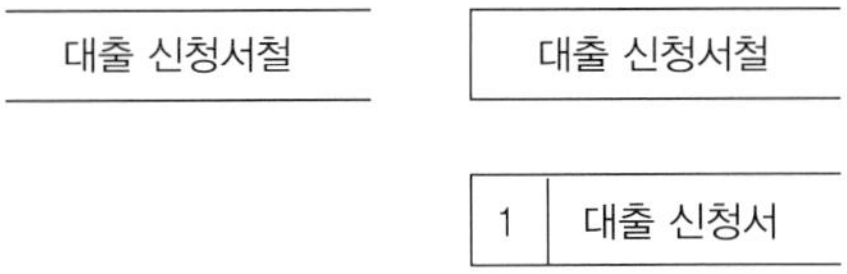

그림 4-3 **자료저장소의 표현**

■ **단말**

어떤 시스템도 자료흐름과 처리, 그리고 자료저장소를 이용해 자료흐름도를 표현할 수 있다. 그러나 시스템의 순수 입력이 어디에서 시작되고 순수 출력이 어느 곳으로 가는지 보여 준다면 좀 더 상세한 자료흐름도를 이해할 수 있다. 이러한 목적으로 사각형의 단말The Terminator, Sink을 사용한다.

그림 4-4 **단말의 표현**

2 자료흐름도 작성 실습

실습하기 | 세탁처리 자료흐름도 작성

앞의 네 가지 구성요소를 조합해 실제 자료흐름도DFD를 작성해 보자. 자료흐름도를 처음 작성해 보는 사람에게 적합하도록 실생활에서 쉽게 접할 수 있고 이해하기 쉬운 '세탁처리'를 예로 들어보겠다. 세탁처리를 위해 어떠한 과정이 진행되는지 생각해 보자. 물론 자동화된 세탁기에 세탁물을 넣고 조작하는 것만으로 세탁이 진행되지만 세탁처리 과정을 이해하기 위해 손빨래를 하는 것으로 생각해 보기 바란다.

> 우선 세탁물을 분류하고, 물에 담가 때를 불린 후 비누질을 하고 헹구어낸 후(이 과정을 반복할 수도 있다) 탈수해서 말리기까지의 과정이라는 걸 쉽게 분석할 수 있다. 그렇다면 이러한 과정을 새롭게 배운 자료흐름도의 구성요소를 이용해 작성해 보도록 하자.

■ **작성 예제 1**

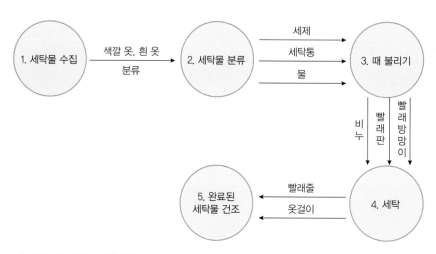

그림 4-5 **자료흐름도 작성 예제 1**

■ 작성 예제 2

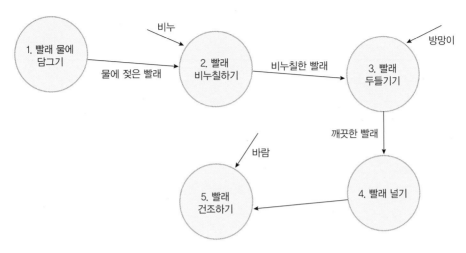

그림 4-6 **자료흐름도 작성 예제 2**

앞의 작성 예를 평가한 후 개선해 보자.

■ **작성 예제 1의 평가**

세탁처리를 다섯 개의 기능으로 나누어 표현한 점은 무난한 편이다. 하지만 자료흐름선의 표현에 대한 이해가 부족한 것으로 판단된다. 1번 처리로부터 5번 처리까지 파이프를 타고 자료가 흘러가듯이 표현했으나 각각의 처리별로 볼 때는 입력 자료흐름과 출력 자료흐름 사이에 적용되어야 할 자료보존의 법칙이나 최소자료 입력의 법칙에 어긋나 있다(본 장 3절 자료흐름도의 작성 원칙 참조). 자료흐름도 작성 예제 1의 구체적인 오류는 다음과 같다.

• 1번 처리와 5번 처리의 경우는 입력이 없거나, 출력이 없음
• 3번 처리의 입력에 표기된 세제, 물 등은 2번 처리의 출력이 아닌 3번 처리를 위한 새로운 입력으로 표기하는 것이 옳음(4번 처리 및 5번 처리의 경우도 마찬가지)
• 정작 3번 처리의 입력에 표기되어야 할 2번 처리의 출력이 표기되지 않은 것은 적절치 않음(4번, 5번 처리도 마찬가지)
• 세탁통, 빨래판, 빨래줄 등 도구는 입력으로 표기하기에 적절하지 않음

■ **작성 예제 2의 평가**

자료흐름도 작성을 처음하는 사람들이 범하기 쉬운 첫 번째 과오는 자료흐름선 위에 표현해야 할 자료명 대신 처리명을 표현하기 쉽다는 점이다. 작성 예제 2에서는 또 다른 형태의 과오도 발견할 수

있는데, 3번 처리와 5번 처리의 입력 자료흐름에 표현된 자료명이 과연 자료명으로 표현하기에 적합한 것인가 하는 점이다. 이때 판단의 기준은 그 자료가 처리를 거친 후 출력 자료흐름으로 표현되어야 한다는 점이다. 작성 예제 2의 구체적인 평가 내용은 아래와 같다.

- 1번 처리에는 입력이 없고 출력만 있으며, 5번 처리에는 입력만 있고 출력이 없음
- 4번 처리와 5번 처리를 하나의 처리로 묶어 표현하는 것이 적절할 듯함
- 3번 처리의 입력으로 표현된 '방망이'나 5번 처리의 입력으로 처리된 '바람'은 적절하지 않음(입력으로 투입된 것은 처리를 거치며 출력으로 변환되어진다는 것을 전제로 해야하기 때문)

■ **개선된 자료흐름도**

두 작성 예제에서 보여준 자료흐름도와 아래 그림을 비교해 보며 자료흐름도의 올바른 작성법에 대해 이해해 보자.

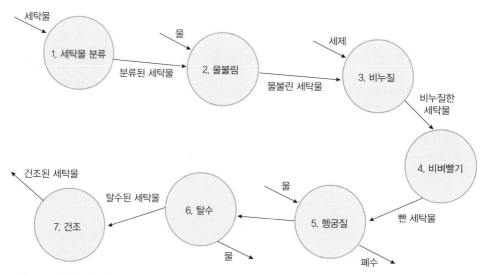

그림 4-7 개선된 자료흐름도

위 그림에서는 각 처리별로 필요한 최소한의 입력 자료를 받아 처리한 후 적절한 출력 자료로 흘러가고 있음을 알 수 있다.

자료흐름도 작성 방법에 대한 기본적인 요령을 파악했을 것으로 생각된다. 하지만 아직 충분하다고 말할 수는 없다. 다음 사례를 읽고 이를 자료흐름도로 작성해 보자.

> "저는 이 병원의 간호원장입니다. 제가 업무를 시작하면, 제일 먼저 의사들의 메모철을 살펴 문제점이 있는가를 확인합니다. 문제점이 발견되면 이를 수정하기 위해 의사에게 메모를 보내고, 새로운 치료나 검사할 사항이 있으면 이를 환자철에 기록합니다. 또한 앞으로 할 일을 위해 이 환자철을 보고 검사계획서와 치료계획서를 작성합니다.
>
> 제가 환자들을 다 둘러본 후에는, 환자철을 살펴보고 치료가 안 되어 있거나 잘못된 환자가 있는 경우 담당 간호원을 꾸짖고, 의사에게 보낼 메모에 이 사실을 첨부합니다."

■ **작성 예제 1**

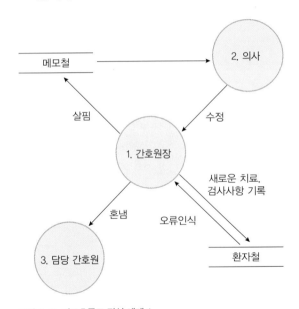

그림 4-8 **자료흐름도 작성 예제 1**

■ 작성 예제 2

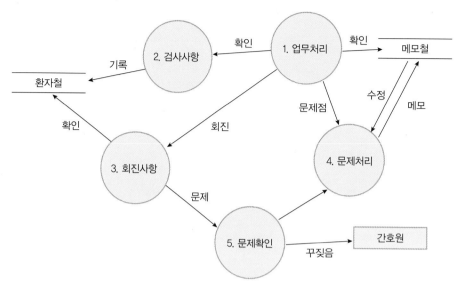

그림 4-9 자료흐름도 작성 예제 2

역시 앞의 작성 사례를 평가하고 개선된 자료흐름도를 작성해 보자.

■ 작성 예제 1의 평가

자료흐름도 작성 예제 1에서는 처리를 간호원장, 의사, 담당 간호원과 같이 행위 주체로 표현했다. 하지만 이럴 경우 각 주체의 행위를 표현할 수 있는 방법이 없어 결국 자료흐름선 위에 행위를 표현하는 오류를 범하게 된다. 행위 주체를 처리명으로 표현하기에 적합한 경우는 배경도를 작성하는 것처럼 구체적인 행위를 표현하기보다는 포괄적인 행위로 표현하고자 할 때이다. 작성 예제 1에 대한 구체적인 평가는 아래와 같다.

• 자료흐름선에는 자료명을 표기해야 함에도 불구하고 문제점 발견, 살핌, 수정, 오류인식, 새로운 치료, 검사사항 기록 등과 같이 처리에 해당하는 행위를 표기함
• 처리를 행위자인 간호원장, 의사, 담당 간호원으로 식별해 표기한 것은 큰 무리가 없으나 간호원장의 활동(처리)은 하나 이상의 처리로 표기할 필요가 있음
• 자료저장소로 메모철과 환자철을 표현한 점은 적절함
• 간호원을 꾸짖었다는 사항을 자료흐름도상에 나타내는 데 '혼냄'이라고 표기한 점은 적절치 않음

■ **작성 예제 2의 평가**

작성 예제 2에서는 처리의 표현이 구체적이지 않고 추상적으로 표현한 점이 적절하지 않다. 하지만 그것보다 더 중요한 오류는 자료흐름선 위에 자료명을 표시하기보다 처리명을 처리한 경우이다. 자료흐름도의 작성 시 항상 처리를 중심으로 자료의 입력과 출력 간의 균형을 고려하는 습관을 갖도록 노력해야 한다. 작성 예제 2의 구체적인 평가 내용은 아래와 같다.

- 처리를 업무처리, 문제처리, 문제확인 등과 같이 표기하였으나 좀 더 구체적인 행위를 식별할 수 있도록 표기하는 것이 좋을듯 함
- 처리에 검사사항, 회진사항이라고 표현한 것은 적절치 않으므로 검사사항 기록, 회진사항 확인 등과 같이 개선할 필요가 있음
- 앞의 예시와 같이 기록, 확인, 수정 등의 표기는 처리에 해당하는 행위이지 자료명이라고 볼 수 없으므로 자료흐름선에 표기된 자료명이 적절치 않음

■ **개선된 자료흐름도**

그렇다면 무엇을 어떻게 개선할 수 있을까?

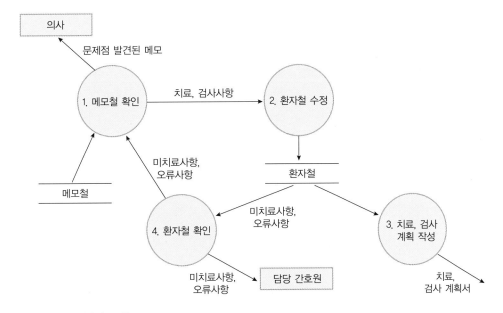

그림 4-10 개선된 자료흐름도

개선된 자료흐름도에서는 처리명과 자료흐름선 위의 자료명이 구체적이고 명확한 것을 확인할 수 있다. 단, 메모철이나 환자철 같은 자료저장소로의 입력이나 출력 자료흐름선에는 자료명을 생략하더라도 그 자료흐름선 위의 자료명을 쉽게 추정할 수 있기에 자료명을 생략해도 무방하다.

03 자료흐름도의 작성 원칙

자료흐름도 작성 시 도움이 되는 기본 원칙에는 다음과 같이 일곱 가지가 있다. [01]

1 자료흐름도 작성의 7가지 원칙

❶ 자료 보존의 원칙(Conservation Rule)

자료 보존의 원칙은 어떤 처리의 출력 자료흐름은 반드시 입력 자료흐름을 이용해 생성된 것이어야 한다는 것이다. [그림 4-11]에서 보는 바와 같이 '쥬서'라는 처리에 '사과'라는 자료흐름이 입력되었을 때 '오렌지 쥬스'라는 출력 자료흐름이 생성되어서는 안 된다.

그림 4-11 **자료 보존의 원칙에 위배된 예**

❷ 최소 자료 입력의 원칙(Parsimony Rule)

최소 자료 입력의 원칙은 어떤 처리가 출력 자료흐름을 산출하는 데 반드시 필요로 하는 최소의 자료흐름만 입력해야 한다는 것이다. [그림 4-12]의 라면 조리 과정을 표현한 자료흐름도에서 '물 끓이기'라는 처리에는 물 이외의 다른 입력 자료(면, 스프)를 받아들이지 않는 것을 볼 수 있다.

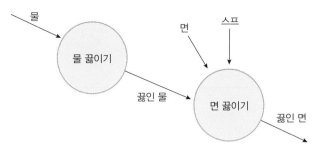

그림 4-12 **최소 자료 입력의 원칙 예**

❸ 독립성의 원칙(Independence Rule)

자기의 처리는 오직 자신의 입력 자료와 출력 자료 자체에 대해서만 알면 되고, 그들이 어디에서 와서 어디로 가는지는 알 필요가 없다. 이러한 원칙은 유지보수가 쉬운 시스템을 산출하는 핵심이 된다. 즉 어느 일부분의 변경이 다른 부분에 영향을 미치는지 제대로 인식하지 못한 문제를 미연에 방지할 수 있다.

❹ 지속성의 원칙(Persistence Rule)

처리는 항상 수행하고 있어야 하며, 일시적으로 어떤 자료흐름을 기다릴 때를 제외하고는 다시 시작하거나 멈춰서는 안 된다. 다음 그림에서 '한영번역'이라는 처리는 항상 '한글 단어'가 입력되기를 기다리고 있다.

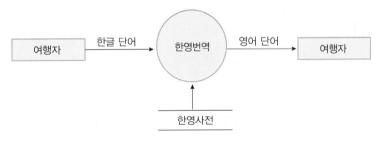

그림 4-13 **지속성의 원칙 예**

❺ 순차 처리의 원칙(Ordering Rule)

처리에 입력되는 자료흐름의 순서는 출력되는 자료흐름에서도 지켜져야 한다. 그러나 자료저장소의 자료는 어떤 순서에 의해 처리되어도 무방하다. [그림 4-14]의 예에서 보는 것처럼 한글 단어 자료흐름의 첫 번째 단어인 '책'이 맨 먼저 처리되어 'book'이란 출력이 생성된다. 그리고 주목해야 할 것은 '한영사전'이란 자료저장소에는 단어항목들이 저장되어 있는데, 이들은 접근순서에 무관하게 저장되어 있다.

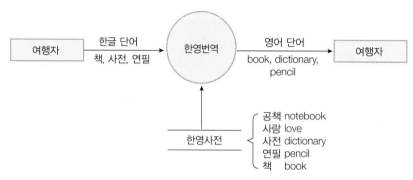

그림 4-14 순차 처리 원칙의 예

❻ 영구성의 원칙(Permanence Rule)

자료흐름의 자료항목은 처리된 후에는 제거되지만 자료저장소의 자료는 입력으로 사용해도 제거되지 않는다. 다시 [그림 4-14]의 예를 보면 여행자가 한글 단어 자료흐름에 단어를 실어 보내면 그 단어는 출력단어를 산출한 후 없어지게 된다. 이와는 대조적으로 '한영사전'의 자료항목들은 아무리 접근해도 불변인 채로 남아있게 된다.

❼ 자료 변환의 원칙(Nature of Change)

자료흐름 변환의 형태로는 자료 본질의 변환Change of Nature, 자료 합성의 변환Change of Composition, 자료 관점의 변환Change of Viewpoint, 자료 구성의 변환Change of Organization 등이 있다.

• **자료 본질의 변환**

[그림 4-15]에서 보는 바와 같이 자료 본질의 변환은 일반적으로 입력 자료흐름에 편집, 계산 등을 해 출력 자료흐름을 산출하는 것을 의미한다. 이 예에서 '소득증가율 계산'이란 처리는 금액으로 표시된 소득 기록을 입력받아 퍼센트로 표시된 증가율로 변환을 한다.

그림 4-15 **자료 본질의 변환 예**

- **자료 합성의 변환**

[그림 4-16]에서 '예금 처리'란 처리는 입력 자료의 본질을 변화시키지 않는다. 이러한 형태의 처리는 단순히 하나의 입력 자료를 여러 가지 구성요소로 분리해 두 개 이상의 출력을 산출한다. 반대로 두 개 이상의 입력 자료흐름에 대해 자료합성의 변환이 발생할 수도 있는데, 그림에서와 같이 수표와 입금표라는 자료항목이 합성되어 입금 트랜잭션이라는 하나의 출력 자료흐름을 산출한다.

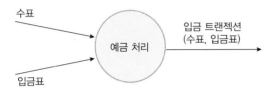

그림 4-16 **자료 합성의 변환 예**

- **자료 관점의 변환**

[그림 4-17]에서 보는 것처럼 자료 관점의 변환은 자료에 대해 실제적인 변경을 하지는 않는다. 이러한 형태의 처리에서 입력 자료흐름은 동일하게 출력 자료흐름으로 나타나게 된다. 그림에서 '주문서 확인'이라는 처리는 입력 자료흐름인 '주문서'에 대해 변경을 하지 않고 그대로 출력으로 내보내게 된다. 따라서 출력 자료흐름의 이름을 '적합한 주문서'라 하였으며, 자료사전에서도 '주문서'가 정의되어 있는 한 새롭게 정의할 필요가 없다.

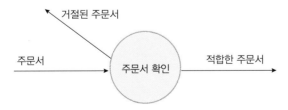

그림 4-17 **자료 관점의 변환 예**

• **자료 구성의 변환**

자료 구성의 변환에서는 출력 자료가 입력 자료와 동일하지만, 자료의 구성형태가 변환된다. 구성의 변환은 포맷팅Formatting 또는 정렬Sort 등을 위한 처리를 필요로 한다. 이러한 처리형태의 출력은 다른 자료흐름으로 생각될 수도 있고 아닐 수도 있다. [그림 4-18]의 예에서 '판매보고서'는 자료사전에 새로운 자료흐름으로 들어갈 수 있는데 보고서의 실물모형이 될 것이다. 만일 출력을 입력과 다른 자료흐름으로 간주해 '정렬된 판매자료'라 할 수 있다.

그림 4-18 **자료 구성의 변환 예**

04 자료흐름도의 작성 절차

자료흐름도 작성에 대한 기본 지식을 갖추었다고 해도 곧바로 좋은 도해를 작성할 수 있는 것은 아니다. 자료흐름도 작성에 대한 일반적인 절차를 살펴보자.

1 자료흐름도 작성 절차

❶ 시스템 경계의 입출력 식별

순수 입력과 출력을 선정하는 것은 분석의 대상이 무엇이어야 하는가에 대한 결정과 관련된다. 그러한 결정이 때로는 분석 단계에서 깊이 고려되지 않는데, 분석의 대상을 선정하는 것은 판단과 느낌의 문제이다. 그러나 어떻게 일을 착수하든지 목표는 동일하다. 개발 노력에 관련이 있는 모든 것을 충분히 포함시키도록 하고, 관련이 없는 부분은 포함하지 않도록 해야 한다.

분석 대상을 선정할 때 시스템 경계 밖에 위치하는 모든 것은 이후부터 관심 밖의 존재가 된다는 사실을 명심해야 한다. 분석 대상에서 제외한다는 것은 그것에 대한 연구를 위해 더 이상 노력을 기울이지 않는다는 것을 의미한다. 시스템의 경계에 대해 결정을 했으면, 이제는 시스템 경계를 가로지르는 자료흐름을 찾아야 한다. 이들이 순수 입력 및 출력이며, 이들을 자료흐름도의 주변에 표시한다. 이 단계에서 자료흐름도의 완전성에 대해 걱정할 필요는 없으며, 빠뜨린 자료흐름이 있다면 이후의 단계에서 발견해서 완성한다.

❷ 시스템 경계 내부의 작성

모든 프로젝트에서 자료흐름도를 작성하는 것은 현재 사용자 영역을 최초로 문서화하는 것이다. 이때는 어떻게 업무들이 수행되어야 하는가를 기술하는 것이 아니고 현재의 업무수행 방식을 그대로 기술해야 한다. 자료흐름도는 우리가 보는 것과 사용자들이 설명하는 것을 그대로 작성하는 것이다. 자료흐름은 통상적으로 명칭을 갖고 있는 자료군이며, 처리는 문제영역 내의 단위 작업이 된다.

먼저 중점을 두어야할 것은 자료흐름이다. 업무수행을 위해 이동되는 주요 자료의 파이프라인을 찾아야 한다. 사용자가 단위자료로 취급하는 중요한 정보를 식별하였다고 가정하자. 여기서 단위자료란, 함께 도착하고, 함께 처리되고, 전체로서 생각될 수 있는 자료를 의미한다. 이때는 이것을 자료흐름도에 자료흐름으로 표시해야 한다. 따라서 이것을 자료흐름도에 포함시켜 주변의 자료흐름과 연결시킨다. 그리고 자료흐름을 변환하는 작업은 처리로 표현한다. 아직 이들에 대해 명칭을 부여할 필요는 없으며 공란으로 남겨둔다.

자료흐름도상에 나타나기 시작하는 처리들을 조사한다. 처리 내에 존재하는 내부적인 자료흐름들을 생각해 보아야 하며, 사용자에게 확인해야 한다. 그러한 것들이 존재할 경우 하나의 처리를 여러 개의 처리로 대체하고 그들 사이에 식별된 자료흐름을 표시한다.

각각의 자료흐름에 대해 그들이 어떤 자료항목들로 구성되는지 생각해 보아야 한다. 만약 입금표라는 자료흐름이 있다면 그것은 고객계좌번호와 금액으로 구성될 것이다. 이러한 항목들이 어떻게 구성되는지, 어디로부터 나오며, 어떻게 다른 자료흐름으로 변환되고, 이러한 변환을 위해서 어떤 처리가 필요한지 생각해 보아야 한다.

자료흐름도에 사용자들이 설명하는 자료저장소를 추가한다. 각각의 자료저장소에 대해 상세하게 조사해 이들로 입력되거나 이들로부터 출력되는 자료흐름을 파악해야 한다.

시스템 경계에 대해 다시 검토하고 수정할 준비를 하고 있어야 한다. 왜냐하면 어떤 자료흐름의 중요한 구성요소가 되는 필요한 입력을 빠뜨렸다면, 이를 추가해야 한다. 때로는 입력된 후 시스템 내부에서 아무런 사용없이 사라지는 자료흐름이 있을 수 있는데, 이런 것들은 제거해야 한다.

❸ 자료흐름의 명명

자료흐름의 이름은 자료흐름도를 이해하는 데 커다란 영향을 미친다. 자료흐름의 명명에 도움이 될 지침으로는 다음과 같은 것들이 있다.

- 각각의 자료흐름에 대해 새로운 명칭을 부여한다. 명칭이 부여되지 않은 자료흐름은 분할이 잘못되었기 때문에 명칭을 부여할 수 없을 가능성이 크다. [그림 4-19]에서 보는 바와 같이 자료흐름은 처리를 거쳐 변환될 때마다 새로운 이름을 부여한다. 하나의 처리를 거친 사과라는 자료흐름에 동일한 명칭을 부여해서는 안 되며, '닦은 사과', '자른 사과' 등과 같이 정확한 이름을 부여해야 한다.

- 명칭을 부여할 때는 전체의 자료흐름에 적용될 수 있는 이름을 부여해야 하며, 자료흐름 구성요소의 일부분에 적용되는 명칭을 부여해서는 안 된다.
- '자료', '정보' 등과 같이 의미 없는 명칭은 부여하지 않는다.
- 본질적으로 다르므로 전체로 통합될 수 없는 자료항목을 하나의 자료흐름으로 만들지 않는다.

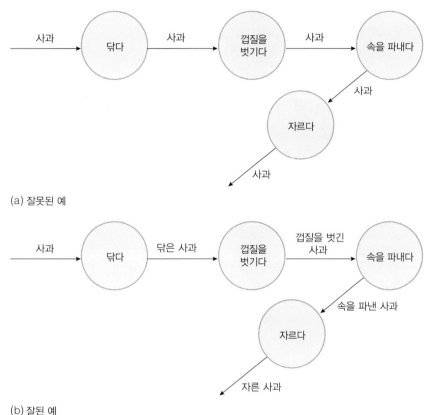

(a) 잘못된 예

(b) 잘된 예

그림 4-19 **자료흐름의 명명**

어떤 자료흐름의 명칭이 '잡다한 자료', '필요한 자료' 등과 같이 의미 없게 부여된다면 다른 명칭을 부여하기 위해 애쓸 필요가 없다. 이때는 이러한 자료흐름을 제거하고, 이것을 여러 개의 명명이 가능한 자료흐름들로 분할한다. 명명이 어려운 자료흐름들은 일반적으로 분할하는 방법이 좋지 못한 결과를 초래하므로, 더욱 좋은 방법은 자료흐름의 분할을 재고하는 것이다. 이때는 모든 것들을 한 덩어리로 묶은 후 다시 분할을 시작하는 것이 좋다.

❹ 처리의 명명

처리에 대해 명명을 시작하기 전에 자료흐름도의 모든 자료흐름에 명칭을 부여해야 한다. 처리부터 명명을 시작하는 것이 때로는 유용할 수도 있다. 그러나 먼저 자료흐름에 중점을 두어 명명을 마친 다음 처리에 관한 명명을 하는 것이 본질적으로 하향식 접근방법이라 할 수 있다. 처리에 먼저 중점을 두는 것은 상향식 접근방식이라 할 수 있다.

모든 자료흐름에 대해 명칭을 부여할 때까지 처리의 이름은 공란으로 두고, 자료흐름의 명명이 끝난 후 처리에 대해 명명을 시작하는 것이 생각처럼 어렵지만은 않다. 특히 분할이 잘 될 경우에는 어렵지 않은 일이다. 예를 들어 그림을 보자. [그림 4-20]의 처리 1의 '가'의 명칭은 '입금표 검증'이어야 한다는 것이 명확하다. 이 경우 입력과 출력 자료흐름의 명칭이 완성되면 처리의 명칭을 부여하는 것은 기계적인 일이 된다. 그러나 처리 2의 경우에는 전혀 그렇지 않다. '재고 조절'이라는 처리명을 알고 자료흐름(가, 나, 다)의 명칭을 부여하는 것은 쉬운 일이 아니다.

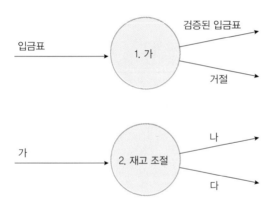

그림 4-20 **처리의 명명**

처리의 명명을 위한 지침들로는 다음과 같은 것들이 있다.

- 처리의 명칭은 처리내용에 적합하도록 명명해야 한다. 예를 들어 자료저장소에 대해 수정하고, 실내의 온도를 조절하며, 모형기차를 운행하는 처리에 대해 '입금표 편집'이라 명명하는 것은 타당치 않다.
- 처리의 이름은 동사형 명사와 단일 직접목적어를 사용한다. 두 개의 동사가 필요하다면 처리를 분할해야 한다.

- 어떤 경우에도 다 적용될 수 있는 포괄적인 명칭은 피해야 한다. '자료 처리' 또는 '자료 조작' 등과 같은 포괄적인 단어 외에 적절한 용어가 없을 때는 명칭부여가 불가능한 처리이다.

- 명칭부여가 불가능한 처리가 없도록 분할한다. 명칭부여가 수월하도록 좀더 분할을 하든가, 또는 다른 처리와 통합한다. 처리의 명칭을 부여할 수 없다면 분할이 잘못된 것이다.

2 자료흐름도 작성 시 주의사항

■ 초기화와 종료화는 고려대상에서 제외

자료흐름도로 작성된 시스템은 현재 동작 중이라고 가정한다. 그러나 시스템이 어떻게 시작되고 어떻게 끝나는지는 당분간 고려하지 않는다. 이러한 문제는 나중으로 미루어도 아무런 문제가 되지 않는다. 따라서 시스템의 초기화와 종료화는 당분간 고려하지 않는 것이 좋다.

■ 사소한 오류처리는 생략

마찬가지로 사소한 오류처리 역시 추후로 미루는 것이 좋다. 오류 자료흐름을 식별하였을 때 현재로서는 그 자료흐름의 추적을 계속할 필요는 없다. 그것을 '기각' 또는 '거절' 등과 같이 표시해 놓고 중요한 자료흐름의 추적을 계속한다. 이것은 사소한 일에 얽매이지 않고 시스템의 전체적인 그림을 얻는다는 생각과 일치한다.

대부분의 시스템과 사용자들은 오류상황을 처리하기 위해 자원의 대부분을 사용한다. 그러나 오류처리는 시스템의 본질에 큰 영향을 끼치지 않는다. 물론 우주선 통제나 전화교환기 등과 같이 높은 신뢰성을 요구하는 업무는 예외가 될 수 있다. 하지만 대부분 시스템의 본질은 주요 처리사항으로부터 추출할 수 있으며, 시스템의 내부구조는 이러한 본질을 반영해야 한다. 시스템의 내부구조는 가장 잘 이해해야 할 구성요소로써 시스템의 구현과 유지보수까지 큰 영향을 미치게 된다.

자료흐름도 작성의 초기에 고려해야 할 오류처리는 다음과 같은 경우이다. 만일 오류가 발생할 경우 이전 단계의 처리를 다시 수행해야만 하는 것이 아니라면, 그것은 당분간 무시해도 된다. 그렇지 않고 오류가 발생할 경우 사전에 수행한 변경이나 자료저장소의 상태를 이전의 상태로 되돌려야만 한다면, 그것은 무시해서는 안 된다. 앞에서 말한 사소한 오류란 전자와 같은 경우를 말하는 것이다.

■ **제어흐름은 표시하지 않음**

대부분의 사람들은 이전의 처리흐름도 방식의 습관을 어렵지 않게 극복한다. 어떤 것이 자료흐름인지 또는 제어흐름인지 혼동될 때는 다음과 같이 시험해 볼 수 있다. 먼저 파이프라인을 통해 전달되는 정보가 무엇인지 찾아본다. 만일 아무것도 없다면 그것은 자료 자체의 흐름이 아닌 자료의 처리기에 대한 의식의 흐름이므로 제어흐름이다. 따라서 그것은 자료흐름도에서 제거해야 한다.

단지 제어만을 위해 사용되는 정보의 흐름을 제거하기는 좀 복잡하다. 이때는 정보의 흐름을 받는 처리가 어떻게 정보를 활용하는지를 확인해야 한다. 입력이 변경되어 출력 자료흐름이나 또는 그의 일부분이 된다면 그것은 자료흐름이다. 그러나 단지 처리에게 일의 시작을 지시하거나 또는 어떻게 일을 수행해야 할지를 지시할 때는 제어흐름이다.

3 자료흐름도 검토 및 개선

인간의 두뇌는 본질적으로 반복적인 처리기이다. 그것은 한번에 모든 일을 정확히 처리하지 못한다. 두뇌의 특성상 우선 주어진 일을 불완전하게 실행한 후, 그것에 대해 개선하는 방식이 좋다. 이것을 계속적으로 반복하면, 매번 더 좋은 결과를 얻어낼 수 있다.

우리의 업무처리는 이와 같은 방식을 취하는 것이 아주 자연스러운 것이므로, 최초로 작성한 자료흐름도를 포기하고 개선된 새로운 것으로 대체할 준비를 하고 있어야 한다. 아무리 자주 대체하더라도 실망할 필요는 없다. 대체할 때마다 개선이 이루어지고 더 나은 자료흐름도가 완성될 것이다.

요약

01 자료흐름도

구조적 분석 방법론의 모형화 도구 중 가장 보편적으로 사용되는 자료흐름도는 네 가지 심볼만으로 작성할 수 있으며, 시스템 개발자와 사용자의 커뮤니케이션을 용이하게 해 준다.

02 자료흐름도의 구성요소

자료흐름도의 구성요소에는 처리, 자료흐름, 자료저장소, 단말 등이 있으며, 일반적인 표기법은 톰 드마르코(Tom DeMarco)의 표기법을 따른다.

03 자료흐름도의 작성 원칙

자료흐름도의 작성 원칙은 자료 보존의 원칙, 최소 자료 입력의 원칙, 독립성의 원칙, 지속성의 원칙, 순차 처리의 원칙, 영구성의 원칙, 자료 변환의 원칙 등이 있다.

04 자료흐름도의 작성 절차

시스템 경계의 입출력을 식별한 후 시스템 경계 내부의 작성, 자료흐름의 명명, 처리의 명명 순으로 진행된다.

05 자료흐름도 작성 시 주의사항

초기화와 종료화는 고려하지 않는 것이 일반적이며 사소한 오류는 생략한다. 그리고 제어흐름은 표시하지 않는 게 원칙이다.

06 자료흐름도 검토 및 개선

자료흐름도의 작성은 작성법의 이해만으로 만족할 것이 아니라 자신이 직접 다양한 사례들을 작성해 보며 반복적인 검토와 개선을 하다 보면 만족할만한 결과를 얻을 수 있게 된다.

▐ 연습문제

01 야채 볶음밥을 만드는 과정을 읽고 자료흐름도를 작성해 보시오.

① 감자, 양파, 당근 등의 야채를 깨끗이 씻어 껍질을 벗긴 후, 잘게 썰어 준비한다.

② 적당한 크기의 팬에 식용유를 두른 후 열을 가한다.

③ 준비한 야채를 넣어 익을 때까지 볶는다. 이때 감자나 당근을 먼저 익힌 후 양파는 나중에 넣어 볶는다. 약간의 소금을 넣어 간을 맞춘다.

④ 적당량의 밥을 함께 넣어 야채가 골고루 섞일 때까지 함께 볶는다.

⑤ 별도의 팬에 기름을 두른 후 계란을 얇게 펴서 부친다.

⑥ 완성된 볶음밥을 접시에 담아낸 후 준비한 계란 부침을 얹고 적당량의 케첩, 참깨 등을 뿌린다.

자료흐름도 작성 단계

학습목표

▸ 자료흐름도의 작성 단계를 학습한 후 배경도와 분할도를 직접 작성해 본다.

▸ 자료흐름도의 분할 방법을 사례를 통해 학습한다.

▸ 시스템의 물리적 모형과 논리적 모형에 대해 이해한다.

▸ 논리적 모형의 구축을 위해 알아야 할 개념들을 학습한다.

▸ 자료흐름도의 작성 사례들을 평가하고 개선할 수 있도록 다양한 사례들을 검토한다.

01 자료흐름도의 단계화

앞 장에서는 자료흐름도 작성과 관련된 일반적인 사항인 작성 원칙, 작성 절차 등을 통해 자료흐름도 작성을 위한 기본 지식을 익혔다. 이 장에서는 실제로 시스템을 분석할 때 어떤 과정을 통해 자료흐름도를 완성해 가는지에 대한 실제적인 사항들을 다루겠다.

1 단계화된 자료흐름도의 이점

하나의 시스템을 한 장의 도면으로 표현하는 일은 힘든 일이다. 너무 포괄적이고 추상적일 뿐만 아니라 너무 많은 내용을 담고 있어 한번에 다 이해하기 어렵기 때문이다. 그러한 이유로 자료흐름도 역시 단계화된 여러 도형들로 작성한다.

자료흐름도를 단계화할 때의 이점은 다음과 같다.

- 단계화된 자료흐름도는 분석을 하향식으로 수행하므로 시스템을 상위로부터 조망해 볼 수 있다. 따라서 관리자는 상위 단계의 자료흐름도를 봄으로써 시스템의 전체적인 윤곽을 잡을 수 있고, 설계자나 프로그래머는 하위 단계의 상세한 자료흐름도로부터 특정 관심 부분에 집중할 수 있다.

- 분할된 페이지와 페이지를 연결하는 연결점이 필요 없다. 자료흐름이 각 페이지로부터 목적지 없이 사라지지만 한 단계 위의 자료흐름도로부터 입출력 지점을 파악할 수 있고, 한 장의 자료흐름도가 특정 업무영역을 완전히 표현하게 되므로 업무를 충분히 이해하기 위해 다른 페이지를 참고할 필요가 없다.

- 모든 자료흐름도가 이해와 관리가 용이한 크기의 종이에 그려지고, 한 장의 종이는 일곱 개 전후로 적절한 개수의 처리를 포함하고 있으므로 문서화 측면에서도 이해하기 쉽다.

2 배경도와 분할도

단계화된 자료흐름도는 배경도와 분할도로 나눌 수 있으며, 분할도는 시스템의 복잡도에 따라 몇 단계의 하위 단계로 분할된다.

■ 배경도

배경도Context Diagram는 분석하고자 하는 시스템과 외부 세계와의 접속관계를 식별하기 위한 것으로 시스템 분석의 범위를 결정하게 된다. 배경도를 표시하는 방식은 [그림 5-1]에서 보는 것처럼 시스템 전체를 나타내는 하나의 처리를 표시하고 이 처리의 이름을 부여한다. 그리고 이 처리와 관련되는 단말들을 표시하고 이들 사이의 자료흐름을 표시한다.

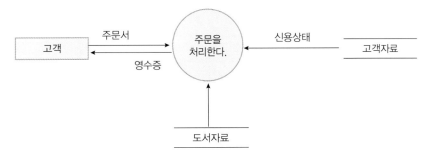

그림 5-1 **도서주문 처리에 대한 자료흐름도 중 배경도의 예** [01]

■ 분할도

분할도는 배경도에서 1차 분할된 '1차 분할도'를 비롯하여 1차 분할도 내의 처리를 2차 분할한 '2차 분할도'와 같이 시스템의 복잡도에 따라 세분화된 자료흐름도를 통칭한다. 자료흐름도의 분할을 어느 정도까지 하는 것이 좋은가에 대해 도움이 되는 일반적인 지침으로는 다음과 같은 것들이 있다.

• 자료흐름에 주목한다. 만일 그것이 일정한 방식으로 분산되는 성질을 갖고 있다면, 이를 자료흐름도의 분할에 반영시켜야 한다. 이때 인위적으로 분할하는 것보다는 자료의 성질에 유의하여 분할하는 것이 자연스러우며 이해하기 쉽다.

• 개념적으로 의미있는 접속관계가 이루어지도록 분할한다.

• 처리의 수에 있어서 상위 단계의 분할은 하위 단계보다 많게 이루어져도 무방하다. 상위 단계의 자료흐름도는 시스템과 자주 접촉함에 따라 쉽게 이해될 수 있기 때문에 한눈에 알아볼 수 없어도 상관없다.

- 어떤 단계에서든지 자료흐름도의 분할은 이해도를 저하시키지 않는 한 많이 하는 것이 좋다. 분할을 많이 할수록 전체적으로 자료흐름도의 수는 줄어들게 된다.
- 어떤 인위적인 제한이 필요할 때는 7을 한계로 하는 것이 좋다. 일곱 개 전후로 분할된 자료흐름도가 이해 및 작업하기 용이하다.
- 절대적인 분할원칙을 고수하는 것보다는 자료흐름도를 명확히 표현하여 이해가 쉽도록 하는 것이 가장 좋다.

또한 최하위 단계를 결정하는 데 도움이 되는 지침으로는 다음과 같은 것들이 있다.

- 최하위 단계의 처리를 소단위 명세서로 한 페이지 이내에 기술할 수 있을 때까지 분할한다. 이렇게 되면 이해도가 향상된다. 한 페이지가 안 되는 소단위 명세서는 너무 단순하고, 한 페이지를 초과하는 것은 분할을 더해야 한다.
- 처리에 대한 입력 자료흐름과 출력 자료흐름이 오직 하나씩 남을 때까지 분할한다. 이때 사소한 오류처리 흐름은 고려하지 않는다. 그러나 때로는 하나의 출력을 갖지만 여러 개의 입력을 필요로 하며, 더 이상 분할이 어려운 처리도 있다.
- 입력 자료흐름과 출력 자료흐름 사이의 관계를 조사한다. 이때 입력과 출력 사이에 일대일$^{One-to-One}$ 또는 다대일$^{Many-to-One}$의 관계를 갖는다면 분할은 충분히 이루어진 것이다. 이러한 관계 없이, 예를 들어 세 개의 입력을 두 개의 출력으로 변환하는 관계를 갖는다면 분할을 더할 필요가 있다.

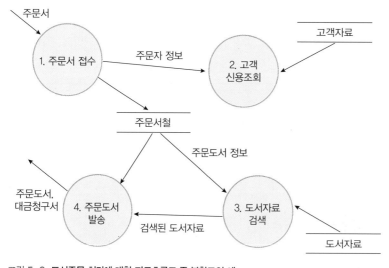

그림 5-2 **도서주문 처리에 대한 자료흐름도 중 분할도의 예**

자료흐름도의 분할 방법

자료흐름도를 세분화하는 방법에는 자료흐름 중심으로 분할을 진행하는 방법과 처리중심으로 분할하는 두 가지 방법이 있다. 사실 자료흐름도를 작성하는 작업이란 하나의 배경도(처리)에서 시작하여 분할된 자료흐름도(처리)의 작성 과정으로 단계적으로 분할해 가는 과정이라고 할 수 있다. 이때 어떤 기준에 의해 어떻게 분할해 가는가에 대한 방법은 자료흐름도를 작성하는 사람에게 가장 까다로운 절차이다.

다음과 같은 하나의 자료흐름도를 예로 들어 보자.

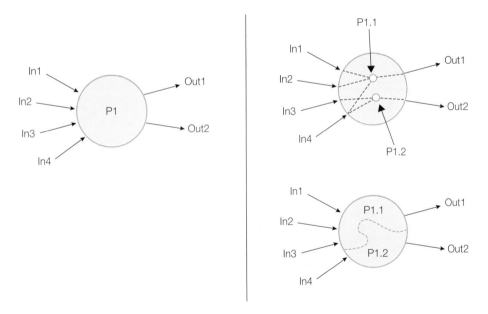

그림 5-3 **자료흐름도의 분할 방법**

[그림 5-3] 왼쪽 그림의 자료흐름도를 분할할 때 오른쪽의 위쪽 그림은 자료흐름선 In1, In2, In3, In4가 어떻게 접속하여 Out1과 Out2로 흘러가는지의 관점에서 처리를 분할하게 된다. 이런 분할 방법을 '자료흐름 중심' 분할 또는 '접속점^{Connectivity}' 분할이라 부른다. 반면 오른쪽의 아래쪽 그림은 처리(P1)가 기능적으로 어떻게 분할되는가의 관점에서 분할한다. 이런 분할

방법을 '처리 중심' 분할 또는 '조각그림 짜맞추기^{Jigsaw Puzzle}' 분할이라 부른다.

1 자료흐름 중심 분할

자료흐름 중심 분할 방법은 처리에 비해 자료흐름을 중심으로 분할하는 방식으로, 세부적인 절차는 다음과 같다.

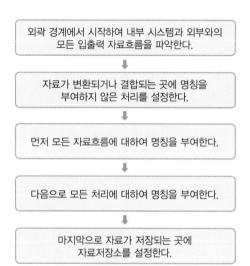

외곽 경계에서 시작하여 내부 시스템과 외부와의
모든 입출력 자료흐름을 파악한다.

↓

자료가 변환되거나 결합되는 곳에 명칭을
부여하지 않은 처리를 설정한다.

↓

먼저 모든 자료흐름에 대하여 명칭을 부여한다.

↓

다음으로 모든 처리에 대하여 명칭을 부여한다.

↓

마지막으로 자료가 저장되는 곳에
자료저장소를 설정한다.

그림 5-4 **자료흐름 중심 분할의 절차**

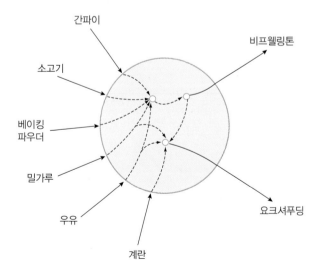

그림 5-5 **자료흐름 중심 분할의 예 – 분할 전** [02]

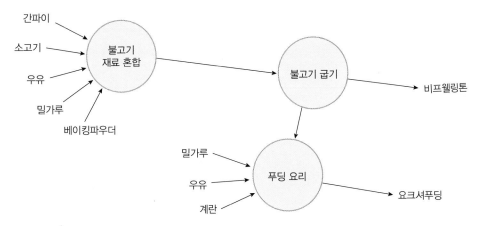

그림 5-6 **자료흐름 중심 분할의 예 – 분할 후**

자료흐름 중심 분할의 특징은 다음과 같다.

- 자료흐름 관점을 기반으로 분할도를 작성한다.
- 처리순서에 따라 요구되는 자료들을 식별할 수 있다.
- 입력 자료흐름과 출력 자료흐름 사이의 균형을 고려한다.
- 모호한 처리들을 구별할 수 있도록 도와준다.
- 상대적으로 소규모 시스템에 적용하기에 적합하다.

2 처리 중심 분할

처리 중심 분할 방법은 자료흐름 중심 분할 방법과는 달리 처리요소의 식별부터 시작하여 처리를 분할해 나가는데, 세부적 절차는 다음과 같다.

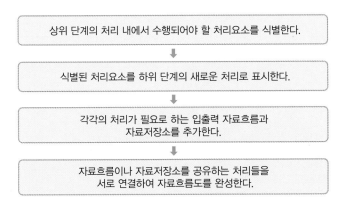

그림 5-7 **자료 중심 분할의 절차**

처리 중심 분할 방법의 예는 다음 세 가지 그림과 같다.

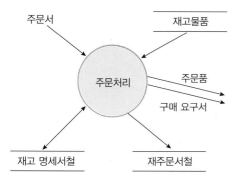

그림 5-8 처리 중심 분할의 예 – 분할 전

[그림 5-8]의 '주문처리' 기능을 분할하면 다음과 같이 여섯 개의 하위 처리로 분할할 수 있다.

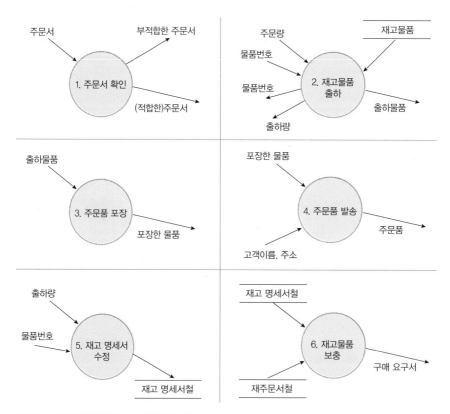

그림 5-9 처리 중심 분할의 예 – 분할 과정 [03]

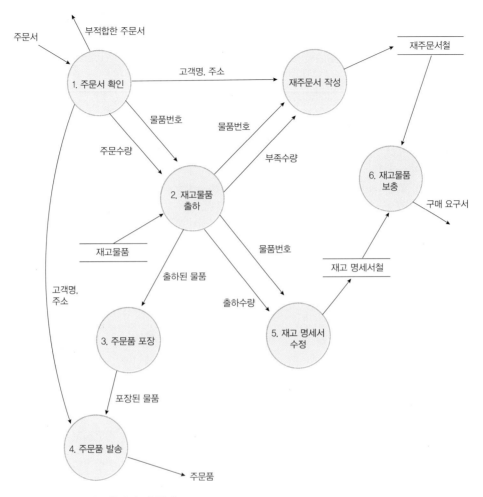

그림 5-10 **처리 중심 분할의 예 – 분할 후**

처리 중심 분할의 특징은 다음과 같다.

- 처리기 관점에서 분할도를 작성한다.
- 활동의 처리순서를 기준으로 순차적으로 분할한다.
- 처리 범위가 명확하게 정의된 보다 대규모의 시스템에 적용하기에 적합하다.
- 많고 상세한 처리기들 탓으로 너무 복잡해질 수 있다.
- 자료흐름에 대한 적절한 이름이 사용되지 않은 경우 각각의 조각을 하나로 짜맞추기가 어렵다.

03 논리적 모형의 구축

분석의 목표는 바로 필수적 요구사항을 빠짐없이 추출해 내어 논리적 모형을 구축하는 것이다. 따라서 분석 결과를 논리적 모형이라 할 수 있는데, 구조적 시스템 분석은 논리적 모형을 정확하고 용이하게 구축하고 올바른 요구사항이 빠짐없이 포함되도록 몇 가지 원리들을 제시하고 있다.

1 논리적 모형 구축을 위한 기본 개념

1.1 완전한 기술

분석가가 요구사항을 논리적 관점에서 파악할 수 있도록 도와주는 것이 '완전한 기술Perfect Technology'이라는 개념이다. 완전한 기술의 개념을 정의하기 전에 먼저 '기술Technology'이라는 용어부터 정의해 보자. 기술은 인간이 소기의 목적을 달성하기 위해 사용하는 수단이라고 할 수 있는데, 이는 구체적으로 '처리기Processor'와 '저장기Container'라는 두 가지 요소로 구성된다. 처리기는 제반 활동을 수행하는 요소이며, 저장기는 처리기들에게 자료를 전달하고 처리기들이 자료를 사용할 수 있도록 저장해 두는 요소이다. [04]

기술에 대한 위와 같은 정의에 따라 완전한 기술은 완전한 처리기와 완전한 저장기로 구성된다. 완전한 처리기란 무한의 능력을 가진 것으로써 어떤 것도 즉시 수행할 수 있으며, 처리하는 데 비용도 들지 않고 에너지도 필요 없다. 그리고 공간도 필요 없고, 열 발생도 없고, 오류도 없어 결코 붕괴되지 않는다.

완전한 저장기란 처리기와 같은 특성을 지닌 저장기로써 비용이 요구되지 않으며, 무한의 자료를 저장할 수 있고, 처리기가 원하는 모든 형태로 자료를 전달한다.

완전한 기술을 이용하여 어떻게 논리적 모형을 쉽게 구축할 수 있는가? 이 질문에 답을 제시하기 전에 먼저 필수적 요구사항을 완전한 기술의 관점에서 다시 정의하여 보자. 필수적 요구사항을 '구현 환경에 의존적이지 않은 올바른 요구사항의 집합'이라고 정의하였는데, 이를 완전한 기술의 개념을 적용하여 다시 정의하면 '완전한 기술을 이용하여 구현하더라도 시스템에 존재해야 하는 활동 및 자료'라고 할 수 있다. 특히 이러한 기능 및 자료를 '필수적 기능Essential Activity'과 '필수적 저장자료Essential Memory'라 한다. 따라서 필수적 요구사항이란 필수적 기능과 필수적 저장자료로 구성된다고 말할 수 있다.

필수적 기능은 다시 '기본적 기능Fundamental Activity'과 '보관적 기능Custodial Activity'으로 구분된다. 기본적 기능은 시스템의 존재를 정당화하는 것으로 시스템 외부에 반응을 보이는 기능을 의미하며, 보관적 기능은 기본적 기능을 수행하기 위해 필요한 자료를 획득하여 저장하는 기능을 말한다. 두 기능을 모두 수행하는 '복합적 기능Compound Activity'도 있다. 필수적 저장자료는 기본적 기능이 일을 수행하기 위해 보관할 자료를 말한다. 논리적 모형은 필수적 기능과 저장자료의 집합으로, 다음과 같은 네 가지 유형이 필수적 기능과 필수적 저장자료로 표현된다.

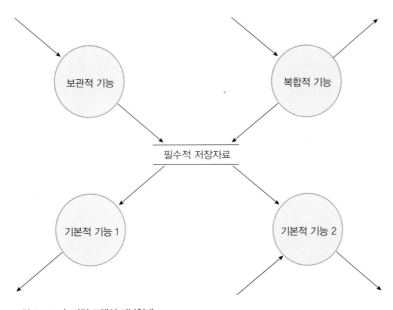

그림 5-11 **논리적 모델의 기본형태**

그러면 이러한 논리적 모형을 어떻게 구축할 것인지를 필수적 요구사항의 정의를 역으로 생각하여 유도해 보자. 즉 잘못된 요구사항은 '완전한 기술이 적용되면 필요치 않은 기능 및 자료'라고 역으로 정의할 수 있다는 것이다. 따라서 논리적 모형은 시스템의 현존 그대로를 표현한 물리적 모형을 구축한 후, 이중 완전한 기술을 이용하였을 때 불필요한 요구사항, 즉 잘못된 요구사항을 제거함으로써 구축할 수 있다.

잘못된 요구사항의 특성을 물리적 특성이라 하는데 이러한 특성들은 아래와 같이 분류할 수 있다.

표 5-1 **물리적 특성의 분류**

특성	내용
분편성	하나의 필수적 기능의 부분들이 여러 처리기에 의해 분산되어 수행되는 현상
통합성	서로 관련되지 않는 필수 기능들의 단편들이 하나의 처리기 또는 저장기에 할당되는 현상
중복성	필수적 기능이 여러 처리기에 의해 중복되어 수행되거나 동일 자료가 여러 저장기에 중복되어 보관되는 현상
부가성	이용된 기술의 제한성을 보완하기 위하여 필수적 요구사항과는 무관한 추가적 기능이나 자료가 포함되는 현상으로, 처리기 간에 불필요하게 자료가 전송되는 통신적 부가성과 발생 가능한 오류를 방지하기 위한 관리적 부가성으로 분류됨
복잡성	필수적 요구사항이 기술적 한계로 인하여 매우 복잡하게 구현되어 이해를 곤란하게 하는 현상

결론적으로 논리적 모형은 물리적 모형에 포함된 위 다섯 가지의 물리적 특성을 제거하여 구축될 수 있는데, 물리적 특성은 완전한 기술을 적용하면 제거할 수 있다. 다시 말해 물리적 모형에 완전한 기술을 적용한다고 가정할 경우 위 다섯 가지 물리적 특성은 불필요한 요구사항으로 인식되어 제거되고, 필수적 요구사항으로만 표현된 논리적 모형을 구축하게 된다.

1.2 사건(Event)과 반응(Response)

완전한 기술이란 분석가에게 논리적 모형을 쉽게 구축할 수 있도록 도와주는 개념이지만, 완전한 기술의 개념만으로는 만족스러운 분석 결과를 얻기 어렵다. 분석가는 분석 결과로 구축된 논리적 모형이 사용자의 요구사항을 모두 반영할 수 있도록 완전하게 기술해야 하는데, 완전한 기술의 개념은 논리적 모형을 완전하게 구축할 수 있는 방법을 분석가에게 제시하지는 못한다.

또한 물리적 특성 중 분편성과 통합성을 해결하기 위해서는 필수적 기능의 기본적인 단위를 추출해 낼 수 있어야 하는데, 완전한 기술의 개념은 이에 대한 것은 언급하지 않는다. 이것은 완전한 기술이 단지 필수적 요구사항이 무엇인지를 쉽게 구별할 수 있는 방법만 제시하고 있기 때문이다. 물론 사용자의 요구사항을 빠뜨리지 않고 완전하게 추출해 낸다는 것은 일반적으로 사용자와 분석가의 능력에 의해 좌우되지만, 적어도 분석 방법은 분석가가 요구사항을 완전하게 추출해 낼 수 있도록 유도할 수 있는 메커니즘을 제시하여야 한다. 이것이 바로 사건과 반응의 개념이다.

사건과 반응의 개념은 사용자의 필수적 요구사항을 구별 가능한 단위 기능으로 분할하여, 물리적 특성인 분편성과 통합성을 제거할 수 있게 되며 사용자의 요구사항이 누락되는 것을 쉽게 분석가가 인지하도록 한다. 그러면 사건과 반응이란 무엇인가? 우리가 대상으로 하는 시스템은 외부로부터 작용을 받고, 외부에 대해 작용을 하는 상호반응 시스템이다. 이러한 대상 시스템과 외부 환경과의 상호반응 관계를 사건과 반응의 형태로 표현한다.

'사건Event'이란 시스템의 내부 및 외부에서 발생하는 상태변화로써 내부의 상태변화로 야기되는 '내부적 사건'과 외부의 상태변화로 발생하는 '외부적 사건'이 있다. 외부적 사건은 외부 환경에 존재하는 특정 실체에 의해 야기되며, 자극으로 구체화되어 대상 시스템에 전달된다. 내부적 사건은 일정 시간이 경과되면 시스템 내부에서 자동적으로 야기되며 자극으로 구체화되지는 않는다. 내부적 사건은 시간이 경과하면 사건이 야기되므로 '시간적 사건'이라고도 한다. '반응Response'이란 특정 사건이 발생할 때마다 시스템에 의해 수행되어야 할 일련의 동작과 그 결과로써 필수적 기능을 형성하게 된다.

[그림 5-12]에서 대상 시스템에 대한 필수적 요구사항의 집합이란 바로 사건에 대한 반응의 집합임을 알 수 있다. 따라서 필수적 요구사항의 단위를 추출한다는 것은 사건을 인식하고 사건에 대한 반응을 인식함으로써 이루어질 수 있다. 분석가는 사용자의 복잡한 요구사항을 사건과 반응이라는 식별이 용이한 단위로 인식함으로써 쉽게 파악할 수 있으며, 따라서 요구사항을 누락하지 않고 완전하게 파악할 수 있다. 이는 복잡한 요구사항을 사건과 반응이라는 개념을 통해 단위 요구사항들로 추상화하는 개념으로 요구사항의 확장을 용이하게 하며, 이해도를 증진시킨다.

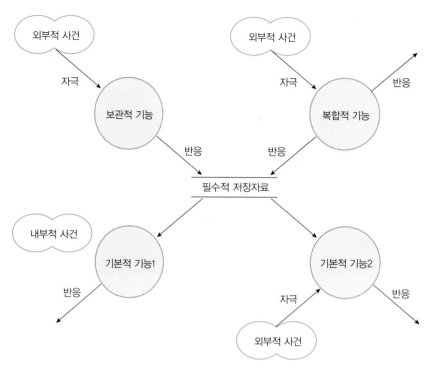

그림 5-12 사건과 반응의 개념을 포함한 논리 모형의 기본 유형

2 물리적 모형 작성과 논리적 모형 작성

구조적 시스템 분석의 절차에 대해서 현 물리모형에서 현 논리모형으로, 현 논리모형에서 신 논리모형으로, 최종적으로 신 논리모형에서 신 물리모형의 과정을 거치며 완성해 간다는 것을 '3장 4절'에서 간략히 소개한 바 있다. 하지만 실제 이러한 작업을 진행해 나가는 일은 많은 시간과 노력이 필요하다. 이러한 과정에 대해 실무 사례를 들어 상세히 설명해 놓은 교재들을 참조할 수 있지만 초보자들에겐 결코 쉽지 않은 일이라서 우선 간단한 예시로 물리적 모형과 논리적 모형의 차이를 식별할 수 있는 안목을 갖도록 하며, 실습 사례를 통해 이를 익혀 보도록 할 것이다.

현업의 업무를 중심으로 최초로 작성되는 자료흐름도를 현 물리모형Current Physical Model이라 한다. 이것은 현재 존재하는 시스템 그대로의 모델로, 이 모델은 전적으로 수작업에 의해 이루어질 수도 있고 자동화되어 있을 수도 있다. 이 모델은 여러 가지 형태의 환경적 제약점들을 반영한 것이다. 조직적, 지역적인 제약점 또는 재정적, 기술적 제약점 등이 반영된 것이다. 물리적이란 여러 가지 제약점 등이 반영되었다는 의미로 사용된다. 그러나 시스템의 관점에서 가능한 한 물리적이 아니어야 하며, 제약점에 의한 것들은 제거되어서 순수하게 업무에 관계된 기능(즉, 사람과 조직에 의해 변경 가능한 것은 제외)만 중심으로 재분석 작업을 해야 한다. 이를 통하여 만들어지는 모델을 현 논리모형Current Logical Model이라고 한다.

[그림 5-13]은 급여계산에 대한 현 물리모형이며 [그림 5-14]는 물리적 요소를 제거한 후 재작성된 현 논리모형의 예이다. [05]

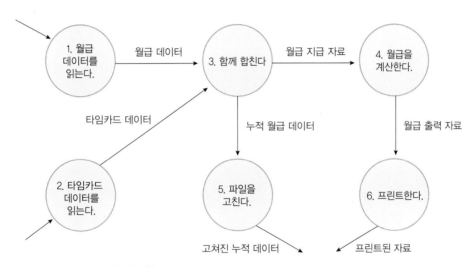

그림 5-13 급여계산의 현 물리모형

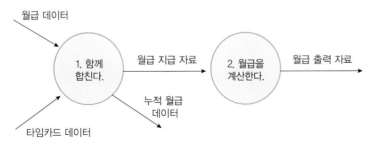

그림 5-14 급여계산의 현 논리모형

물리모형과 논리모형의 차이에 대해 다음과 같은 예를 들어 보도록 하자. 도서, 음반, 비디오 등을 대여하는 대여점의 업무를 분석한다고 하자. 이때 A대여점, B대여점, C대여점을 찾아가 업무처리 절차를 분석하였을 때 각 대여점들이 처리하는 방식 사이에는 조금씩 서로 다른 점을 발견할 수 있다. 고객을 관리하는 방식이라든지 도서나 음반의 자료를 정리, 조회하는 절차들이 모두 같지만은 않다. 이와 같이 각 대여점의 물리적 특성을 반영한 모형을 '물리모형'이라 한다. 이때 각각의 대리점에서 행하는 기능 중심으로 파악한 업무의 처리 절차에서 공통되는 것을 발견할 수 있다. 이와 같이 그 본질적인 기능만 표현한 모형을 '논리모형'이라 한다.

이렇게 작성된 논리모형(현 논리모형)을 분석가의 평가와 검토를 거쳐 개선된 모형으로 재작성하면 이것을 '신 논리모형'이라 부르게 된다. 이때 개선된 모형이라는 개념은 다른 의미로는 정보기술을 이용하여 처리할 수 있도록 시스템을 구축한다는 것이다. 즉 신 논리모형은 '완전한 기술'의 개념을 적용하여 물리적 제약을 전혀 받지 않는 이상적이고 개념적인 시스템을 의미하는 것이다.

예를 들어 도서검색 시스템을 구축한다고 가정하자. 전 세계에서 발간된 모든 도서에 대한 정보가 데이터베이스에 입력되어 있으며 검색을 원하는 사람들은 비용을 들이지 않고, 순식간에 검색할 수 있는 시스템을 구축한다고 가정한다면 이러한 모형을 완전한 기술을 적용한 개념적이고 이상적인 모형이라고 할 수 있을 것이다.

하지만 이러한 시스템은 현실적으로 구축하는 데 한계가 있을 수밖에 없다. 따라서 현실적인 한계와 제약점을 반영한 모형을 구축하게 되는데 이를 '신 물리모형'이라 부른다. 결국 시스템의 분석 과정을 통해서 '현 물리모형'을 '신 물리모형'으로 전환하는 과정이라고 할 수 있다.

3 배경도 및 분할도 작성 실습

실습하기 　대학 도서관 업무의 배경도 및 1차 분할도 작성

대학 도서관 업무처리에 대한 배경도를 작성한 후 이를 주요 처리들로 분할한 1차 분할도를 작성해 보자.

> 대부분의 대학 도서관들은 자동화된 시스템을 구축해 놓아 사용자들이 정보를 쉽게 이용할 수 있도록 제공하고 있다. 그리고 인터넷의 발달 덕분에 한 대학이 소장하고 있는 도서의 정보뿐만 아니라 네트워크로 연결된 다른 대학의 도서 정보도 손쉽게 검색할 수 있다. 실습을 위해 대학 도서관의 업무처리에 대해 설명한 다음 사례를 참고하여 제시된 문제의 도해를 작성해 보자.

■ 대학 도서관 업무분석

대학 도서관은 크게 세 개 부서로 나누어져 있었다.

① **수서** : 신규도서의 구매를 담당하는 부서
② **정리** : 신규도서에 대한 분류, 목록 작성, 라벨 작성 등의 일을 담당하는 부서
③ **열람** : 도서목록의 조회 서비스, 대출 서비스 등을 담당하는 부서

대학 도서관에서 사용하고 있는 주요 자료 목록철은 다음과 같다.

표 5-2　대학 도서관의 주요 자료 목록철

목록철	내용
도서 목록철	대학 도서관에 비치된 도서목록을 체계적으로 정리해 놓은 자료
희망도서 목록철	대학 도서관에 비치되지 않은 도서목록으로, 이용자나 각 학과 교수들에 의해 작성된 구입희망 도서 목록
이용자 DB	대학 도서관 이용자의 기본사항을 생성해 놓은 자료
대출대장	도서대출 처리 과정에서 작성된 대출자, 대출도서 등에 관한 자료
연체자 목록	도서대출 기한을 초과한 대출자를 연체자로 분류해서 관리하는 자료

또한 대학 도서관에서 사용하는 다른 서식들도 있으나 상세한 내역은 생략한다. 앞의 주요 자료 목록철을 참조하여 필요한 서식(자료) 목록을 유추하여 문제를 해결하도록 한다.

■ 대학 도서관 업무에 대한 배경도 작성

배경도는 앞서 살펴본 바와 같이 하나의 처리를 갖는 자료흐름도이다. 배경도에는 처리를 중심으로 엔티티(외부 실체)와 입력과 출력의 자료흐름을 나타낸다. 앞의 사례에서 처리의 이름은 '대학 도서관 업무처리'로 정하고 주요 입력과 출력에 해당하는 자료흐름을 식별하여 표기하기로 한다.

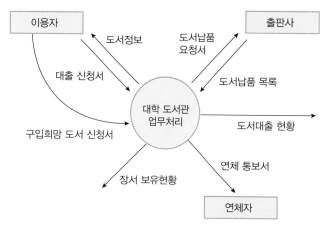

그림 5-15 대학 도서관 업무처리 배경도

위 배경도를 바탕으로 대학 도서관 업무처리 흐름을 간략히 기술하면 다음과 같다.

- 이용자는 도서정보를 검색한다.
- 이용자는 자신이 원하는 도서의 대출을 신청한다.
- 이용자는 원하는 도서가 없는 경우 구입희망 도서 신청서를 작성한다.
- 대학 도서관은 구입희망 도서 신청서를 바탕으로 도서납품 요청서를 작성해서 출판사에 주문한다.
- 출판사로부터 입수된 도서납품 목록을 기초로 신규 구입한 도서의 목록을 작성한다.
- 정기적으로 장서 보유현황을 작성 보고(보관)한다.
- 정기적으로 연체자에 대한 연체 통보서를 작성 통보한다.
- 정기적으로 도서대출 현황을 작성 보고(보관)한다.

미흡한 부분이 있으면 위 배경도를 보완해 보도록 하자.

■ 대학 도서관의 업무처리에 대한 1차 분할도 작성

1차 분할도 작성 단계는 앞서 살펴본 바와 같이 배경도에서 표현된 하나의 처리를 기능적으로 분할하여 표기하는 과정이다.

기능을 분할할 때 우선 고려할 수 있는 것은 대학 도서관의 조직에 대한 조사를 바탕으로 하는 것이다. 즉, 대학 도서관의 조직이 수서, 정리, 열람의 세 개 부서로 나누어져 있다는 걸 알게 되었다면 세 개의 처리로 분할하는 것을 고려할 수 있다.

물론 이때 분명하게 식별이 가능한 처리들을 세분하는 것도 가능할 것이다. 예를 들면 열람이라는 처리를 목록 검색과 대출 처리로 나눌 수 있다.

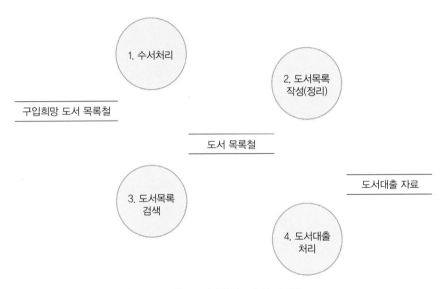

그림 5-16 대학 도서관 업무처리 1차 분할도 – 처리와 자료저장소의 작성

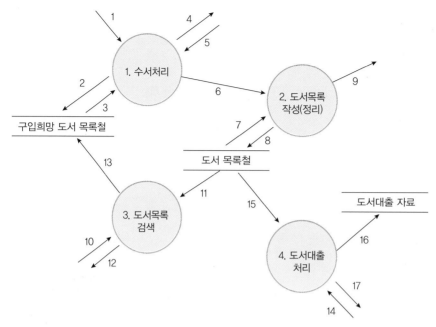

그림 5-17 대학 도서관 업무처리 1차 분할도 – 자료흐름 작성

자료흐름을 표시한 번호에 알맞은 자료명을 표기해 보자.

1. 구입희망 도서목록

2, 3. 생략 가능

4. 신규구입 도서목록

5. 신규 납품도서 목록

6. 신규 납품도서

7, 8. 생략 가능(도서목록)

9. 보유도서 현황표

10. 도서검색 키워드

11. 해당 도서정보

12. 해당 도서정보

13. 미검색(구입희망) 도서목록

14. 도서대출 신청서

15. 대출도서 정보

16. 생략 가능(대출 정보)

17. 도서반납(연체) 정보

대학 도서관 업무처리의 1차 분할도([그림 5-17])의 처리 3번 '도서목록 검색' 및 4번 '도서대출 처리'를 분할한 2차 분할도를 작성해 보자.

> 2차 분할도는 1차 분할도로 상세한 처리내역을 다 표현할 수 없을 경우 재분할하여 작성하는 자료흐름도를 말한다. 이전 실습에서 수서, 정리 부분은 사용자 입장에서는 감추어진 기능인 반면, 검색 및 대출 처리에 대해서는 비교적 쉽게 그 처리 과정을 이해할 수 있었을 것이다.

분할된 기능(처리)을 포함한 2차 분할도를 처리를 중심으로 작성해 보자.

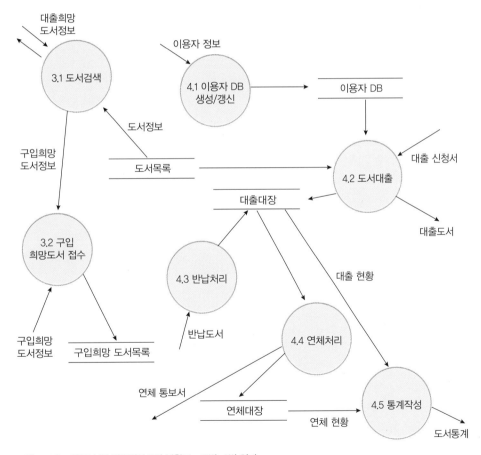

그림 5-18 **대학도서관 업무처리 2차 분할도 – 3번, 4번 처리**

사실 [그림 5-17]에서는 표현되지 않았지만 도서대출 처리를 위해서는 이용자 DB가 구축되어 있어야 한다. 그래야만 누가 어떤 도서를 대출해 갔는지를 알 수 있을 뿐 아니라 연체된 경우 연체자에게 통보를 하고 정해진 연체료를 부과할 수 있기 때문이다.

[그림 5-18]에서는 [그림 5-17]에서 표현된 처리 3번과 처리 4번이 각각 처리 3.1, 3.2와 처리 4.1, 4.2, 4.3, 4.4, 4.5로 분할된 것을 확인할 수 있다.

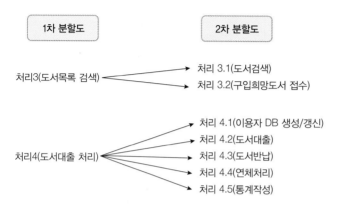

그림 5-19 처리 3번과 4번의 분할 결과

◢ 요약

01 배경도와 분할도

하나의 시스템을 한 장의 도면으로 표현할 수 없으므로 하향식으로 분할된 도면으로 단계화할 필요가 있다. 이때 최상위 도면을 배경도라 부르고 분할된 하위 도면은 분할도라 부른다.

02 분할도

- 분할도를 나눌 때 한 도면에 일곱 개 내외의 처리기를 갖는 자료흐름도를 작성하는 것이 이해도를 높이는 방법이다.
- 분할도의 최하위 단계까지 분할하기 위해서는 처리기의 출력 자료흐름의 개수가 하나가 될 때까지 분할해야 한다.

03 자료흐름도의 분할 방법

자료흐름을 중심으로 한 분할 방법과 처리를 중심으로 한 분할 방법으로 나누어 볼 수 있다.

04 논리적 모형 구축

- 자료흐름도의 작성에 있어 현행 시스템의 물리적 특성을 고려한 모형을 '물리적 모형'이라 부르며 물리적 특성을 제거한 모형을 '논리적 모형'이라 부른다.
- 논리적 모형의 구축을 위해 고려할 기본 개념 가운데 '완전한 기술'이란 '완전한 처리기'와 '완전한 저장기'로 구성된 모형을 의미하며 이는 다른 말로 '필수적 기능'과 '필수적 저장자료'를 갖는 모형을 의미한다.
- 필수적 기능은 다시 '보관적 기능'과 '기본적 기능'으로 나누어 설명할 수 있다. 필수적 저장자료를 중심으로 입력부에 해당하는 기능을 보관적 기능이라 하며 출력부에 해당하는 기능을 기본적 기능이라 한다.
- 논리적 모형의 구축을 위한 또 다른 개념으로 '사건'과 '반응' 개념을 활용하면 논리적 모형을 작성하는 데 도움을 받을 수 있다. 사건이란 처리기에 영향을 미치는 외부적인 자극 또는 내부적 자극이 있으며, 자극을 받은 처리기는 또한 외부적 반응 및 내부적 반응을 나타내게 된다.
- 논리적 모형의 작성이란 곧 컴퓨터 등을 활용하는 자동화된 시스템의 작성을 의미한다. 궁극적으로 시스템 분석을 통해 도출하는 모형은 바로 논리적 모형이라 할 수 있다.

연습문제

01 다음 비디오 대여점의 업무처리를 분석하고 이를 자료흐름도로 작성해 보시오.

① 비디오 대여점에서는 고객의 전화번호, 성명 등을 기록한 '고객자료'를 작성 및 관리한다.

② 비디오 대여점에 비치된 비디오는 고유의 코드 외에 비디오 제목, 납품회사명, 제작회사명, 제작년월일, 장르 등을 식별하는 '비디오자료'를 작성 및 관리한다.

③ 고객이 비디오점을 방문하여 원하는 비디오를 찾아 대여를 원하면 고객자료에서 고객의 정보를 조회한 후 신분이 확인되면 대여 희망 비디오 정보를 입력한 후 대여료를 징수한 후 대여한다. 이때 고객의 '대여정보'에 대여 내역이 기록된다.

④ 고객이 비디오를 반납하면 고객의 '대여정보'에 반납여부를 표시하며, 연체가 되었으면 연체료를 징수한다.

⑤ 장기 미회수 비디오가 있는지를 검색한 후 고객에게 회수를 요청한다.

⑥ 새로운 비디오가 출시되면 신규 비디오 정보를 '비디오자료'에 추가한다. 아울러 폐기되는 비디오는 비디오자료에서 삭제한다.

⑦ 정기적으로 비디오별 대출회수 등을 조회하여 비인기 비디오는 폐기/반품 처리하며 인기 비디오는 추가로 신청해 비치한다.

02 위의 사례를 작성한 자료흐름도의 물리적 요인들이 존재하는지 검토한 후 이를 제거하여 논리적 모형으로 전환해 보시오.

Chapter 06

자료사전

학습목표

▶ 구조적 분석 기법의 주요 도구 중 하나인 자료사전의 특성을 이해한다.

▶ 자료사전 작성 시 사용하는 기호를 식별할 수 있도록 학습한다.

▶ 자료사전의 작성 원칙을 학습한다.

▶ 자료사전의 작성 사례를 평가하고 개선할 수 있도록 다양한 사례를 검토한다.

자료사전의 특성

자료사전DD, Data Dictionary은 시스템 분석의 중요한 요소로, 이것이 없으면 자료흐름도는 시스템 내부에서 수행되는 업무에 대해 어느 정도의 정보를 전달해 주는 그림에 지나지 않는다. 자료 흐름도의 모든 구성요소가 엄밀히 정의될 때 비로소 시스템 명세서의 역할을 할 수 있다. 이를 위해 구조적 분석용 모형화 도구인 자료흐름도, 자료사전, 소단위 명세서가 상호 기능을 보충해 주어야 하며, 서로 일관성 있고 엄밀히 정의되어야 한다.

1 자료사전의 역할과 자료흐름도와의 관계

자료사전은 우리가 이해하지 못하는 어휘들을 찾아볼 수 있는 사전과 같은 기능을 한다. 자료 흐름도는 자료의 변환과 변환 간의 상호 접속관계를 정의하는 반면, 자료사전은 자료흐름도에 기술된 모든 자료에 대해 다음 사항들을 정의한다.

- 자료흐름을 구성하는 자료항목
- 자료에 대한 의미
- 자료저장소를 구성하는 자료항목
- 자료원소의 단위 및 값

자료사전과 자료흐름도는 함께 간주되어야 한다. 자료사전이 없는 자료흐름도는 엄밀성을 잃게 되고, 자료흐름도가 없는 자료사전은 아무런 쓸모가 없게 된다. 자료사전과 자료흐름도의 상호관계는 다음과 같이 정의할 수 있다. 자료흐름도에 나타나는 어떠한 자료흐름에 대해서 자료사전에 정의되어야 한다. 이와 같은 관계를 그림으로 나타내면 다음과 같다.

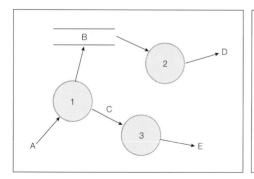

그림 6-1 **자료흐름도와 자료사전** [01]

2 자료의 하향식 분할

어떤 항목에 대한 정의는 대부분 구성요소들의 결합으로 표시되고 구성요소들은 다시 하위 단계의 구성요소들로 재정의된다. 이처럼 정의도 더 이상 세분되지 않을 때까지 하향식 분할을 계속한다. 자료사전의 정의도 자료를 하향식으로 세분화한다. 만일 A라는 자료흐름이 A1, A2, A3로 구성되고, A1은 A11과 A12로 구성되며, A2는 A21과 A22로 구성되고, A3는 A31과 A32로 구성된다고 할 때, A의 자료흐름은 다음과 같이 두 가지로 표시할 수 있다.

$$A = A11 + A12 + A21 + A22 + A31 + A32$$

또는,

$$A = A1 + A2 + A3$$
$$A1 = A11 + A12$$
$$A2 = A21 + A22$$
$$A3 = A31 + A32$$

전자와 같은 방식은 자료흐름이 단순할 때 표시할 수 있지만, 자료흐름이 복잡해질 때는 후자의 방법과 같이 계층별로 정의를 세분화 하는 것이 바람직하다. 이때 어떤 자료흐름을 완전히 이해하기 위해서는 자료흐름에서 분할의 계층 구조에 속하는 모든 자료항목들을 찾아보아야 한다. 그러나 자료흐름의 분할이 가장 추상적인 정의로부터 가장 상세한 정의로 하향식으로 진행되므로, 자료사전의 독자를 한꺼번에 수많은 자료원소들의 묶음으로 혼란시키지는 않는다.

상위 및 중간 단계에서 자료흐름의 분할이 적절히 이루어진다면, 독자들은 매우 효율적으로 자료사전을 이용할 수 있게 된다. 이때 자료사전을 구성하기 위해 사용되는 구성요소들은 무엇인가? 이들은 통상적으로 자료사전의 다른 항목들이다. 예를 들면 자료흐름은 다른 자료흐름이나 자료요소들로 정의될 수도 있고, 다른 자료저장소로 정의될 수도 있다. 이러한 경우의 자료저장소는 일반적으로 데이터베이스를 의미한다.

02 자료사전 표기법

1 자료사전 작성법

자료사전은 다음과 같은 기호들을 사용하여 기술한다.

표 6-1 **자료사전에 사용되는 기호** [02]

기호	의미
=	정의 (is composed of)
+	구성 (and, along with)
{ }	반복(iteration of)
[|]	선택(choose only one of)
( )	생략 가능(optional)
**	주석(comment)

■ 정의

정의는 주석을 사용하여 의미를 기술하며, 자료흐름과 자료저장소에 대한 구성내역을 설명하고, 자료원소에 대하여 값이나 단위를 나타낸다. 정의의 예를 들어보면 다음과 같은데, 병원에서 사용되는 자료들을 기술한 것이다.

환자번호 = * 병원에서 환자의 관리를 위해 부여한 고유번호 *

퇴원요인 = ["완치" | "사망" | "통원치료"]

환자퇴원자료 = 환자번호 + 퇴원요인

요도마이신양 = * 단위 : mg/ml ; 범위 : 1-100 *

■ 반복

여러 번 반복되는 자료항목은 { } 안에 기술한다. 이때 { }의 좌측에는 최소 반복횟수를 기록하고, 우측에는 최대 반복횟수를 기록한다. 반복횟수를 기록하지 않을 때는 디폴트로 최소는 0, 최대는 무한대를 나타낸다. 반복을 사용하는 정의의 예는 다음과 같다.

> 검사철 = {환자번호 + {검사 + 검사일}}
>   = {환자번호 + 3{검사 + 검사일}}
>   = {환자번호 + {검사 + 검사일}3}
>   = {환자번호 + 1{검사 + 검사일}3}

■ 선택과 생략 가능

선택 기호 [|]는 |로 분리된 항목들 중 하나가 선택된다는 것을 표시한다. 그리고 생략 가능 기호 ( )는 괄호 안의 자료항목이 기술될 수도 있고 생략될 수도 있다는 것을 나타낸다. 선택과 생략 가능 기호를 사용한 예는 다음과 같다.

> 검사결과 = [독성검사자료 | 감염검사자료 | 약물중독검사자료]
> 초기환자자료 = 환자번호 + (감염정도)

■ 자료원소

자료원소Data Element는 더 이상 분할되지 않는 자료항목으로 특정한 값이나 값의 범위를 취한다. 자료원소의 예는 다음과 같다.

> 검사유형 = ["독성검사" | "감염검사" | "약물중독검사"]
> 감염정도 = * 전염병에 걸린 환자의 감염등급을 수치적으로 표현한 척도 *
>   * 범위 : 1-10 *
> 무게 = * 환자의 건강상태 파악을 위해 측정하는 몸무게 *
>   * 단위 : kg ; 범위 : 0-300 *

2 자료사전 작성 사례

앞 장의 사례에서 다루었던 대학 도서관의 도서대출 업무와 관련해 도서대출 신청서 양식을 자료사전으로 작성해 보자.

다음은 도서대출 시 작성하는 도서대출 신청서이다. 물론 지금은 대부분 대출창구에서 바코드 리더기로 읽어 도서를 쉽게 대출할 수 있지만, 전산 시스템이 도입되기 이전엔 도서목록을 찾아 그 내용을 다음과 같은 양식에 기록한 후 대출 담당자에게 제출해야 했다.

도서대출 신청서				
청구번호		확인	대출	
			반납	
저 자				
서 명				
성 명				
소 속	(주 . 야)	과		학년
학 번				
보증번호				
대출일	년	월	일	

○○○○○대학 도서관

그림 6-2 도서대출 신청서 양식

위 도서대출 신청서의 자료사전을 작성한 예는 다음과 같다.

  1. 도서대출 신청서 = 청구번호 + 저자 + 서명 + 대출자 인적사항 + 대출일
  1.1 대출자 인적사항 = 성명 + 소속 + 학번 + 보증번호
  1.1.1 소속 = ["주" | "야"] + 학과 + 학년
  1.1.2 보증번호 = * 대출자 개개인의 보증카드 고유번호 *

만일 저자 및 서명을 생략할 수도 있다면 아래와 같이 저자와 서명을 각기 생략이 가능하도록 표기할 수 있다.

  1. 도서대출 신청서 = 청구번호 + (저자) + (서명) + 대출자 인적사항 + 대출일

03 자료사전 작성 원칙

자료사전은 자료흐름도, 소단위 명세서와 함께 구조적 분석용 모형화 도구로 매우 중요한 역할을 한다. 자료사전이 없다면 자료흐름도는 단지 그림에 불과하다. 따라서 자료사전은 자료흐름도의 기능을 보완해 주기 위해 엄밀하게 정의되어야 하며, 자료를 정의할 때 모호성이 없도록 세부 구성내역을 명세할 필요가 있다. 자료사전을 작성하기 위한 원칙을 살펴보자.

1 자료사전 작성 시 고려사항

■ 자료의 의미 기술

자료의 의미는 주석을 통해서 기술한다. 자료의 의미를 기술할 때는 그 자료가 대상 시스템에서 사용되는 적합한 뜻을 표현해야 한다. 이때 중복되는 기술을 피하는 것이 간결하고 이해하기 쉬운 자료사전을 작성하는 데 중요하다. 중복 기술을 피하기 위해서는 자료의 구성내역을 설명하지 않아야 하며, 구성항목의 의미를 반복해서 설명하지 말아야 한다. 그리고 자료의 이름도 반복해서 설명하지 않는다.

다음 자료사전의 예를 살펴보고 무엇이 중복 기술되었는지 판단해 보자.

> 검사계획철 = [독성검사 | 감염검사]
> > * 계획된 검사 *
> > * 과거의 검사를 토대로 각 환자에게 행해질 검사,
> > 검사는 독성검사나 감염검사가 될 수 있다 *
> > * 각 환자에 대한 검사와 샘플링을 위한 시간 및 절차를 명세한 문서 *

위의 작성 사례에서는 '검사계획철'의 구성내역에 '독성검사' 또는 '감염검사'가 될 수 있음을 명시한 후 주석문에 중복해서 이를 표현했다. 이럴 경우 구성내역에는 표시하지 않는 것이 바람직하다.

■ 자료 구성항목의 기술

자료의 양이 많고 구성내역이 복잡해지면 자료사전에서는 자료가 많은 구성항목부터 기술하게 되므로, 앞에서 설명한 바와 같이 자료의 하향식 분할이 필요하게 된다. 이때는 다음과 같은 방법을 적용하여 자료 구성항목을 기술한다.

자료가 많은 구성항목을 포함한다면,

- 구성항목을 그룹으로 묶는다.
- 각 그룹에 대해 의미있는 이름을 부여한다.
- 이름이 붙여진 각 그룹을 다시 정의한다.

위의 방식으로 치료검사 계획 자료를 다음과 같이 정의할 수 있다.

> 치료검사 계획 자료 = 환자번호 + 필요한 샘플량 + 치료기간 + {검사유형 + 검사기간}

이를 다음과 같이 재구성할 수 있다.

> 치료검사 계획 자료 = 치료계획 + {검사계획}
> 치료계획 = 환자번호 + 필요한 샘플량 + 치료기간
> 검사계획 = 검사유형 + 검사기간

■ 동의어(Alias)

동의어는 자료사전에 이미 정의된 자료항목에 대한 또 다른 이름이다. 동의어가 많아지면 자료의 명칭에 혼동이 생길 우려가 있으나, 다음과 같은 이유로 동의어가 필요하다.

- 사용자들마다 동일한 문서나 자료에 대해 서로 다른 이름을 갖고 있을 수 있으며, 사용자들의 용어를 통일시키는 것보다는 그들이 사용하는 용어로 자료를 정의하는 것이 좀 더 쉽다.
- 분석가가 자료를 하향식으로 분할하는 과정에서 부주의하게 동의어를 사용할 수 있다.
- 동일한 자료에 대해 여러 명의 분석가가 독립적으로 분석을 실시한다면, 서로 다른 이름을 사용할 수 있다.

위와 같은 이유로 동의어는 불가피하게 발생하지만, 이들의 발생을 가능한 억제하는 것이 좋다. 그러나 이들을 완전히 없앨 수는 없다. 동의어를 정의할 때는 다음과 같은 방법을 적용한다. 동의어 중 하나는 자료의 구성항목을 정의하고 동의어 간에는 서로 참조되는 관계를 명시해 준다. 예를 들어 검사결론과 검사결과를 동의어로 사용한다면 다음과 같이 정의한다.

검사결론 = * 동의어 : 검사결과 *

검사결과 = [독성검사결과 | 감염검사결과 | 약물중독검사결과]

* 동의어 : 검사결론 *

■ 자료정의의 중복 제거

구조적 분석의 목적 가운데 하나는 중복이 없는 명세서를 작성하는 것이므로, 자료사전에서
도 중복정의가 없어야 한다. 다음과 같은 자료정의의 예를 살펴보자.

치료계획 = * 치료검사 계획 자료의 구성요소 *

= 환자번호 + 필요한 샘플량 + 치료기간

위의 정의에서 치료계획은 자신의 구성요소들과 함께 상위 계층의 자료도 기술하고 있다. 이
때 치료검사 계획의 구성요소인 주석은 중복정의가 된다. 치료검사 계획 자료를 정의할 때 치
료계획과의 관계가 정의되므로, 이들의 관계가 두 번 정의되는 것이다.

이러한 중복정의는 사소한 것이며 상하의 관계를 기술해 주는 것이 오히려 명확하고 이해가
쉽다고 생각할 수도 있다. 그러나 치료검사 계획 자료가 많은 구성요소들로 이루어지고 다른
모든 자료에 대해서도 상하위 관계를 기술한다고 가정해 보면, 자료 중복의 양도 엄청날 뿐만
아니라 중복정의로 인한 자료관리도 매우 어려워질 것이다. 따라서 자료사전에서 자료정의는
중복성을 제거하고 간단명료하게 하는 것이 좋다.

한편 자료의 중복정의는 자료사전 내에서만 발생하는 문제가 아니라 자료흐름도, 자료사전,
소단위 명세서 사이에서도 발생할 수 있다. 다음의 예를 살펴보자.

검사결과 = * 처리 3.4.5 검사결과 처리의 입력 자료 *

= [독성검사결과자료 | 감염검사결과자료 | 약물중독검사자료]

예제에 사용된 주석에서는 검사결과가 검사결과 처리의 입력 자료흐름임을 나타내고 있다.
이것도 앞의 예에서와 마찬가지로 자료흐름도와 자료사전 사이의 중복정의이므로 제거하여
야 한다. 다음의 예를 보자.

청구서 = 항목번호 + 단위가격 + 청구량 + 소계 * 단위가격 × 청구량 *

위의 예에서는 소계가 단위가격과 청구량을 곱하여 얻은 값임을 설명해 주고 있다. 그러나 이러한 사항은 소단위 명세서에 기술되므로 중복정의가 된다. 중복정의는 제거하여 간단명료하게 정의해야 한다.

2 자료사전 작성 실습

실습하기　**승차권 자료사전 작성**

다음과 같이 제시된 양식을 보고 자료사전을 작성해 보자.

그림 6-3 고속버스 승차권

■ 작성 예제 1

1. 승차권 = 승차권번호 + 목적지 + 요금 + 출발일정 + 유효기간 + 고속회사

　1.1 승차권번호 = * 승차권의 번호 기입 *

　1.2 목적지 = * 출발지에서 목적지까지의 거리표시 * + ["고속"|"우등고속"]

　1.3 요금 = * 요금표시 * + 부가가치세 포함

　1.4 출발일정 = 출발일 + 시간 + 좌석 + 고속

　1.5 유효기간 = * 당일 지정차에 한함 *

　1.6 고속회사 = * 고속회사 이름과 전화번호 기재 *

■ 작성 예제 2

---

2. 승차권 = 요금 + 승차사항 + 사항 + 발행소

2.1 요금 = * 요금 단위 원, 부가가치세 포함 *
2.2 승차사항 = 출발일 + 시간 + 좌석 + 고속
2.3 사항 = * 유효기간 : 당일 지정차에 한함 *
2.4 발행소 = * 서울고속버스터미널(주) *

위의 작성 예제들은 시스템 분석 및 설계 과목의 수강자들에 의해 작성된 것들이다. 물론 많은 오류가 발견되었다. 어떤 오류들이 있을까?

작성 예제 1의 경우 1.1, 1.3, 1.5, 1.6 등의 표기에 주석문을 이용하였으나 중요한 자료라고 하기엔 부적합하다. 또한 1.4에서 포함하고 있는 출발일, 시간, 좌석, 고속 등을 '출발일정'이라고 묶은 것도 부적합하다.

작성 예제 2의 경우는 자료사전의 작성법에 대한 이해가 부족한 것으로 판단된다. 다만 2.2의 항목들을 '승차사항'으로 명명한 것은 비교적 적절하다고 판단된다.

■ 모범답안

그럼 이제 모범답안을 제시해 본다.

---

3. 승차권 = No + 구분 + 구간정보 + 요금 + 탑승정보 + 회사구분 + 차량구분 + 발행정보

3.1 구분 = ["회수용"|"승객용"]
3.2 구간정보 = 출발지명 + 도착지명 + 거리
    3.2.1 출발지명 = * 국문과 영문 표기 *
    3.2.2 도착지명 = * 국문과 영문 표기 *
    3.2.3 거리 = * 단위 : km *
3.3 탑승정보 = 출발일 + 시간 + 좌석
3.4 차량구분 = ["고속"|"우등"]

실습하기 수강신청서 자료사전 작성

다음의 수강신청서 양식을 자료사전으로 표기해 보자.

수 강 신 청 서

2015학년도 1학기

학번	학년	학과코드	학과	성명
201412374	2	407	전자계산	홍길동

이수구분	강좌번호	과목명	담당교수	학점
공필	C0343	한국문화사	유명한	2
전필	H1234	자료구조론	김전산	3
전선	H1247	C언어	송인철	2
–	–	–	–	–
–	–	–	–	–
–	–	–	–	–
–	–	–	–	–
–	–	–	–	–
–	–	–	–	–

총계 19 학점

* 주의사항
 1. 수강과목은 12 과목을 초과할 수 없음.
 2. 주소가 변경된 학생은 아래에 주소를 기재하시오.

그림 6-4 수강신청서 양식

■ **작성 예제 1**

> 1. 수강신청서 = 학년도 + 학기 + <u>수강신청자 인적사항</u> + <u>수강신청 과목</u>
>
> 1.1 수강신청자 인적사항 = 학번 + 학년 + 학과코드 + 학과 + 성명
>
> 1.2 수강신청 과목 = <u>이수구분</u> + 강좌번호 + 과목명 + 담당교수 + 학점
>   1.2.1 이수구분 = ["공필" | "전필" | "전선"]
>   1.2.2 학점 = ["2" | "3"]

■ **작성 예제 1에 대한 평가**

- '수강신청 과목'에 대해 반복 표기를 하지 않음
- '이수구분'에 대해 보기의 양식에 표시된 이수구분만을 선택적으로 표기한 점 즉, 추가적으로 다른 이수구분이 있을 수도 있음을 간과함
- '학점' 역시 보기의 양식에 표시된 학점수만을 선택적으로 표기한 점 또한 학점은 숫자로 표현하는 것이 옳음
- 신청학점 계, 변경된 주소 기재란 등에 대해 자료사전에 누락시킴

■ **작성 예제 2**

> 2. 수강신청서 = <u>수강신청 학기</u> + <u>수강신청자</u> + {<u>이수구분</u> + <u>수강과목</u>}12
>
> 2.1 수강신청 학기 = 학년도 + <u>학기</u>
>   2.1.1 학기 = [1 | 2 | 3 | 4]
>
> 2.2 수강신청자 = 학번 + 학년 + 학과코드 + 학과 + 성명
>
> 2.3 이수구분 = [공필 | 공선 | 전필 | 전선]
>
> 2.4 수강과목 = <u>강좌번호</u> + 과목명 + 담당교수 + 학점
>   2.4.1 강좌번호 = * 강좌 고유의 번호 *
>   2.4.2 학점 = [1 | 2 | 3]

■ **작성 예제 2에 대한 평가**

- '이수구분'과 '수강과목'을 12과목까지 반복해서 표기한 점은 바람직함
- '학기'는 다학기제를 감안하여 4학기까지 선택하도록 한 것으로 짐작됨
- '이수구분'은 위에 열거한 네 가지 중에서만 선택 가능한지 의문임
- '학점' 역시 3학점까지만 신청 가능한지 의문임

■ **개선된 자료사전**

```
3. 수강신청서 = 학년도 + 학기 + 수강신청자 인적사항 + {수강신청 과목}12 + 신청학점계 + (변경주소)

  3.1 수강신청자 인적사항 = 학번 + 학년 + 학과코드 + 학과명 + 성명
    3.1.1 학과코드 = * 3자리 숫자로 표현된 학과별 고유번호 *
  3.2 수강신청 과목 = 이수구분 + 강좌번호 + 과목명 + 담당교수 + 학점
    3.2.1 이수구분 = [ "공필" | "공선" | "전필" | "전선" | "교직" ]
              = * 별칭 : "공필" = "공통필수", "공선" = "공통선택",
                      "전필" = "전공필수", "전선" = "전공선택" *
    3.2.2 강좌번호 = * 5자리 문자로 구성된 강좌별 고유코드 *
```

- 작성 예제 1과 작성 예제 2에서 누락되었던 '신청학점계' 및 '변경주소'를 추가함
- '변경주소'는 해당자의 경우만 작성할 수 있으므로 생략 가능인 ( )으로 표기함
- '학과코드' 및 '강좌번호' 등은 숫자형인지 문자형인지 여부 및 자리수를 명시함
- '이수구분'에 대해서는 통상적으로 사용하는 약어에 대한 설명을 덧붙임

▟ 요약

01 자료사전

자료흐름도에 나타난 모든 자료에 대한 정의를 기술한 문서로써 구조적 분석 방법론에서 자료흐름도, 소단위 명세서와 더불어 중요한 분석 문서 중 하나이다.

02 자료사전에 기술해야 할 자료

자료흐름을 구성하는 자료항목, 자료저장소를 구성하는 자료항목, 자료원소의 단위 및 값뿐만 아니라 그 의미 등을 기술한다.

03 자료의 하향식 분할

자료사전을 기술할 때는 하향식 분할원칙에 맞추어 구성요소를 재정의하는 방법이 이해도를 높이는 데 좋다.

04 자료사전 기호

자료사전 작성에 사용하는 기호로 정의(=), 구성(+), 반복({ }), 선택([|]), 생략 가능(( )), 주석(* *) 등이 있다.

05 자료사전 작성 시 고려사항

- 자료의 의미를 기술할 때는 주석문을 이용한다.
- 자료사전에 이미 정의된 자료항목에 대한 또 다른 이름을 동의어로 사용할 때는 주석문에 동의어 여부를 표기한다.
- 구조적 분석의 목적 가운데 하나는 중복이 없는 명세서를 작성하는 것이므로 자료사전에서도 중복정의가 없어야 한다.

▌ 연습문제

01 '운전면허증(혹은 주민등록증)'을 자료사전 표기법에 맞게 표기해 보시오.

02 '학기말 성적표'를 자료사전으로 작성해 보시오.

03 '이력서' 양식을 자료사전으로 작성해 보시오.

04 5장의 연습문제에서 다룬 '비디오 대여업무' 자료흐름도를 바탕으로 자료사전으로 작성해야 할 자료항목들을 선별한 후 각 자료항목들에 대한 정의를 자료사전 작성법에 맞게 작성해 보시오.

Chapter 07

소단위 명세서

학습목표

▶ 구조적 분석 기법의 주요 도구 중 하나인 소단위 명세서의 특성을 이해한다.

▶ 소단위 명세서를 작성하기 위한 구조적 언어에 대해 학습한다.

▶ 소단위 명세서를 작성하기 위한 선후 조건문에 대해 학습한다.

▶ 소단위 명세서의 작성법 가운데 하나인 의사결정표를 학습한다.

▶ 소단위 명세서의 작성 사례들을 평가하고 개선할 수 있도록 실습 예제를 풀어본다.

01 소단위 명세서의 특성

1 소단위 명세서의 목적과 작성 도구

소단위 명세서는 입력 자료흐름을 출력 자료흐름으로 변환하기 위해 중간에 수행하는 각 처리들의 업무절차를 상세히 작성해 놓은 것이다.

소단위 명세서를 작성하기 위해 구조적 언어Structured Language, 선후 조건문Pre/Post Conditions, 의사결정표Decision Table와 같은 도구들이 주로 사용되며, 그 중에서도 구조적 언어가 가장 많이 활용된다. 그러나 어떤 도구든지 다음의 요구사항을 만족하면 사용할 수 있다.

- **사용자와 시스템 분석가가 검증 가능한 형태로 표현**

  소단위 명세서는 사용자나 시스템 분석가가 검증할 수 있는 형태로 표현되어야 한다. 이러한 이유 때문에 우리가 일상에서 사용하는 언어를 소단위 명세 언어로 사용할 수 없다. 일상의 언어는 의사결정을 표시하고 반복되는 처리사항을 표현하는 데 매우 모호하기 때문이다. 또한 속성상 AND, OR, NOT 등의 조합인 논리연산을 표현하는 데도 혼란을 초래한다.

- **여러 계층의 사람들이 의사소통할 수 있는 형태로 표현**

  소단위 명세서에서는 여러 계층의 사람들이 효과적으로 의사소통을 할 수 있는 형태로 표현되어야 한다. 소단위 명세서를 작성하는 것은 시스템 분석가이지만 사용자, 관리자, 감사자, 품질보증 담당자 등 다양한 사람들이 읽고 이해할 수 있어야 한다. 소단위 명세서는 Predicate Calculus, C 언어, 또는 다른 명세화 도구들을 사용할 수 있지만, 사용자 그룹이 그것에 대해 거부감을 표현한다면 사용하기 어렵다. 이것은 구조적 언어, 선후 조건문, 의사결정표 등도 마찬가지로, 사용자와 충분한 교감을 얻을 수 있는 명세화 도구를 선택해야 한다.

  TIP Predicate Calculus : 어떤 개념이나 논리를 제한된 용어와 기호로 표기하는 방법이다. '술어 연산' 또는 '술어 계산'으로 해석된다.

- **설계와 구현사항을 임의로 결정하지 않도록 유의**

  소단위 명세서에서는 설계와 구현사항에 대해 임의로 결정하지 말아야 한다. 이것은 사용자들이 자료흐름도의 각 처리에서 수행해야 할 사항을 그 자신이 현재 처리하는 방법대로 설명하는 경향이 있기 때문에 발생한다. 따라서 시스템 분석가는 사용자의 이러한 표현으로부터 현재 어떻게 처리가 수행되는지 추출하지 말고 처리의 본질이 무엇인지를 추출해야 한다.

많은 시스템 분석가들이 소단위 명세서를 기술할 때 구조적 언어를 선호하는 이유는 대부분의 분석가들과 조직에서 한 가지 명세화 도구만 사용하는 경향이 있기 때문이다. 그러나 한 가지 도구만 사용하는 것은 바람직하지 않으며, 사용자와 분석가의 선호도, 그리고 처리의 본질적 특성에 따라 그에 맞는 명세 도구를 선택해야 한다.

2 소단위 명세서의 작성 대상

명세화 도구를 설명하기 전에, 어떤 처리들이 소단위 명세서에 기술되어야 하는지 다음 그림을 살펴보자.

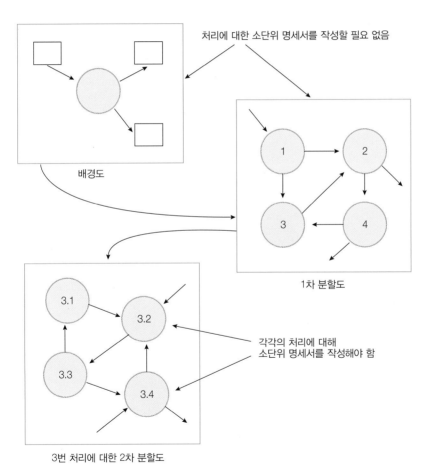

그림 7-1 소단위 명세서를 작성해야 하는 자료흐름도

그림에서 보는 것처럼 소단위 명세서는 오직 최하위 단계의 처리에 대해서만 기술한다. 배경도와 중간 단계의 처리는 다시 자료흐름도로 정의되므로 소단위 명세서에 기술하지 않는다. 최하위 단계 이외의 처리에 대해서 소단위 명세서를 작성하면 시스템을 중복해서 명세하게 되어 간단 명료하지 않을 뿐더러 문서의 유지에도 더욱 힘이 든다. 양질의 명세서는 항상 간결하고, 명료하며, 완전하고, 의미에 모호함이 없어야 한다는 사실을 명심해야 한다.

구조적 언어

구조적 언어는 우리가 일상에서 사용하는 자연언어의 부분집합으로 기술하는 언어로, 소단위 명세서 작성에 필요한 최소한의 한정된 단어들과 문형만을 사용한다. 구조적 언어는 PDL^Program Design Language, PSL^Problem Statement Language 또는 Problem Specification Language로도 불린다. 전형적인 프로그래밍 언어의 정확성과 자연어의 비정형성, 읽기 쉬운 특성 사이에 균형을 유지하는 것이 목적이다.

1 구조적 언어의 개념

구조적 언어의 개념은 다음 그림에서 보는 것처럼 자연언어의 장점인 업무중심의 용어, 신속한 작성, 사용자의 익숙함과 구조적 프로그래밍의 장점인 간결성, 명확성, 제한된 단어, 제한된 문형 그리고 제한된 구조로 나타난다. 제한된 단어는 자료사전에 이미 정의되어 있는 자료명과 이외에 약간의 새로운 자료명을 필요에 따라 정의해 사용하는 것을 말하며, 제한된 문형은 간단한 명령문과 산술식으로 구성된다. 그리고 구조적 프로그래밍 언어에서 사용하는 순서^Sequence, 선택^Selection, 반복^Iteration 등의 제한된 구조를 사용한다.

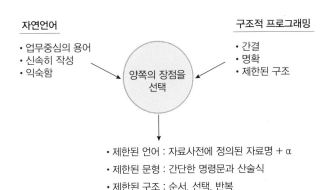

그림 7-2 **구조적 언어의 특징** [01]

구조적 분석의 모형화 도구들 사이에는 일관성이 있어야 하며, 상호 중복됨이 없이 간결하고, 명료하며, 완전하고, 모호하지 않게 시스템을 기술해야 한다. 이에 따라 소단위 명세서에서도 [그림 7-3]과 같이 자료흐름도 및 자료사전과 일치되게 처리의 세부 내역을 기술한다.

그림에서 '1.1 고용자 봉급계산'은 자료흐름도의 처리번호와 처리명을 의미하고 그 밑에 기술된 부분이 봉급계산의 세부처리 내역이며, 밑줄 친 부분은 자료사전에 정의되어 있는 자료명이다. 그리고 입력 자료로부터 출력 자료를 얻기 위해 구조적 프로그래밍 언어의 반복문과 선택문인 FOR 문과 IF 문을 사용하였다.

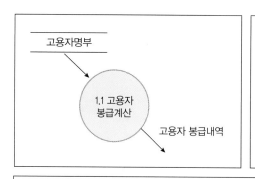

그림 7-3 자료흐름도, 자료사전, 소단위 명세서 [02]

2 구조적 언어의 구조

■ 순서문

구조적 언어의 세 가지 문형 가운데 하나인 순서문은 문장들을 단순히 순서대로 작성한 것으로 다음과 같이 기술한다.

```
문장 1
문장 2
문장 3
.....
문장 N
```

문장들은 처리를 나타내는 동사와 목적어로 구성되거나 간단한 산술식으로 구성되며 다음과 같이 표현한다.

문장(명령어) = 동사(V) + 목적어(O)

1.1 급여자료를(O) 읽는다(V), Read(V) Payroll Data(O)

1.2 합계액을(O) 계산한다(V), Compute(V) Pay Sum(O)

1.3 합계액을(O) 출력한다(V), Print(V) Pay Sum(O)

문장(산술식) = 자료명 + 산술기호

봉급액 = 근무시간 × 시간당임금

수령액 = 지급액 − 공제액

■ 선택문

선택문으로는 IF 문 또는 CASE 문을 사용하며, 작성규칙은 다음과 같다.

```
IF 조건 1
    THEN 문장 1
            문장 2
            문장 3
ENDIF

IF 조건 1
    THEN 문장 1
            문장 2
            문장 3
    ELSE 문장 4
            문장 5
            문장 6
ENDIF
```

```
DO CASE
    CASE 조건 1
            문장 1
            문장 2
    CASE 조건 2
            문장 3
            문장 4
    ...............
    CASE 조건 N
            문장 5
            문장 6
            문장 7
    OTHERWISE
            문장 8
ENDCASE
```

사용 예는 다음과 같다.

IF 급여형태 = "기술직"
  THEN 봉급액 = 봉급액 + 기술수당
ENDIF

IF 급여형태 = "연구직"
  THEN 봉급액 = 근무시간 × 10,000
  ELSE 봉급액 = 근무시간 × 9,000
ENDIF

DO CASE
  CASE 급여형태 = "연구직"
        봉급액 = 근무시간 × 10,000
  CASE 급여형태 = "사무직"
        봉급액 = 근무시간 × 9,000
  OTHERWISE
        봉급액 = 근무시간 × 8,000

ENDCASE

■ 반복문

반복문에는 DO WHILE 문, REPEAT UNTIL 문, 그리고 FOR 문이 있다.

```
DO WHILE 조건 1
        문장 1
        문장 2
        문장 3
ENDDO

REPEAT
        문장 1
        문장 2
        문장 3
UNTIL 조건 1

FOR 조건 1
        문장 1
        문장 2
        문장 3
ENDFOR
```

사용 예는 다음과 같다.

DO WHILE 고객주문서에 주문항목이 남아 있을 때

총액 = 총액 + 주문량 × 단가

ENDDO

REPEAT

총액 = 총액 + 주문량 × 단가

UNTIL 고객주문서에 주문항목이 없을 때까지

FOR 문의 사용 예는 [그림 7-3]에서 본 바와 같이 문장마다 일련번호를 붙여 주면 읽기가 쉬울 뿐만 아니라, ENDIF 등의 문장 종료기호를 쓰지 않아도 된다.

3 구조적 언어의 작성 지침

소단위 명세서가 복잡해지면 사용자와 분석가가 이해하고 검증하기가 어려워지므로 처리사항의 복잡한 기술은 피하는 것이 좋다. 이를 위해 다음과 같은 지침을 따른다.

- 구조적 언어가 한 페이지를 초과하지 않도록 기술한다. 한 페이지를 초과하게 되면 이해하기 어려워지므로 분석가는 다른 방식으로 알고리즘을 간략히 기술하는 것을 생각해 보아야 한다. 그러나 마땅한 대안이 없다면 처리 자체가 한 페이지로 기술하기에는 너무 복잡한 것이므로, 처리 자체를 하위 단계로 분할해야 한다.

- IF 문 또는 CASE 문의 제어구조를 사용할 때는 중첩도^{Nesting}가 세 단계를 초과하지 않도록 한다. 이러한 구조는 두 단계 이상만 중첩되어도 이해도를 훨씬 떨어뜨리게 되므로, 이런 때는 의사결 정표를 사용하는 것을 고려해야 한다.

- 제어구조를 중첩해 사용할 때는 중첩에 따라 요철모양^{Indentation}을 사용해 혼동을 피하는 것이 좋다. 이러한 것은 적용하기가 쉬운 반면에 그 효과는 의외로 좋다. 따라서 구조적 언어의 문서화에 익숙치 않은 사람이 이를 기술할 때는 요철형태의 문서화를 주지시키도록 한다.

4 소단위 명세서 작성 실습

실습하기 ▶ **취업 추천서 작성을 위한 소단위 명세서 작성**

다음의 자료흐름도, 자료사전 및 처리 조건을 참조해 처리번호 3.1에 대한 소단위 명세서를 작성해 보자.

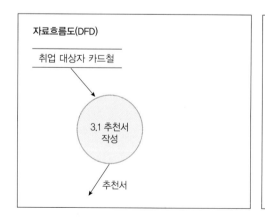

■ 소단위 명세서 작성

3.1 추천서 작성

FOR 취업 대상자 카드철의 각 취업 대상자에 대해

  1. 취업 대상자 카드철의 학업성취도를 파악한다

  2. IF 학업성취도 〉="B+"

    2.1 IF 성별= "남" AND 군필여부 = "군필"

      2.1.1 THEN 성명 , 생년월일, 성별, 군필여부, 학업성취도를 추천대상자철에 기록한다

           추천대상인원수에 1을 더한다

      2.1.2 ELSE IF 연령 〈 25

         2.1.2.1 THEN 성명, 생년월일, 성별, 군필여부, 학업성취도를 추천대상자철에 기록한다

             추천대상인원수에 1을 더한다

ENDFOR

  3. 추천인원 = 0

REPEAT 선정된 각 추천대상자에 대해

  4. 성적순으로 추천대상자를 선정한다

  5. 성명, 생년월일, 성별, 군필여부, 학업성취도를 추천서에 기록(출력)한다

  6. 추천인원에 1을 더한다

UNTIL 추천인원 〈 5

선후 조건문

1 선후 조건문을 작성하는 이유

선조건문은 처리가 수행되기 전에 만족해야 할 사실을 기술하고, 후조건문은 처리가 수행된 후 만족해야 할 사실을 기술한다. 자세한 작성 방법을 설명하기 전에 간단한 예를 들어보자. 다음 그림의 자료흐름도에서 퇴원환자 처리에 대한 선후 조건문은 다음과 같이 기술할 수 있다.

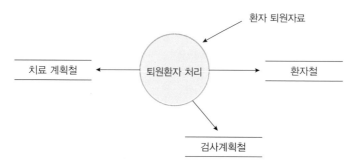

그림 7-4 **퇴원환자 처리에 대한 자료흐름도**

선조건문 1

　　환자 퇴원자료가 발생

　　AND 일치하는 환자가 존재

후조건문 1

　　일치하는 검사계획이 존재하지 않음

　　일치하는 치료계획이 존재하지 않음

　　일치하는 환자에 대한 퇴원 원인이 정해짐

선후 조건문Pre/Post Conditions은 어떤 처리에 대한 알고리즘이나 절차를 기술하지 않고, 그 처리가 수행해야 할 기능을 기술하는 방법이다. 선후 조건문은 다음과 같은 경우에 특히 유용하다.

- 사용자가 자신이 오랫동안 사용하던 특유의 알고리즘으로 처리할 때 수행하는 정책을 설명하려는 경향이 있을 때

- 시스템 분석가가 합리적으로 판단해 본 결과, 적용 가능한 알고리즘들이 여럿 존재할 때

- 시스템 분석가가 적용 가능한 다수의 알고리즘을 프로그래머가 선택하길 원하고 자신은 상세한 알고리즘에 대해 고려하기를 원하지 않을 때

2 선후 조건문의 작성 방법

■ 선조건문

선조건문은 처리가 수행되기 전에 만족해야 할 모든 사항들을 기술한다. 이는 처리가 수행될 때 반드시 사실이어야 할 사항들을 사용자가 보장한 것이라 생각할 수 있다. 선조건문에서는 다음 사항들을 기술해야 한다.

- 어떤 입력이 존재해야 하는지 기술한다. 이 입력은 자료흐름도에서 나타난 처리에 연결된 입력 자료흐름으로부터 도착한다. 처리를 향해 들어오는 입력 자료흐름이 여럿일지라도 하나의 자료흐름만이 처리의 수행을 시작시키는 역할을 할 수 있다. 예를 들어 다음 그림에서 선조건문이 기술되었다고 가정해 보자.

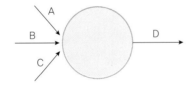

그림 7–5 선후 조건문

선조건문
　　자료항목 A 발생

우리는 이것을 다음과 같이 해석할 수 있다.

[그림 7–5]의 세 가지 입력 자료흐름 가운데 오직 자료항목 A만이 처리 수행을 시작시키는 역할을 하고, 처리 수행이 시작되면 B와 C의 입력 자료를 찾아 처리를 실시한다. 그러나 B와 C는 처리의 수행을 시작시키는 데 필요한 자료는 아니다.

- 입력 자료 내의 관계 또는 입력 자료 간의 관계를 기술한다. 이때 두 개 자료항목 사이의 일치여부 또는 대소 관계를 기술하며, 어떤 자료항목의 값이 어떤 범위에 속하는지 등을 기술한다.
- 입력 자료와 자료저장소 간의 관계를 기술한다. 이때 자료저장소 내의 어떤 레코드 항목과 입력 자료항목과 일치하는 관계가 있는지 등을 기술하는데, 예를 들면 고객 자료저장소의 고객번호와 고객주문서의 고객번호가 일치하는지 등을 기술한다.
- 자료저장소들 간의 관계 또는 자료저장소 내에서의 관계를 기술한다. 예를 들면 고객 자료저장소의 고객번호와 다른 저장소의 고객번호가 일치하는지, 또는 선적 자료저장소 내의 특정 레코드의 선적일자가 어떤 날짜와 일치하는지 등을 기술한다.

■ 후조건문

후조건문에서는 처리 작업을 마쳤을 때 만족해야 할 사항들을 기술한다. 이는 어떤 처리가 종결되었을 때는 다음 사항들이 반드시 사실이 되어야 한다고 보장하는 것과 같다. 후조건문은 다음 사항들을 기술한다.

- 처리가 산출하는 출력을 기술한다. 이는 후조건문의 가장 일반적인 형태로 '상품 주문서가 산출된다' 등과 같은 출력사항을 기술한다.
- 출력값과 입력값 사이에 존재해야 하는 관계를 기술한다. 출력이 입력에 어떤 수학적인 공식을 적용하였을 경우에 대표적으로 사용된다. 예를 들면 '지불총계는 주문량과 단위가격의 곱이다'라고 기술할 수 있다.
- 출력값과 자료저장소 값들 간에 존재해야 할 관계를 기술한다. 이때는 자료저장소에서 추출한 자료값들이 출력값을 산출하는 데 사용된다. 예를 들면 '재고 자료저장소의 재고량을 구매량만큼 증가시키고 새로운 재고량을 출력한다' 등과 같은 경우이다.
- 자료저장소의 변경사항을 기술하는데, 새로운 항목의 추가, 기존 항목의 수정, 기존 항목의 삭제 등을 기술한다. 예를 들면 주문서를 주문 자료저장소에 추가하거나, 특정 카드를 고객 자료저장소로부터 제거한다고 기술할 수 있다.

3 선후 조건문 작성 시 고려사항

선후 조건문을 작성할 때는 정상적인 처리 상황을 우선 기술한다. 여러 가지 정상적인 상황이 존재할 때는 이들을 제각기 다른 선조건문으로 기술한다. 그리고 각각의 선조건문에 대해 출력이 산출되었거나 자료저장소가 수정되었을 때의 처리 상황을 후조건문으로 기술한다. 정상적인 처리 상황이 기술되었으면 다음에는 오류나 비정상적인 경우에 대해 적절한 선후 조건문을 작성한다.

선후 조건문은 여러 가지 유용한 장점을 갖고 있지만, 그것이 부적절할 경우도 있다. 입력 자료로부터 어떻게 출력 자료를 산출하는지가 의도적으로 보이지 않지만, 이를 읽는 사람이 입력에서 출력으로 변환되는 절차에 대해 상상할 수 없다면, 이해하기가 어려워진다. 만일 입력과 출력 자료 사이에 복잡한 변환관계가 존재한다면 구조적 언어를 사용하는 것이 바람직하다. 그리고 사용자가 선후 조건문을 어렵다고 생각할 때에도 다른 기술방식을 고려하는 것이 좋다.

04 의사결정표

1 의사결정표를 작성하는 이유

상황에 따라 구조적 언어와 선후 조건문이 소단위 명세서를 기술하는 데 적절하지 않을 수 있다. 특히 처리가 산출하는 출력이 복잡한 의사결정에 의해 좌우될 때는 구조적 언어와 선후 조건문이 복잡해지므로 적당하지 않다. 의사결정이 수많은 입력 자료에 의해 좌우되고 또한 입력 자료가 광범위한 값을 가질 경우에 구조적 언어나 선후 조건문으로 기술한다면, 사용자가 도저히 이해할 수 없을 정도로 난해하게 된다. 이러한 경우에 의사결정표Decision Table를 사용하면 효과적이다.

[그림 7-6]에서 보는 바와 같이 의사결정표는 입력 자료와 그에 따른 처리방법들을 표의 왼쪽에 기술하고, 조건에 따른 규칙과 처리방법을 오른쪽에 표시한다. 대부분의 경우 조건들은 true와 false 또는 yes와 no를 갖는 부울변수Boolean Variable로 나타내는 것이 편리하지만, 그렇지 않고 여러 가지 값을 취하는 변수들의 조건도 표현할 수 있다.

각각의 변수들의 조합에 대해 정확한 처리방법을 식별하기 위해서는 사용자들과 규칙을 논의해야 한다. 이런 과정에서 사용자가 전혀 생각하지 못했던 변수들의 조합을 발견할 수도 있으며, 각각의 규칙에 대해 집중 분석할 수 있다. 바로 이러한 점이 의사결정표의 장점이다.

	1	2	3	4	5	6	7	8	
연령>21	Y	Y	Y	Y	N	N	N	N	
성별	M	M	F	F	M	M	F	F	
체중>80	Y	N	Y	N	Y	N	Y	N	
치료1	X				X			X	
치료2		X			X				
치료3			X			X		X	
치료 불필요				X			X		

그림 7-6 의사결정표

의사결정표의 또 다른 장점은 어떤 특정 구현방법에 대해 아무런 고려도 하지 않는다는 것이다. 즉 시스템 분석가가 자료흐름도와 함께 의사결정표를 시스템 설계자나 프로그래머에게 제시하면, 구현전략에 대해서는 그들이 임의로 선택할 수 있다. 의사결정표는 특정 처리에 대한 구체적인 알고리즘을 명시하지 않는다는 점에서 비절차적 시스템 모형화 도구로 지칭한다.

2 의사결정표의 작성 절차

의사결정표의 작성 절차를 설명하면 다음과 같다.

① 명세할 모든 조건과 변수를 식별하고, 각각의 변수가 취할 수 있는 모든 값을 확인한다.

② 조건들의 조합의 수를 계산한다. 모든 조건들이 true와 false의 두 값만 갖는다면, n개의 변수들은 2^n개의 조합을 갖게 된다.

③ 의사결정표에 요구되는 가능한 모든 처리방법을 식별한다.

④ 표의 왼쪽에 조건들과 처리방법들을 표시하고, 오른쪽에는 조건들의 조합인 규칙에 번호를 부여한다.

⑤ 표의 세로로 이루어진 칸에 조건들의 조합을 하나씩 채워 넣는다.

⑥ 각각의 규칙에 대해 적절한 처리방법을 식별한다.

⑦ 의사결정표에서 생략되는 부분, 모순되는 부분, 모호한 부분 등이 있는지 확인한다.

⑧ 사용자와 생략되는 부분, 모순되는 부분, 모호한 부분 등을 토론해 의사결정표에 반영시킨다.

3 의사결정표 작성 실습

저축 장려 보조금 지급을 위한 의사결정표 작성

다음과 같은 설명에 대해 의사결정표를 작성해 보자.

> 우리 회사에서는 사원들의 저축을 장려하기 위해 장기저축에 대해 보조금을 지급한다. 즉 2년 이상 장기간 저축을 한다면 이자 외에 총 저축금액의 30%를 보조금으로 지급한다. 이때 사원들이 저축할 수 있는 금액은 근속연수와 연봉에 따라 차등을 둔다.
>
> 사원은 3,000만 원 이하의 연봉에 대해서는 2년 미만 근속자는 3,000만 원 이하 금액의 5%, 2년 이상 3년 미만 근속자는 6%, 3년 이상 근속자는 7%까지 저축을 허용한다. 그리고 연봉이 3,000만 원을 넘을 때는 1,000만 원까지의 초과금액에 대해 2년 미만 근속자는 초과금액의 4%, 2년 이상 3년 미만의 근속자는 5%, 3년 이상 근속자는 6%까지의 저축을 허용한다. 마지막으로 4,000만 원을 초과하는 연봉에 대해서는 2년 미만 근속자는 초과금액의 3%, 2년 이상 3년 미만 근속자는 4%, 3년 이상 근속자는 5%까지 저축을 허용한다.

■ **의사결정표 작성**

		규 칙								
		1	2	3	4	5	6	7	8	9
조건	1. 2년 미만 근속	y	y	y	n	n	n	n	n	n
	2. 3년 미만 근속	n	n	n	y	y	y	n	n	n
	3. 3년 이상 근속	n	n	n	n	n	n	y	y	y
	4. 3,000만 원 이하 금액	y	n	n	y	n	n	y	n	n
	5. 3,000만 원~4,000만 원 금액	n	y	n	n	y	n	n	y	n
	6. 4,000만 원 초과 금액	n	n	y	n	n	y	n	n	y
처리 방법	3% 허용	n	n	y	n	n	n	n	n	n
	4% 허용	n	y	n	n	n	y	n	n	n
	5% 허용	y	n	n	n	y	n	n	n	y
	6% 허용	n	n	n	y	n	n	n	y	n
	7% 허용	n	n	n	n	n	n	y	n	n

그림 7-7 저축 장려 보조금 지급을 위한 의사결정표

▶ 요약

01 소단위 명세서
- 소단위 명세서를 작성하는 목적은 자료흐름도에 표시된 처리에 대한 상세한 절차를 표현하기 위함이다. 자료흐름도상의 처리 수만큼 소단위 명세서가 필요하다.
- 소단위 명세서는 자료흐름도의 최하위 단계 분할도를 대상으로 작성하며, 한 페이지 이내의 크기로 정의할 수 있어야 적절한 분할이 이루어졌다고 볼 수 있다.

02 소단위 명세서 작성 도구
소단위 명세서를 작성하는 다양한 방법과 도구들이 있지만 대표적인 방법으로 구조적 언어를 사용한다. 하지만 구조적 언어를 사용하는 것보다 더 나은 다른 방법이 필요한 경우 선후 조건문이나 의사결정표 등의 방법을 사용할 수 있다.

03 구조적 언어
- 구조적 언어는 자연어의 특성과 구조적 프로그래밍의 특성 중 장점을 채택해 제한된 언어를 사용해 제한된 문형과 제한된 구조로 작성하는 특징이 있다.
- 구조적 언어의 제한된 구조는 순서, 선택, 반복으로 표현된다.

04 선후 조건문
내부적인 처리를 명시하기보다는 처리에 영향을 미치는 선조건문과 처리가 수행된 이후 충족되어야 할 후조건문만을 기술하는 소단위 명세서 작성 도구이다.

05 의사결정표
복잡한 조건에 따라 다양한 처리가 가능한 경우에는 의사결정표를 활용하는 것이 바람직하다.

연습문제

01 5장과 6장에서 다룬 '비디오 대여업무'에 대한 자료흐름도와 자료사전을 참조해 구조적 언어를 활용한 소단위 명세서를 작성해 보시오.

02 앞의 문제를 해결하기 위해 작성한 소단위 명세서 가운데 선후 조건문이나 의사결정표로 작성하는 것이 더 이해하기 쉽고 작성하기 쉬운 사례가 있는지 확인해 보시오. 그리고 적절한 작성방법을 선택해 작성해 보시오.

03 CD기를 이용해 현금인출을 처리하는 절차를 자료흐름도와 자료사전으로 표현한 후 소단위 명세서로 작성해 보시오.

미니 프로젝트 1

학습목표

▶ 구조적 분석 방법론을 적용하여 실제 사례를 분석해 본다.

▶ 자료흐름도, 자료사전, 소단위 명세서 등의 모형화 도구를 모두 적용해 보며 모형 간의 역할에 대해 이해한다.

▶ 하나의 사례를 익힘으로써 다른 유사한 사례에 적용할 수 있는 능력을 기른다.

▶ 개인보다는 소그룹으로 나누어 하나의 사례를 분석하여 모형화하는 과정을 실습한다.

사례 소개

지금까지 구조적 방법론을 활용한 시스템 분석 방법에 관해 논의해 왔다. 하지만 이론적인 배경이나 이해만으로 이 방법론에 대해 학습했다고 말하기는 어렵다. 실제 사례를 통해 방법론과 도구들을 적용해 보지 않는다면 여전히 막연하거나 추상적인 이해에 그치기 쉬울 것이다.

이 장에서는 앞서 배운 내용들을 실제 사례에 적용해 볼 것이다. 이를 통해 이와 유사한 사례에 응용 능력을 기를 수 있는 계기를 마련하고자 한다.

이 장에서 적용해 볼 사례는 대학에서 운영하는 학생 복지시설의 하나인 〈수련원 예약처리 시스템〉이다. 이는 유사한 주제인 호텔이나 콘도의 예약처리 시스템의 분석 사례에도 적용할 수 있으며 그 처리 절차를 비교적 쉽게 이해할 수 있다.

1 수련원 운영 현황

우송 수련원은 서해안인 충남 대천 해수욕장에 위치하고 있어 여름철 성수기에는 이용자들이 많아 객실이 부족한 실정이다. 사용 1개월 전부터 예약을 받고 있으며 이용 3일 전까지는 이용료를 입금해야만 예약이 확정된다.

이용할 수 있는 객실의 수는 총 20개이며 2개의 세미나실을 갖추고 있다. 동시에 이용할 경우 하루 수용 인원은 총 230명이다. 객실 이용료는 객실의 크기에 따라 차이가 나며 재학생과 교직원의 이용료에도 차이가 있고 이용기간에 따라서도 달라진다([표 8-1] 참조).

객실 이용에 대한 수칙은 다음과 같다.

① 수련원 이용신청은 이용일 3일 전까지 예약 및 이용료 입금을 마쳐야 한다.
② 수련원 이용은 본 대학 재학생 및 재직 중인 교직원과 그 가족에 한한다.
③ 수련원 예약취소는 이용일 3일 전까지만 가능하며 환불절차는 환불청구서 및 본인의 통장 사본을 지참하여 본 대학 경리팀에 신청하여야 한다.
④ 사전 1회에 한하여 예약을 연기할 수 있다.
⑤ 7월 1일부터 8월 20일까지는 성수기 요금을 적용한다.

표 8-1 **수련원 이용료**

층별	호실	수용인원	비수기		성수기		내부시설
			학생	교직원	학생	교직원	
2층	202	10	45,000	55,000	60,000	70,000	냉장고, 에어컨, TV, 식탁, 싱크대, 거울, 선풍기, 옷걸이, 건조대
	204	7	30,000	35,000	40,000	50,000	
	205	7	30,000	35,000	40,000	50,000	
소계	3실	24	105,000	125,000	140,000	170,000	
3층	301	9	30,000	35,000	40,000	50,000	TV, 선풍기, 거울, 건조대, 옷걸이, 에어컨, 식탁, 냉장고, 싱크대 (305, 306)
	302	4	15,000	20,000	25,000	35,000	
	303	4	15,000	20,000	25,000	35,000	
	304	4	15,000	20,000	25,000	35,000	
	305	9	35,000	40,000	45,000	55,000	
	306	7	30,000	35,000	40,000	50,000	
	307	7	25,000	30,000	35,000	45,000	
소계	7실	44	165,000	200,000	235,000	305,000	
4층	401	9	30,000	35,000	40,000	50,000	TV, 선풍기, 거울, 건조대, 에어컨, 옷걸이
	402	4	15,000	20,000	25,000	35,000	
	403	4	15,000	20,000	25,000	35,000	
	404	4	15,000	20,000	25,000	35,000	
	405	9	30,000	35,000	40,000	50,000	
	406	7	25,000	30,000	35,000	45,000	
	407	7	25,000	30,000	35,000	45,000	
소계	7실	44	155,000	190,000	225,000	295,000	
5층	501	40	100,000	110,000	140,000	150,000	에어컨, TV, 거울, 건조대, 옷걸이, 신발장
	502	30	80,000	90,000	120,000	130,000	
	503	30	80,000	90,000	120,000	130,000	
소계	3실	100	260,000	290,000	380,000	410,000	
합계	20실	212	695,000	805,000	980,000	1,180,000	

2 수련원 예약 시스템

■ 배경도

수련원 예약 시스템의 배경도는 다음과 같다.

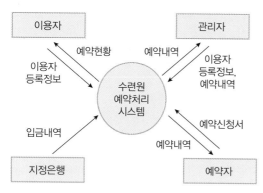

그림 8-1 **수련원 예약 시스템 배경도**

■ 사건 명세

수련원 예약 시스템은 인터넷을 통해 이용할 수 있도록 구축되어야 하며 주요 사건[Event]들은 다음과 같다.

- 이용자는 수련원 이용을 위해 등록을 해야 한다(재학생 신분 여부 및 교직원 신분 확인).
- 이용자는 객실의 예약현황을 조회한다(1개월 이후까지의 예약현황 조회 가능).
- 이용자는 객실 예약을 신청한다(1개월 이전부터 신청 가능).
- 예약자는 객실 예약 상태를 확인한다(본인과 관리자만 가능).
- 예약자는 객실 예약을 취소할 수 있다(본인과 관리자만 가능).
- 예약자는 객실 이용료를 지정은행에 납부한다(이용 3일 전까지 납부 완료해야 함).
- 관리자는 지정은행에 납부된 이용료를 확인한 후 객실 예약 상태를 예약확정 상태로 변경한다.
- 관리자는 예약자가 예약을 취소한 경우 이용료를 환불 처리한다(이용일 3일 전까지 가능).
- 관리자는 전화 예약을 신청한 경우 이용자 등록과 예약처리를 대행한 후 예약자에게 통보한다.
- 관리자는 정기적으로 이용현황과 이용료 입금내역 현황을 보고서로 작성한다.
- 이용자는 사용안내 및 이용시 불편사항을 전화로 문의하거나 게시판에 남긴다.
- 관리자는 이용자의 전화 문의에 답변하거나 게시판에 답글을 남긴다.

자료흐름도 작성

앞 절에서 정의한 수련원 예약처리 시스템의 주요 사건들에 대해 각각 자료흐름도를 작성한 후 하나의 연결된 모형으로 작성해 보자.

1 사건별 자료흐름도 작성하기

사건 1 : 이용자 등록처리

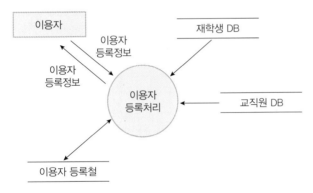

그림 8-2 **이용자 등록처리**

① 이용자는 소속 대학에 재학 중인 자이거나 교직원 신분이어야만 수련원 이용자로 등록할 수 있다.

② 이용자 등록철에 등록된 이후에 재학생이나 교직원의 신분 변동에 대해 즉각적으로 반영되지 못할 경우에 대한 문제가 우려된다.

③ 이용자는 최소한의 자료만 입력하더라도 재학생이나 교직원 DB에 보관된 기본적인 인적 사항을 활용할 수 있다. 다만 연락처(휴대폰 번호)는 반드시 확인할 수 있어야 한다.

사건 2 : 객실 예약현황 조회

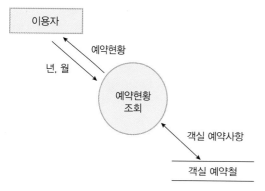

그림 8-3 객실 예약현황 조회

① 원하는 년, 월을 입력한 후 조회를 신청하면 해당 년, 월의 일별, 호실별 예약현황을 보여 준다.

② 단, 조회일 기준 1개월 이후까지만 조회가 가능하다(과거 이용현황은 자료가 존재하는 한 조회 가능).

③ 조회현황은 이용가능, 예약상태, 입금완료 등으로 구분하여 표시한다.

사건 3 : 객실 예약처리

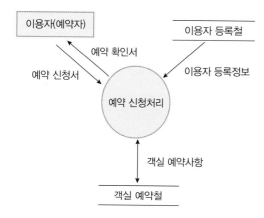

그림 8-4 객실 예약처리

① 객실 예약신청은 예약 가능한 기간, 예약 가능한 객실, 이용자 등록철에 등록된 이용자인 경우만 가능하다.

② 객실 예약신청은 본인이 인터넷을 통하여 직접 하거나 전화로 관리자에게 신청하여야 한다.

③ 예약신청이 끝나면 신청자에게 예약 확인서를 메일로 발송하며, SMS 문자로도 통보한다.

사건 4 : 객실 예약상태 확인(예약자)

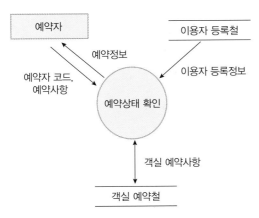

그림 8-5 객실 예약상태 확인

① 예약상태 확인은 예약자 본인이 자신이 예약한 정보만 확인할 수 있다.

② 예약자 본인 여부를 확인하기 위해 이용자 등록번호(코드)를 입력해야 한다.

③ 예약정보에는 예약자, 예약일, 예약된 호실 등의 정보가 포함된다.

사건 5 : 객실 예약 변경/취소(예약자)

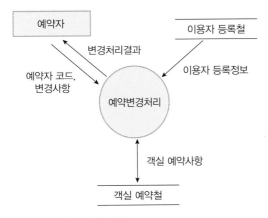

그림 8-6 객실 예약 변경/취소

① 예약변경 및 취소 신청은 이용일 3일 전에 한해 예약자 본인이 신청하여 변경/취소할 수 있다.

② 예약취소의 경우 예약정보를 삭제할 것인가, 아니면 취소 신청한 정보를 추가할 것인가를 기술적으로 고려할 필요가 있다.

③ 예약 기간, 호실 등의 변경 등과 같은 처리의 경우도 기존의 신청 사항을 삭제할 것인가, 아니면 변경 신청한 정보를 추가할 것인가를 고려하여야 한다.

사건 6 : 객실 이용료 납부(예약자)

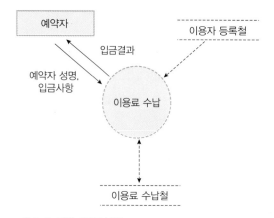

그림 8-7 **객실 이용료 납부**

① 이용료 수납 절차를 온라인으로 처리할 경우 포함되어야 할 절차이지만, 오프라인으로 처리 할 경우는 시스템 경계 밖의 처리이므로 점선으로 표시한다.

② 예약자는 지정은행에 예약자 성명을 입금자로 하여 이용료를 납부한 후 예약확정(입금완료) 처리 여부를 확인할 수 있다(사건 7번과 4번 참조).

③ 온라인 결제 시스템의 구현을 고려할 필요가 있으나 금융망(은행, 카드사 등)과의 연계를 위한 인증절차 등의 기술적 문제가 있어 간단한 사항은 아니다.

사건 7 : 객실 이용료 입금확인/예약 확정(관리자)

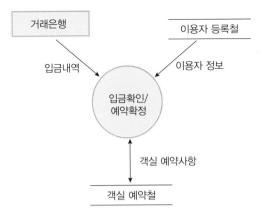

그림 8-8 객실 이용료 입금확인/예약 확정

① 관리자는 매일 거래은행의 마감시간에 맞추어 입금내역을 확인해 입금자의 이용자 등록정보 및 객실 예약사항을 참조하여 예약확정 처리를 한다.

② 예약확정 처리가 되면 예약취소 및 예약변경을 예약자가 할 수 없다.

③ 온라인 입금처리가 이뤄진다면 예약자가 입금과 동시에 예약확정 처리가 가능하지만, 그렇지 못할 경우 관리자가 일일이 입금확인 및 예약확정 처리를 해야하므로 처리상의 착오 및 지연이 발생할 수 있다.

사건 8 : 객실 이용료 환불처리

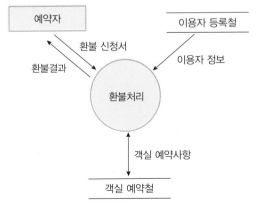

그림 8-9 객실 이용료 환불처리

① 환불 신청서는 예약자가 환불에 필요한 예약자 기본정보 및 입금계좌 등을 작성하여 관리자에게 제출하거나 인터넷으로 환불 신청서를 작성할 수 있도록 한다.

② 환불처리는 신청 시점에 따라 환불조건이 달라질 수 있으며, 예약취소에 따른 예약사항 변경 등을 수반하는 절차이며 즉시 응답해야 할 사건이다.

사건 9 : 이용자 등록 및 예약처리 대행(관리자)

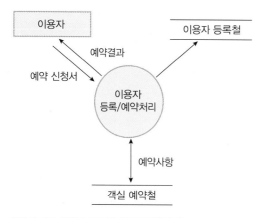

그림 8-10 이용자 등록 및 예약처리(관리자)

① 이용자가 인터넷으로 이용자 등록 및 예약신청을 하기 어려워 전화 등의 방법으로 예약신청을 할 경우 관리자가 이를 대행해 주는 절차이다.

② 예약자의 연락처(휴대폰 번호)로 예약결과를 통보해 준다.

③ 물리적 모형의 경우 별개의 처리로 식별되지만, 논리적 모형의 경우 사건 1, 사건 3 등과 중복되므로 제거되어야 할 처리 절차이다.

사건 10 : 이용현황/입금현황 보고서 작성(관리자)

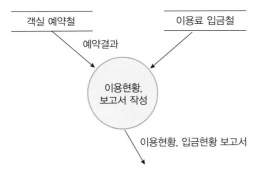

그림 8-11 **이용현황/입금현황 보고서 작성**

① 관리자는 이용현황 및 입금현황을 포함하는 보고서를 정기적(주간보고, 월간보고 등)으로 작성하여 결재권자에게 보고하거나 보고서철에 보관한다.

② 이용료 입금철이 DB로 관리되지 않는다면 위 절차는 별도의 매뉴얼Manual 작업(Excel 등의 표 작성 도구를 활용하여 재가공하는 작업)을 거쳐야 할 것이다.

③ 요일별, 월별, 연도별 이용자 추이를 통계적으로 분석할 수 있을 것이며, 수입 대비 지출 현황 자료를 통해 운영에 필요한 의사결정 지원 자료를 제공할 수 있을 것이다.

사건 11, 사건 12 : 이용자 문의사항, 불편사항 등 입력(이용자) 및 답변(관리자)

위 처리 절차는 시스템 경계 밖의 활동으로 분류할 수 있을 것이다. 하지만 위 절차를 통해 이용자의 피드백을 받을 수 있으며, 관리자의 적절한 답변을 통해 고객만족도를 높일 수 있기에 소홀히 할 수 없는 절차이다.

2 사건별 자료흐름도 맞추기

앞서 작성된 사건별 자료흐름도를 한 장에 표현할 수 있도록 짜맞추어 보기로 한다. 이때 복잡한 자료흐름을 한 장에 다 표현하기 어려울 경우 다시 분할하여 상세하게 재작성할 필요가 있다.

■ 최상위 분할도

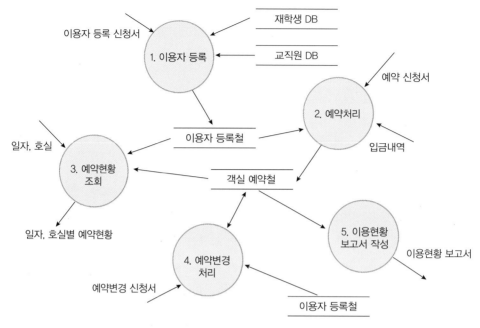

그림 8-12 수련원 예약 시스템의 최상위 분할도

■ 1차 분할도

앞서 작성된 최상위 분할도 가운데 분할도가 필요한 처리에 대해서는 별도의 분할도를 작성한다. 비교적 단순한 업무인 관계로 1차 분할도가 필요한 처리는 처리번호 2번의 '예약처리'와 처리번호 4번의 '예약변경 처리' 정도일 것이다.

처리번호 2번 '예약처리'에 대한 분할도는 다음과 같다.

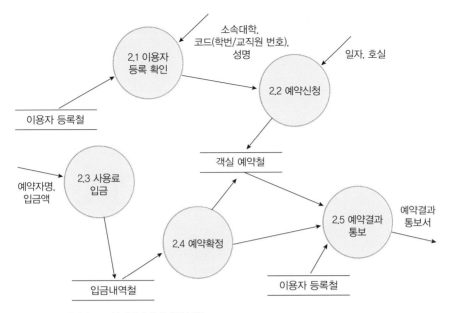

그림 8-13 처리번호 2번 '예약처리'에 대한 분할도

최상위 분할도에 의해 표시된 '수련원 예약 시스템'에 대한 기능(처리)을 도형이 아닌 기술형 문장 형태로 구조화 시켜 표현하면 다음과 같다.

    0. 수련원 예약 시스템

        1. 이용자 등록

        2. 예약처리

        3. 예약현황 조회

        4. 예약변경 처리

        5. 이용현황 보고서 작성

이를 다시 세분화하여 표시하면 다음과 같다.

    0. 수련원 예약 시스템

        1. 이용자 등록

        2. 예약처리

           2.1 이용자 등록 확인

           2.2 예약신청

2.3 사용료 입금

　　2.4 예약확정

　　2.5 예약결과 통보

　3. 예약현황 조회

　4. 예약변경 처리

　　4.1 예약일 변경

　　4.2 예약취소

　　4.3 환불처리

5. 이용현황 보고서 작성

이 경우 처리 번호 0번으로 표기한 '수련원 예약 시스템'의 도형을 '배경도'라 부르며, 처리 번호 1, 2, 3 등과 같이 표기한 도형을 '1차 분할도'라 부른다. 또한 처리 번호 2.1, 2.2, 2.3 등과 같이 표기한 도형이나 처리 번호 4.1, 4.2, 4.3 등과 같이 표기한 도형을 '2차 분할도'라 부른다. 시스템의 크기나 복잡도에 따라 3차 분할도, 4차 분할도 등이 작성될 수도 있다.

처리번호 4번 '예약변경 처리'에 대한 분할도는 다음과 같다.

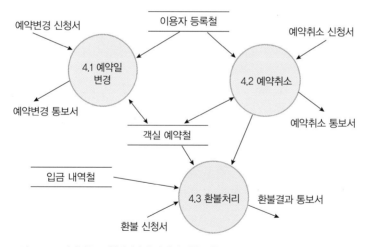

그림 8-14　처리번호 4번 '예약변경 처리'에 대한 분할도

03 자료사전 작성

자료흐름도^{DFD} 상에 표기된 자료흐름 및 자료저장소에 대한 자료구성, 자료정의 등을 표현하기 위해 자료사전^{DD}을 작성한다. 여기에서는 최상위 분할도를 중심으로 작성하기로 한다.

1. 이용자 등록철 = {이용자 등록사항}

2. 이용자 등록사항 = 등록코드 + 소속대학구분 + 신분구분코드 + 인적사항 + 등록일 + 비고
   2.1 등록코드 = * 이용자의 고유코드 *
         = 연도 + 일련번호
   2.2 소속대학구분 = * 대학별 구분이 가능한 코드 *
   2.3 신분구분코드 = * 재학생:1, 동문:2, 교수:3, 직원:4 *
   2.4 인적사항 = 코드 + 성명 + 자택 전화번호 + 휴대폰 번호 + (메일주소)
      2.4.1 코드 = * 재학생이나 동문의 경우 학번, 교직원인 경우 교직원코드 *
   2.5 비고 = * 이용을 제한해야 할 이용자에 대한 사유표기 *

3. 객실 예약철 = {객실 예약사항}

4. 객실 예약사항 = 예약일자 + 호실 + 등록코드 + {예약구분코드 + (변경일자) +입력일시}3
   4.1 예약구분코드 = ["N"|"M"|"A"|"C"]
         = * N:신규예약, M:예약변경(일자), A:입금완료, C:예약취소 *

5. 입금내역철 = {입금내역}

6. 입금내역 = 입금자성명 + 입금액 + 입금일

7. 이용자 등록 신청서 = 소속대학명 + 신분구분 + 코드 + 성명 + 연락처 + (메일주소)
   7.1 신분구분 = ["재학생"|"동문"|"교수"|"직원"]
   7.2 코드 = * 2.4.1에 정의됨 *
   7.3 연락처 = 자택 전화번호 + 휴대폰 번호

8. 예약 신청서 = (등록코드) + (소속대학구분) + (코드) + 성명 + 예약일자 + 호실 + 신청일시

9. 예약변경 신청서 = 등록코드 + 성명 + 당초 예약일자 + 변경일자 + 호실 + 신청일시

10. 예약현황 = {예약일자 + {호실 + <u>예약구분</u>}}30

    10.1 예약구분 = ["예약신청" | "입금완료" | "미예약"]

11. 이용현황 보고서 = ＊주별, 월별 호실별 이용현황 보고서 ＊

                 = {호실 + 이용일자 + 입금액} + 이용횟수 + 입금액합계

12. 예약결과 통보서 = {예약일자 +호실 + 예약자성명 + 예약구분 + 휴대폰 번호 + (메일주소)} + 통보일시

13. 예약변경 통보서 = 등록코드 + 성명 + 당초 예약일자 + 변경일자 + 호실 + 신청일시

14. 예약취소 신청서 = 등록코드 + 예약일자 + 호실 + 신청일시 + (취소사유)

15. 예약취소 통보서 = 등록코드 + 성명 + 예약일자 +호실 + 신청일시 + (취소사유)

16. 환불 신청서 = 등록코드 + 성명 + (은행명) + 계좌번호 + 입금액 + 예약취소일 + 환불신청일

17. 환불결과 통보서 = 등록코드 + 성명 + 은행명 + 계좌번호 + 입금액 + 예약취소일 + 환불율 + 환불금액 + 처리일 + 처리담당자

04 소단위 명세서 작성

마지막으로 자료흐름도상에 표기된 처리별 소단위 명세서를 작성해 보자. 소단위 명세서는 7장에서 설명한 것처럼 최종 분할된 처리에 대해 작성한다.

처리 1 : 이용자 등록

BEGIN

1.1 이용자 등록 신청서의 소속대학명, 신분구분, 코드, 성명을 읽는다

1.2 신분확인상태 = FALSE

1.3 IF 신분구분 = "재학생" OR 신분구분 = "동문" THEN

   1.3.1 IF 소속대학별_학적DB의 학번 = 코드 AND 학적DB의 성명 = 성명 THEN

     1.3.1.1 신분확인상태 = TRUE

   ENDIF

ENDIF

1.4 IF 신분구분 = "교수" OR 신분구분 = "직원" THEN

   1.4.1 IF 인사DB의 교직원코드 = 코드 AND 인사DB의 성명 = 성명 THEN

     1.4.1.1 신분확인상태 = TRUE

   ENDIF

ENDIF

1.5 IF 신분확인상태 IS TRUE THEN

   1.5.1 이용자 등록철의 마지막 등록번호를 읽는다

   1.5.2 등록번호 = 등록번호 + 1

   1.5.3 소속대학구분 = 이용자 등록 신청서의 소속대학별 코드

   1.5.4 신분구분코드 = 이용자 등록 신청서의 신분구분별 코드

   1.5.5 인적사항 = 이용자 등록 신청서의 코드 + 성명 + 자택 전화번호 + 휴대폰 번호 +

       메일주소

1.5.6 <u>등록일</u> = 현재일시

1.5.7 <u>비고</u> = NULL

1.5.8 <u>이용자 등록철</u>에 <u>이용자 등록사항</u>을 추가한다

ENDIF

END

소단위 명세서는 작성할 때 뿐만 아니라 해독할 때도 프로그램에 대한 이해가 필요하다. 사실 프로그램 작성자는 이와 같이 작성된 소단위 명세서를 보고 시스템의 흐름과 처리 방식을 이해하고 이를 바탕으로 작성하려는 프로그래밍 언어로 구현하기만 하기 때문에 실질적으로 시스템 분석 과정에서의 소단위 명세서 작성은 프로그램의 처리 절차를 기술한 문서라고 볼 수 있다.

처리 번호 1번 이용자 등록에 대한 소단위 명세서를 보며 독자의 이해를 돕기 위해 주석을 덧붙여 보기로 하자. 우선 각 문장은 동사와 명사 그리고 약간의 수식으로만 표현된 것을 알 수 있다. 또한 각각의 문장에는 문장 번호를 부여했으며 이는 단위 처리 모듈번호임과 동시에 처리 순서를 기준으로 부여된 것임을 알 수 있다. 각 문장에서 밑줄을 그어 표시한 용어들은 자료사전에 표기된 자료임을 의미한다.

처리 번호 1번에 대한 소단위 명세서는 결국 앞서 작성된 사건 1에 대한 요구사항을 반영하여 작성한 것이다. 사건 1의 요구사항을 다시 한 번 정의해 보면 다음과 같다. 요구사항에 대한 처리를 위해 소단위 명세서에 반영된 모듈번호는 괄호 안에 표시하였다.

① 이용자는 소속 대학에 재학 중인 자이거나 교직원 신분이어야만 수련원 이용자로 등록할 수 있다(1.1~1.4번 모듈).

② 이용자 등록철에 등록된 이후에 재학생이나 교직원의 신분 변동에 대해 즉각적으로 반영되지 못할 경우에 대한 문제가 우려된다(1.1~1.4 모듈).

③ 이용자는 최소한의 자료만을 입력하더라도 재학생 DB나 교직원 DB에 보관된 기본적인 인적사항을 활용할 수 있다. 다만 연락처(휴대폰 번호)는 반드시 확인할 수 있어야 한다(1.3~1.5 모듈).

프로그램 작성법에 대한 설명은 이 책에서 다루지 않았으며 본 장에서 제시된 각각의 소단위 명세서에서 표현된 처리 절차에 대한 상세한 기술은 생략한다. 다만 각각의 소단위 명세서를 해독하기 위해서는 앞서 작성한 자료흐름도, 자료사전과 함께 살펴보아야만 한다.

처리 2.1 : 이용자 등록 확인

BEGIN

2.1.1 이용자 등록여부 = FALSE

2.1.2 IF <u>예약 신청서의 등록코드</u> IS NULL THEN

   2.1.2.1 <u>예약 신청서의 소속대학구분, 코드, 성명</u>을 읽는다

   2.1.2.2 IF <u>이용자 등록철.소속대학구분</u> = <u>예약 신청서.소속대학구분</u> AND

            <u>이용자 등록철.코드</u> = <u>예약 신청서.코드</u> AND

            <u>이용자 등록철.성명</u> = <u>예약 신청서.성명</u> THEN

      2.1.2.2.1 이용자 등록여부 = TRUE

  ENDIF

ELSE

2.1.3 <u>예약 신청서의 등록코드</u>, 성명을 읽는다

2.1.4 IF <u>이용자 등록철.등록코드</u> = <u>예약 신청서.등록코드</u> AND

        <u>이용자 등록철.성명</u> = <u>예약 신청서.성명</u> THEN

   2.1.4.1 이용자 등록여부 = TRUE

  ENDIF

ENDIF

2.1.5 IF 이용자 등록여부 IS TRUE THEN

   2.1.5.1 <u>이용자 등록철의 등록코드, 등록일, 비고</u>를 읽는다

   2.1.5.2 <u>등록코드, 등록일, 비고</u>를 출력(Display)

   2.1.5.3 IF <u>비고</u> = "이용불가" THEN

      2.1.5.3.1 "이용불가자" Message 출력(Display)

  ENDIF

ELSE

2.1.6 "미등록자" Message 출력(Display)

ENDIF

END

처리 2.2 : 예약신청

BEGIN

2.2.1 IF 이용자 등록여부 IS TRUE THEN

2.2.1.1 <u>예약 신청서의 예약일자, 호실을 읽는다</u>

2.2.1.2 IF <u>객실 예약사항, 예약일자 = 예약 신청서, 예약일자</u> AND

<u>객실 예약사항, 호실 = 예약 신청서, 호실</u> THEN

2.2.1.2.1 "이미 예약된 호실입니다"라는 Message 출력

2.2.1.2.2 예약현황 조회 처리로 분기

ELSE

2.2.1.3.1 <u>객실 예약사항, 예약일자 = 예약 신청서, 예약일자</u>

2.2.1.3.2 <u>객실 예약사항, 호실 = 예약 신청서, 호실</u>

2.2.1.3.3 <u>객실 예약사항, 등록코드 = 예약 신청서, 등록코드</u>

2.2.1.3.4 <u>객실 예약사항, 예약구분코드 ="N"</u>

2.2.1.3.5 <u>객실 예약사항, 입력일시 = 예약 신청서, 신청일시</u>

2.2.1.3.6 <u>객실 예약사항을 객실 예약철에 기록한다</u>

2.2.1.3.7 예약결과 통보 처리로 분기

ENDIF

ELSE

2.2.2.1 "이용자 등록을 해야 합니다"라는 Message를 출력

2.2.2.2 이용자 등록 처리로 분기

ENDIF

END

처리 2.3 : 사용료 입금

선조건문 1

객실 예약사항의 예약일자 〉 현재일자 AND

객실 예약사항의 예약구분 = "입금완료"

후조건문 1

입금내역철에 예약자의 예약 신청일 이후 입금내역이 존재 AND

객실 예약사항의 예약일자 − 입금내역철의 입금일 〉= 3

선조건문 2

객실 예약사항의 예약일자 〈= 현재일자 AND

객실 예약사항의 변경일자 〈= 현재일자 AND

객실 예약사항의 예약구분 〈 〉 "입금완료"

후조건문 2

입금내역철에 예약자의 예약 신청일 이후 입금내역이 존재하지 않음 AND

객실 예약사항의 예약구분 = "예약취소"

처리 2.4 : 예약확정

조건문 1

입금내역철에 예약자의 예약 신청일 이후 입금내역이 존재 AND

(객실 예약철의 예약자 객실 예약사항의 예약구분 = "신규예약" OR

객실 예약철의 예약자 객실 예약사항의 예약구분 = "예약변경")

후조건문 1

객실 예약철의 예약자 객실 예약사항의 예약구분 = "입금완료" AND

객실 예약철의 예약자 객실 예약사항의 예약구분 〈 〉 "예약취소"

처리 2.5 : 예약결과 통보

BEGIN

2.5.1 결과 통보기준일 범위를 입력

2.5.2 FOR 객실 예약철의 각 객실 예약사항에 대해

2.5.3 IF 객실 예약사항의 입력일 = 결과 통보기준일 AND

객실 예약사항의 예약구분 = "입금완료" THEN

2.5.3.1 이용자 등록사항의 등록코드가 객실 예약사항의 등록코드와 일치하는 자료 검색

2.5.3.2 이용자 등록사항의 휴대폰 번호, 메일주소를 읽는다

2.5.3.3 예약일자, 호실, 예약구분 정보를 예약자의 휴대폰 번호로 문자 메시지 전송

2.5.3.4 예약일자, 호실, 예약구분 정보를 예약자의 메일주소로 메일 발송

2.5.3.5 예약일자, 호실, 성명, 휴대폰 번호, 메일주소를 예약결과 통보서로 출력

ENDIF

ENDFOR

END

처리 3 : 예약현황 조회

BEGIN

3.1 예약현황 조회 조건으로 조회희망일자, 조회희망호실, 조회희망등록코드 입력

3.2 CASE 조회희망일자 입력

    3.2.1 DO WHILE <u>객실 예약사항.예약일자</u> = 조회희망일자

      3.2.1.1 <u>객실 예약사항</u>의 <u>예약일자</u>, <u>호실</u>, <u>예약구분</u>을 읽는다

      3.2.1.2 <u>객실 예약사항</u>의 <u>예약일자</u>, <u>호실</u>, <u>예약구분</u>을 출력(Display)

    ENDDO

3.3 CASE 조회희망일자, 조회희망호실 입력

    3.3.1 DO WHILE <u>객실 예약사항.예약일자</u> = <u>조회희망일자</u> AND

                <u>객실 예약사항.호실</u> = <u>조회희망호실</u>

      3.3.1.1 <u>객실 예약사항</u>의 <u>예약일자</u>, <u>호실</u>, <u>예약구분</u>을 읽는다

      3.3.1.2 <u>객실 예약사항</u>의 <u>예약일자</u>, <u>호실</u>, <u>예약구분</u>을 출력(Display)

    ENDDO

3.4 CASE 조회희망일자, 조회희망호실, 조회희망등록코드 입력

    3.4.1 DO WHILE <u>객실 예약사항.예약일자</u> = 조회희망일자 AND

                <u>객실 예약사항.호실</u> = 조회희망호실 AND

                <u>객실 예약사항.등록코드</u> = 조회희망등록코드

      3.4.1.1 <u>객실 예약사항</u>의 <u>예약일자</u>, <u>호실</u>, <u>등록코드</u>, <u>성명</u>, <u>예약구분</u>을 읽는다

      3.4.1.2 <u>객실 예약사항</u>의 <u>예약일자</u>, <u>호실</u>, <u>등록코드</u>, <u>성명</u>, <u>예약구분</u>을 출력(Display)

    ENDDO

ENDCASE

END

처리 4.1 : 예약일 변경

BEGIN

4.1.1 예약변경 신청서의 등록코드, 당초 예약일자, 변경일자, 호실, 신청일시를 읽는다

4.1.2 IF 객실 예약사항.예약일자 = 예약변경 신청서.당초 예약일자 AND

　　　 객실 예약사항.호실 = 예약변경 신청서.호실 AND

　　　 객실 예약사항.등록코드 = 예약변경 신청서.등록코드 THEN

　4.1.2.1 객실 예약철의 해당 객실 예약사항을 검색

　4.1.2.2 IF 객실 예약사항.예약구분 = "예약변경" THEN

　　4.1.2.2.1 "예약변경은 1회에 한하여 가능합니다" Message 출력

　ELSE

　　4.1.2.3.1 객실 예약사항.예약구분 = "예약변경"

　　4.1.2.3.2 객실 예약사항.변경일자 = 예약변경 신청서.변경일자

　　4.1.2.3.3 객실 예약사항.입력일시 = 예약변경 신청서.신청일시

　　4.1.2.3.4 객실 예약사항을 객실 예약철에 UPDATE

　　4.1.2.3.5 예약자성명, 당초 예약일자, 변경일자, 호실, 신청일시를 예약변경 통보서

　　　　　　 로 출력

　ENDIF

ELSE

4.1.3 "예약신청 자료를 찾을 수 없습니다" Message 출력

ENDIF

END

처리 4.2 : 예약취소

BEGIN

4.2.1 예약취소 신청서의 등록코드, 예약일자, 호실, 신청일시를 읽는다

4.2.2 IF 객실 예약사항.예약일자 = 예약취소 신청서.예약일자 AND

　　　 객실 예약사항.호실 = 예약취소 신청서.호실 AND

　　　 객실 예약사항.등록코드 = 예약취소 신청서.등록코드 THEN

　4.2.2.1 객실 예약철의 해당 객실 예약사항을 검색

4.2.2.2 <u>객실 예약사항.예약구분</u> = "예약취소"

4.2.2.3 <u>객실 예약사항.입력일시</u> = <u>예약취소 신청서.신청일시</u>

4.2.2.4 <u>객실 예약사항</u>을 <u>객실 예약철</u>에 UPDATE

ELSE

4.2.3 "예약신청 자료를 찾을 수 없습니다" Message 출력

ENDIF

END

처리 4.3 : 환불처리

BEGIN

4.3.1 <u>환불 신청서</u>의 <u>등록코드</u>, <u>예약취소일</u>, <u>입금액</u>을 읽는다

4.3.2 IF <u>객실 예약사항.예약일자</u> = <u>환불 신청서.예약취소일</u> AND
　　　　　<u>객실 예약사항.등록코드</u> = <u>환불 신청서.등록코드</u> AND
　　　　　<u>객실 예약사항.예약구분</u> = "예약취소" THEN

　4.3.2.1 <u>입금내역철</u>의 해당 <u>입금내역</u>을 검색

　4.3.2.2 <u>환불결과 통보서.등록코드</u> = <u>환불 신청서.등록코드</u>

　4.3.2.3 <u>환불결과 통보서.성명</u> = <u>환불 신청서.성명</u>

　4.3.2.4 <u>환불결과 통보서.은행명</u> = <u>환불 신청서.은행명</u>

　4.3.2.5 <u>환불결과 통보서.계좌번호</u> = <u>환불 신청서.계좌번호</u>

　4.3.2.6 <u>환불결과 통보서.입금액</u> = <u>입금내역.입금액</u>

　4.3.2.7 <u>환불결과 통보서.예약취소일</u> = <u>객실 예약사항.예약일</u>

　4.3.2.8 <u>환불결과 통보서.환불률</u> = <u>취소일자별 환불률</u>

　4.3.2.9 <u>환불결과 통보서.환불금액</u> = <u>입금내역.입금액</u> * 환불률

　4.3.2.10 <u>환불결과 통보서</u> 출력

ELSE

4.3.3 "객실 예약사항에서 해당 자료를 찾을 수 없습니다" Message 출력

ENDIF

END

처리 5 : 이용현황 보고서 작성

BEGIN

5.1 이용현황 보고서 출력 조건으로 주별, 월별, 호실별 값 입력

5.2 CASE 주별 입력

   5.2.1 이용횟수 = 0

   5.2.2 입금액합계 = 0

   5.2.3 DO WHILE 객실 예약사항.예약일자의 범위가 주별 범위내

      5.2.3.1 객실 예약사항의 예약일자, 호실을 읽는다

      5.2.3.2 입금내역의 입금액을 읽는다

      5.2.3.3 객실 예약사항의 예약일자, 호실, 입금내역의 입금액을 이용현황 보고서에 출력

      5.2.3.4 이용횟수 = 이용횟수 + 1

      5.2.3.5 입금액합계 = 입금액합계 + 입금액

   ENDDO

   5.2.4 이용횟수, 입금액합계를 이용현황 보고서에 출력

5.3 CASE 월별 입력

   5.3.1 이용횟수 = 0

   5.3.2 입금액합계 = 0

   5.3.3 DO WHILE 객실 예약사항.예약일자의 범위가 월별 범위내

      5.3.3.1 객실 예약사항의 예약일자, 호실을 읽는다

      5.3.3.2 입금내역의 입금액을 읽는다

      5.3.3.3 객실 예약사항의 예약일자, 호실, 입금내역의 입금액을 이용현황 보고서에 출력

      5.3.3.4 이용횟수 = 이용횟수 + 1

      5.3.3.5 입금액합계 = 입금액합계 + 입금액

   ENDDO

   5.3.4 이용횟수, 입금액합계를 이용현황 보고서에 출력

5.4 CASE 호실별입력

   5.4.1 이용횟수 = 0

   5.4.2 입금액합계 = 0

   5.4.3 DO WHILE 객실 예약사항.호실 = 호실

5.4.3.1 <u>객실 예약사항</u>의 <u>예약일자</u>, <u>호실</u>을 읽는다

5.4.3.2 <u>입금내역</u>의 <u>입금액</u>을 읽는다

5.4.3.3 <u>객실 예약사항</u>의 <u>예약일자</u>, <u>호실</u>, <u>입금내역</u>의 <u>입금액</u>을 <u>이용현황 보고서</u>에 출력

5.4.3.4 <u>이용횟수</u> = <u>이용횟수</u> + 1

5.4.3.5 <u>입금액합계</u> = <u>입금액합계</u> + <u>입금액</u>

ENDDO

5.4.4 <u>이용횟수</u>, <u>입금액합계</u>를 <u>이용현황 보고서</u>에 출력

ENDCASE

END

Part 03

정보공학 방법론

Chapter 09

통합 분석/설계 방법론

학습목표

▸ 통합 분석/설계(IDEF) 방법론의 등장 배경과 사용 목적, 구성에 대해 학습한다.

▸ 기능모형 구축 방법론인 IDEF0의 개념을 이해한다.

▸ IDEF0 모델링 작성 방법을 학습한다.

▸ IDEF0 모델링 방법을 활용한 작성 사례를 평가하고 개선할 수 있도록 실습 예제를 풀어본다.

01 통합 분석/설계 방법론 개요

1 통합 분석/설계 방법론의 등장 배경과 사용 목적

통합 분석/설계[IDEF] 방법론의 출현 배경과 관련해 다음 질문들을 검토해 보자.

- 기업의 정보시스템 구축을 위한 기능분석의 체계적인 표현 방법이 있는가.
- 기업 내 혹은 기업 간 제조시스템의 기능을 지원하기 위해 필요한 정보의 구조 및 역할을 정의할 수 있는 가장 적절한 방법은 무엇인가.
- 정보의 구조 정의를 통해 논리적, 물리적으로 정보를 데이터베이스로 만들 수 있는 절차 및 방법은 무엇인가.
- 정보시스템 구축을 위한 프로세스를 명확히 포착할 수 있는 방법과 시스템을 구현할 때 생기는 문제를 예측할 수 있는 기법은 무엇인가.

위 질문은 급변하는 경영 환경에서 기업의 미래 체제를 구상하고 새로운 시스템을 구축해야 하는 시스템 개발 관계자들에게 가장 기본적이면서도 절실한 문제이다.

컴퓨터 하드웨어와 소프트웨어의 급속한 발전에도 불구하고 대형 정보시스템 개발이란 과제는 시스템을 엔지니어링하는 효과적이면서도 이해하기 쉬운 방법을 지속적으로 요구하고 있다. 특히 정보시스템을 기본으로 이용하게 된 1970년대 이후에는 산업시스템 공학[Industrial System Engineering]으로 관심이 확산되었다. 구축되어야 할 시스템을 표현하고, 이들 시스템 개발과 관련된 사람들 간의 의사소통 도구로서 활용하며, 그 절차를 기술하는 도구로서 방법론의 개발을 촉진하게 되었다.

방법론이란 일을 하는 절차이다. 방법론의 개발이란 언어의 개발, 즉 커뮤니케이션을 촉진시키는 강력한 도구의 개발을 뜻한다. 대부분의 방법론, 특히 발전적 통합 정보시스템[EIIS, Evolving Integration Information System]에서 방법론은 기본적으로 모델[Model] 혹은 설명[Description]이라는 다이어그램[Diagram]과 문장으로 구성된 복수의 신텍스[Syntax]로 표현된다. 이는 방법론을 사용할 때 명확한 의사소통과 일관된 직관적 기초를 제공해야 한다는 필요와 경험에 의해 발전된 것이다.

방법론의 산출물로 나타나는 모델 혹은 설명의 예는 일상에서 쉽게 찾아볼 수 있다. 지도를 생각해 보자. 지도는 현실의 지형상태를 2차원 평면에 나타낸 것으로, 현실의 지형 그대로는 아니지만 자신이 위치하고 있는 지점을 주위와 관련해서 파악할 때 매우 유효한 정보를 제공한다. 즉, 실제 지형이라는 존재에 대해 마치 실제로 보고 있는 것과 같은 정보를 인간에게 제공해 준다. 이와 같이 특정 목적을 가진 정보를 전달하기 위한 표현 형식을 인공지능 분야에서는 '모델'이라고 부른다.

모델과 설명의 목적은 의사결정을 돕는 것이다. 건축물에서 청사진이 중요한 것과 마찬가지로 대규모 정보시스템 개발은 시스템 개발의 선행과제로서 현재 구축되어 운용 중인AS IS 시스템 모델과 새롭게 구축되어야 할TO BE 시스템 모델을 필요로 한다. 이는 관련 멤버들 간의 의사소통을 촉진하고 시스템 분석, 설계, 개발 등 시스템 생명주기 전체를 효과적으로 지원하기 위해 필수적이다.

그런데 기업의 새로운 정보시스템 구축이라는 명제는 정적인 상태의 지형이나 건축물과 달리 상호 유기적이고도 복합적으로 조직되어 운영되는 시스템이다. 정보시스템을 구성하는 각 단위 기능의 분석 및 설계, 이를 지원하기 위한 정보의 구조 및 역할, 데이터베이스화시킬 수 있는 절차 및 방법, 관련 프로세스의 포착 및 표현 등과 같이 우리에게 정보시스템 구축에 필요한 다양한 모델링 방법론의 개발과 이를 이용하여 작성된 여러 차원의 기업모델Enterprise Model의 제시를 요구하고 있다.

이러한 필요에 부응하기 위해 1976년에 미 국방부에서는 발전된 정보시스템의 구축을 전제로 한 항공, 우주 관련 가상의 기업모델Virtual Enterprise Model을 표현하기 위한 방법론 연구가 시작되었다. 이 연구 결과로 개발된 것이 통합 분석/설계IDEF, Integration DEFinition 방법론이다. IDEF라고도 불리는 이 방법론은 1980년 미 공군의 ICAMIntegrated Computer Aided Manufacturing 프로그램에서 IDEF0(Function Modeling), IDEF1/1X(Information Modeling/Data Modeling)가 개발 및 발표되었으며, 1990년대 미 공군의 지원을 받아 KBSIKnowledge Based Systems, Inc. 사가 수행한 IICEInformation Integration for Concurrent Engineering 프로그램에서 IDEF3(Process Description Capture), IDEF4(Object-Oriented Design), IDEF5(Ontology Description Capture)가 개발 및 발표되었다.

통합 분석/설계 방법론은 기업과 조직의 실체를 추상화하여 모델링하고AS-IS Model, 작성된 모델의 체계적인 분석을 통해 문제점을 추출하여 개선된 기업의 모델TO-BE Model을 설계할 수 있도록 개발된 방법론이다. 이 방법론은 시스템 개발과 관련된 사람들 간의 의사소통을 촉진하기 위한 언어로도 개발되었으며 현재는 다음과 같은 목적으로 사용되고 있다.

① 시스템 분석, 설계, 교육, 문서화, 통합
② 협의Consensus를 위한 의사소통 수단 지원
③ 기업의 정보시스템 구축을 위한 업무활동의 분석과 문제점 포착
④ 기업의 활동에 관한 업무흐름의 명확한 표현

2 통합 분석/설계 방법론의 구성

통합 분석/설계 방법론은 [표 9-1]에 나타난 바와 같이 여러 가지 방법론으로 구성되어 있다. 이는 복잡하고 유기적으로 작용하는 시스템의 각 부문을 효율적으로 표현하기 위한 것으로, 기업의 활동을 여러 관점에서 모델링할 수 있도록 촉진하고 사용 목적에 따른 정밀하고도 체계적인 모델 획득에 최적화된 방법을 제공한다.

이는 우리가 못을 박기 위해 망치를, 땅을 파기 위해 삽을 각각 개발하여 사용하듯이 하나의 방법론으로 기업의 여러 활동을 모두 표현한다는 것이 부적합하다는 것을 반영하는 방법론 개발자들의 철학이기도 하다. 삽 그 자체는 땅을 파는 것이 아니라 땅을 파는 사람을 돕는 도구인 것처럼, 방법론은 과업을 좀 더 효과적으로 달성하기 위해 인간에게 제공하는 도구이다. 즉 방법론은 인간의 지적 활동을 지원하고 촉진한다.

하지만 방법론이 의사결정을 내리거나 통찰력을 창조하는 것은 아니다. 또 문제를 해결하지도 못한다. 현실세계의 상황을 통찰하고 의사결정을 내리는 활동은 인간에 의해서만 가능하다.

표 9-1 IDEF 방법론의 구성 [01]

IDEF 방법론	방법론 개발 목적	개발 상태
IDEF0	기능모형(Function Modeling)	개발완료
IDEF1	정보모형(Information Modeling)	개발완료
IDEF1X	데이터모형(Data Modeling)	개발완료
IDEF2	시뮬레이션모형(Simulation Modeling)	개발완료
IDEF3	프로세스설명포착(Process Description Capture)	개발완료
IDEF4	객체지향 설계(Object-Oriented Design)	개발완료
IDEF5	온톨로지설명포착(Ontology Description Capture)	개발완료
IDEF6	설계추론포착(Design Rationale Capture)	개발진행중
IDEF7	정보시스템 감시(Information System Audit Method)	개발진행중
IDEF8	사용자 인터페이스(User Interface Model)	개발진행중
IDEF9	업무제약포착(Business Constrain Discovery Capture)	미개발
IDEF10	이행구조모형(Implementation Architecture Modeling)	개발진행중
IDEF11	정보가공모형(Information Artifact Modeling)	개발진행중
IDEF12	조직화모형(Organization Modeling)	개발진행중
IDEF13	트리도표 설계(Tree Schema Mapping Design)	개발진행중
IDEF14	네트워크 설계(Network Design)	개발진행중

방법론의 중요성은 제조 산업에서 오랫동안 인정받아 왔다. 이 분야에는 생산의 5Ms (Manpower, Methods, Materials, Machines, Money)라는 말 속에 방법론이 들어 있다. 물자, 기계, 화폐는 교체될 수 있지만 맨 파워와 맨 파워의 지식을 이용하는 방법론은 산업의 성공을 위한 결정적인 요소이다. 실제 IDEF 방법론은 20여 년에 걸친 기간 동안 기존의 방법론 개발자를 포함한 많은 연구인원과 기술의 실제적인 응용에 폭넓은 경험을 갖춘 성원들에 의해 개발 및 발전되어 왔다. 그뿐만 아니라 대규모의 발전적 통합 정보시스템에 필요한 방법론을 개발하고 시스템 개발의 '엔지니어링 원칙'을 제시하고자 하는 학문적 노력의 결과인 것이다.

TIP 온톨로지 [02]

온톨로지(Ontology)란 사람들이 세상에 대하여 보고 듣고 느끼고 생각하는 것을 서로 간의 토론으로 합의하여 컴퓨터에서 다룰 수 있는 형태로 표현한 모델이다. 개념 타입이나 사용상의 제약조건들을 명시적으로 정의한다. 온톨로지는 일단 합의된 지식을 나타내므로 어느 개인에게만 국한되는 것이 아니라 그룹 구성원 모두 동의하는 개념이다. 그리고 프로그램이 이해할 수 있어야 하므로 여러 가지 정형화가 존재한다. 최근 시맨틱 웹, 지식공학, 인공지능, 자연어처리 등 정보기술 분야에서 온톨로지는 각각의 지식이 전체 지식 체계 중에서 어디에 위치하는지를 밝히는 연구분야로 자리매김하고 있다. 특정 단어와 단어 사이의 상관관계를 보다 빠르고 편하게 검색할 수 있도록 돕는다.

02 기능모형 구축

기능모형 구축Function Modeling을 위해 개발된 IDEF0 방법론은 조직이나 시스템의 의사결정, 행동, 활동을 모델링할 수 있도록 디자인된 방법론이다. 효과적인 IDEF0 모델은 시스템을 분석/조직화하고 시스템 분석가와 사용자 사이의 효과적 커뮤니케이션을 촉진하는 데 도움을 준다. 특히 IDEF 모델링 방법론은 기능적 분석에 관해서 확실한 분석 방법을 제공하는데, 커뮤니케이션 도구로서 IDEF0는 단순화된 그래픽 방법을 통하여 중요한 전문가의 참여를 증진시키고 일치된 의사결정을 내리는 데 도움을 준다.

1 IDEF0 모델 다이어그램

분석 도구로서 IDEF0는 기업에서 수행하는 각 기능 및 그 기능을 수행하는 데 필요한 자원을 정의하고 현재 그 시스템이 정확하게 작동하는지 여부를 확인함에 있어서 모델 작업자를 지원한다. 따라서 IDEF0에 의해 작성되는 기능 모델은 종종 현 시스템의 기능분석을 위해 시스템 개발에 앞서 우선적으로 작성되기도 한다. 기능 모델을 한마디로 표현하면 기업 내에서 수행되고 있거나 수행되어야 할 활동, 또는 활동과 활동 간의 관계를 그림과 문자로 표현해 놓은 것이다.

IDEF0에서는 이러한 모델을 박스Box와 화살표Arrow의 네 가지 요소로 표현한다. 이 네 가지 요소를 흔히 'ICOM'이라 부르는데 이는 Input, Control, Output, Mechanism의 첫 글자를 따서 부르는 것이다. 이 네 가지 요소는 박스 형태로 표현된 Activity(활동)를 중심으로 왼쪽에는 Input(입력), 위쪽에는 Control(제어), 오른쪽에는 Output(출력), 아래쪽에는 Mechanism(메커니즘)으로 표시된다.

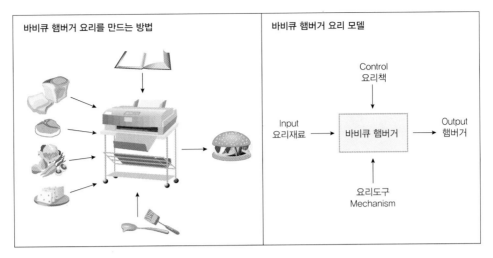

바비큐 햄버거 요리를 만드는 방법

바비큐 햄버거 요리 모델

그림 9-1 IDEF0 표현 방법 [03]

위 그림을 보자. 박스 형태로 표시되는 Activity와 Input, Output, Control, Mechanism
으로 표시되는 화살표로 구성되어 있다. 여기서 Input, Output, Control, Mechanism
은 Concept라 칭하며 Activity와 수행에 관여된 개념들을 표시하는데, 그 구분은 다음과
같다.

① Input은 박스의 왼쪽으로부터 들어가며 Activity에 의하여 Output으로 변환된다.

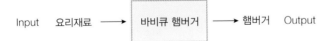

② Output은 박스의 오른쪽으로 나오며 Activity의 결과로 산출되는 Concept를 말한다.

Input　　요리재료　——→　바비큐 햄버거　——→　햄버거　　Output

③ Control은 박스의 위쪽에서부터 내려가며 Activity의 수행을 통제한다.

④ Mechanism은 박스의 밑에서부터 올라가며 Activity에 의해 사용되는 사람이나 기계와 같은 자원을 표시한다.

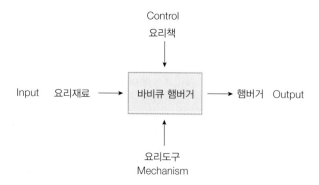

참고로 Activity를 표시하는 레이블은 동사 형태로 표현해야 하며, Input은 Activity에 의하여 Output으로 변환되는 Concept를, Control은 Activity에 의하여 변환되지 않는 Concept를 말한다. IDEF0 모델 다이어그램은 전체의 Activity를 표현하기 위하여 몇 개의 Activity와 그와 관련된 Concept로 구성된다.

IDEF0는 하나의 Activity만 표현하는 것이 아니라 Activity와 Activity 간에 관련된 Concept의 연관 관계를 표현할 수 있다. 예를 들어 [그림 9-2]를 보면 네 개의 기본적인 Activity들의 관계를 표현하고 있다. 즉 하나의 Activity와 하나의 Output이 다른 Activity의 Input, Control, 혹은 Mechanism 등으로 작용하는 관계를 표현할 수 있다.

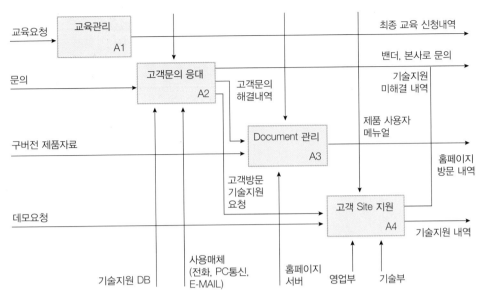

그림 9-2 IDEF0 모델에서의 Activity 상관관계

2 IDEF0 모델의 특징

IDEF0 모델은 기업이나 조직의 활동을 추상적인 단위의 Activity로 표현한다. 이때 각 Activity 간의 연관된 정보 및 자원을 기능 모델 안에 표현할 수 있도록 절차와 언어도 동시에 제공한다. IDEF0는 조직의 Activity와 관련된 사항을 사용자에게 '말해주도록' 디자인되었는데, 이는 분석 도구 혹은 커뮤니케이션 도구로써 이미 여러 응용 영역에서 성공적으로 사용되고 있다.

IDEF0 모델은 '조직'과 '기능'을 분리시킨다. 즉, 조직 내 업무활동의 공통적이고 기능적인 연관 관계를 정의함으로써 조직에 대하여 독립적인 분석을 가능하게 한다. 이같은 접근은 업무 중심의 분석을 시도함으로써 업무개선에 크게 기여한다. 이는 IDEF0가 시스템 구축에 있어 요구수립 활동을 수행하는 메커니즘으로 사용될 수 있음을 의미한다.

IDEF0의 커뮤니케이션 촉진 능력은 CIM이나 CE^Cocurrent Engineering 등과 같이 상호협동적 팀 프로젝트에 효과적인 분석 도구로 활용되기에 손색이 없다. 단 조직이나 기업이 무엇을 수행했는지에 관해서 표현할 뿐 어떻게, 어떤 순서로 하는지와 같은 방법이나 프로세스에 관한 설명에는 도움을 주지 않는다. Activity와 연관된 특정 시기나 논리에 대하여 구체적인 설명을 얻기 위해서는 IDEF3 프로세스설명포착 방법론^Process Description Capture Method이 필요하다.

TIP 이 책에서는 IDEF3 방법론에 대해 설명하지 않으므로 별도의 참고자료나 문헌을 참조하기 바란다.

IDEF0 모델 작성 방법

1 IDEF0 모델 표현 방법

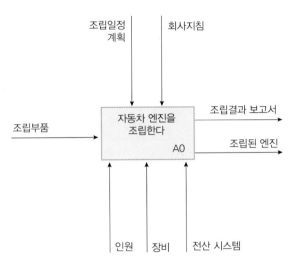

그림 9-3 **배경도**

IDEF0 모델링에 있어서 기본이 되는 표현 방법은 '활동'의 수직적 해체라는 개념이다. 이는 기업 활동에 있어서 하나의 추상화된 Activity(예를 들면 생산)를 규정하고 이를 구성하는 하위 레벨의 Activity 및 Activity 간의 관계를 규정함으로써 외부로부터 내부로의 접근[Outside-In Approach]을 지원하는 것이다. 즉, IDEF0 모델 안의 '박스'는 어떤 Activity 주변에 그려지는 경계를 자연스럽게 구분하며 그 '박스' 안에서 Activity는 더욱 작은 Activity로 세분화되어 구성될 수 있다. 이러한 계층적 구조는 분석가의 모델 활동에 있어서 하나의 모델에 대한 명백한 경계[Boundary] 설정을 용이케 함은 물론 모델의 목적[Purpose], 관점[Viewpoint], 주변 여건[Context]의 관계에 대한 일관성을 제공하고, 모델 개발에 대한 계층적, 수직적 분석 방식을 지원하며, 추상화 레벨에 대한 개념을 제공한다.

IDEF0 방법론의 이러한 전략은 커뮤니케이션에서 표현 능력을 향상시키고 커뮤니케이션 자체를 수월하게 만들어 준다. 수직적 해체 개념은 실제 IDEF0 모델 다이어그램에서 다음과 같이 표현된다.

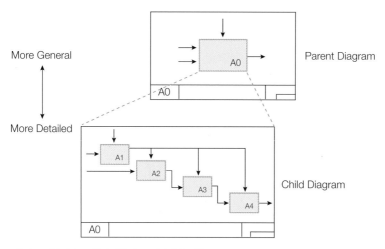

그림 9-4 IDEF0 모델의 계층적 구조(다이어그램)

그런데 IDEF0에서는 [그림 9-4]에서와 같이 모델의 해체Decomposition에 있어서 추상화 레벨이 다른 관계로 상위 레벨의 Concept가 모든 하위 레벨의 Concept를 포함하거나 또는 일대일로 대응하여 그려질 수 없다. IDEF0에서는 모델의 세분화에 따른 이러한 문법적 문제를 해결하고자 아래와 같은 방법(Tunnel [ ])으로 이를 표현한다.

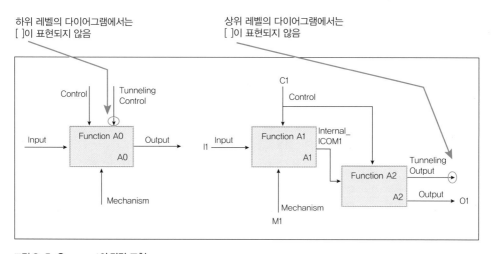

그림 9-5 Concept의 단락 표현

2 IDEF0 모델 작성 지침

■ 일관된 목적 및 관점의 유지

IDEF0뿐만 아니라 모델링 작업에 있어서 가장 중요하면서도 어려운 점은 모델이 레벨 사이에 일관된 목적과 관점을 유지하는 것이다. 하나의 현실세계는 목적과 관점에 따라 여러 가지 형태의 모델로 작성된다. IDEF0 모델화 활동을 시작하기 위해 작업자는 모델의 '목적', 그리고 활동의 설명이 정형화 될 수 있는 '관점'을 우선적으로 결정해야 한다(이는 모델 작업에 있어서 가장 중요한 사항이다). 목적은 모델화 작업의 목표 즉, 어떤 정보를 모을 필요가 있는가, 이 정보가 어떤 의사결정을 지원해야 하는가, 어떤 동의를 얻어야 하는가 등을 설명하는 것이다. 수용된 목적은 모델화 작업팀에게 모델 완료의 증거를 제공한다. 즉 목적이 충족될 때 모델은 완료된다.

관점은 모델을 구축, 검토, 파악할 경우 취해야 할 기준을 설명하는 것이다. 그것은 판독자가 모델을 해석하는 방법, 그리고 모델 작업자가 연구 중 시스템에서 발생하는 Activity 표현의 이상화나 추상화의 한계를 규정한다. 또한 채택된 관점은 모델의 구체적 수준과 범위를 제어하는 메커니즘을 모델화 작업팀에게 제공한다. 이러한 목적과 관점의 일관된 유지를 위해서는 모델 작업자가 다음과 같은 질문을 정형화하는 것도 하나의 방법이다.

- 이 Activity가 더 고차원적인 Activity의 범위에 들어가는가?
- 이 Activity가 모델에 대한 기존의 목적과 관점에 맞는가?

■ 문법적 제한 및 규약

IDEF0 모델을 작성함에 있어서 모델의 계층적 분할에 따른 수치적 제약은 모델의 일관성 및 판독성을 증진한다. 즉 하나의 Activity가 다른 레벨에서 수십 개의 Activity로 분배되어 표현된다든지, 하나의 Activity에 수십 개의 화살표가 그려진다는 것은 흡사 전자 부품 회로도와 같아서 모델의 판독성을 감소시킴은 물론 모델 자체의 추상화 레벨 설정이 부적절함을 반영하는 것이다. 그렇다고 하나의 Activity가 계속하여 두 개의 Activity로 분해되는 것도 필요 없이 너무 많은 계층적 구조만 형성할 뿐이므로 피해야 한다. 특히 모델 작업팀과 같이 다수의 멤버에 의해 추진되는 모델화 작업에 있어서는 이를 제한하기 위한 약속을 선택해야 하는데 이는 퍼즐과 같이 멤버 각자가 개발한 모델이 통합될 때 참으로 중요한 문제로 부각된다. 따라서 이러한 약속의 예로서 하나의 Activity가 분해될 수 있는 범위(예를 들어 3~6개)와 하나의 Activity에 연결될 수 있는 화살표의 수적 제한(예를 들어 동일한 Concept 6개 이하)을 미리 설정하는 것이 중요하다.

IDEF0 모델의 품질을 평가함에 있어서 가장 유용한 방법은 모델을 판독하고 그것이 2분 미만의 시간에 가능한지를 살펴보는 것이다. 대형 모델의 경우에는 이것이 두 시간 이상 걸릴 수도 있다. 판독자가 그 시간 내에 IDEF0 방법론에 의해 모델화된 환경을 이해하고 표현된 것을 설명할 수 있다고 느끼면, 모델로서 가치가 있는 것이다. 만일 이틀 동안의 면밀한 연구를 통해서만이 충분히 이해할 수 있는 모델이라면 훌륭한 IDEF0 모델이라 할 수 없다. 이는 커뮤니케이션 및 직관적 이해라는 모델의 중요한 목적을 상실한 것이다.

■ IDEF0의 제약사항

앞서 논의했듯이 IDEF0 모델은 활동의 시간 순서적 제약을 명확하게 표현하지 않는다. 사실상 IDEF0 모델의 다이어그램에서 화살표의 선후 관계가 이러한 것을 표현한 것으로 생각할 수도 있지만 이와 같은 일시적 시간의 관계는 IDEF0에서 의도적으로 포함하지 않는다. 이는 모델의 목적에 합당한 선명성과 보편성을 확보하기 위함이다. 물론 IDEF0 모델이 특별한 시간 순서적 프로세스의 범위 내에서 운용되는 일련의 특정 활동을 설명할 수 있다. 하지만 분석의 목적을 위하여, 그보다는 Activity 간 모든 경로에 해당되는 일반화된 모델을 제공하는 것이 훨씬 유용하다. 이들 경로는 어떤 수만큼의 프로세스에 대한 일련의 시간 순서적 활동과 일치하는 정도에 따라 부분적으로 판단되어야 하며, 특정 프로세스를 이 모델에 맞춰 실행할 의도를 가지고 구축해서는 안 된다. 이는 후속 Activity의 Output이 전 단계 Activity의 Input으로 작용하는 다음 그림에서 그러한 논리적 모순을 살펴볼 수 있다.

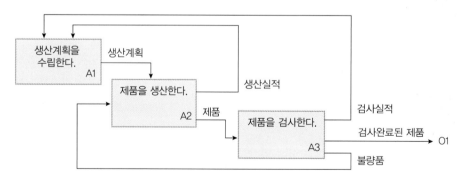

그림 9-6 IDEF0 모델의 시간 순서적 제약

다음 직원채용 절차를 분석한 후 기능모형을 작성해 보자(IDEF0 방법론 활용).

> 우리 회사의 일반적인 직원채용 절차는 기획홍보팀에서 채용 공고를 작성해 홈페이지에 게시한 후, 인사팀에서 지원서를 접수받아 지원자명부를 작성한다. 지원서 접수가 종료되면 서류심사를 통해 결격사유가 있는 경우를 제외한 지원자에게 면접 일정을 통보해 면접을 실시한다. 인사담당자는 면접조서를 작성하여 면접관에게 배부하며 면접관은 면접조서의 기재사항을 참조하여 지원자에 대한 면접을 실시한다. 또한 인사담당자는 제출서류와 지원서 기재사항을 검토한 후 경력사항의 진위여부를 파악하기 위해 경력조회를 해당 부서에 요청한 후 결과를 접수하여 면접결과표에 첨부한다. 최종 심사를 거쳐 채용이 결정된 지원자에게는 채용결정 사실을 통보한다.

위의 설명을 바탕으로 기능분석을 하여 다음과 같은 주요 기능과 세부 기능을 추출할 수 있다.

① **채용공고** : 직원채용 요청서 접수, 직원채용 계획수립, 직원채용 공고
② **지원서 처리** : 지원서 접수, 지원자명부 작성, 지원서 기재사항 및 제출서류 검토
③ **면접실시** : 면접조서 작성, 면접결과표 작성
④ **채용결정** : 경력자 조회 접수, 종합토의 및 결정, 채용결정 통보

기능 파악을 한 후에는 각 기능별 입력 자료, 출력 자료, 제약요소^{Control} 및 처리 시스템/조직$_{Mechanism}$을 파악해야 한다. 이를 IDEF0 방법론에 따라 작성하면 다음과 같다.

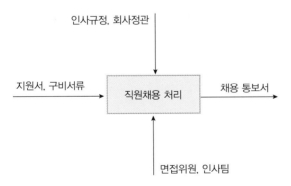

그림 9-7 **직원채용 절차 배경도**

앞에서 작성한 배경도를 하향식으로 분할하여 작성하면 다음과 같다.

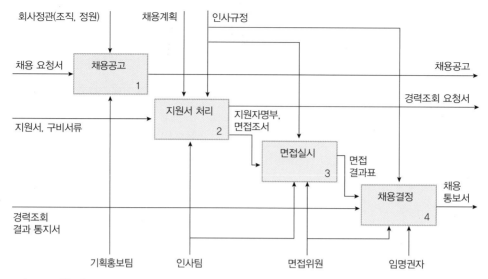

그림 9-8 직원채용 절차 1차 분할도

같은 요령으로 1차 분할도의 각 활동에 대한 2차 분할도를 작성할 수 있다. 2번 활동^{Activity}에 대한 2차 분할도를 작성하면 다음과 같다.

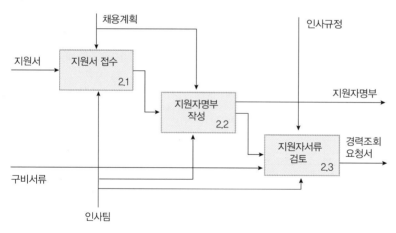

그림 9-9 지원서 처리 활동에 대한 2차 분할도

나머지 활동에 대한 분할도 작성은 생략한다.

위 예제를 통해 IDEF0 방법론에 의한 기능모형 작성법을 이해했으리라 생각한다. 하지만 다양한 현업의 업무절차를 분석하는 일은 결코 쉬운 일이 아니다. 다양한 사례를 통해 기능모형 작성에 대한 이해와 경험을 쌓아야만 유능한 분석가로 발전할 수 있다.

▶ 요약

01 IDEF 방법론

기업 조직의 다양한 업무절차를 분석하고 이를 도식화하기 위해서는 다양한 방법론이 필요하다. 이를 위해 통합적인 시스템 분석/설계 방법론이 개발되었거나 진행 중인데 이를 'IDEF 방법론'으로 통칭한다.

02 IDEF0 방법론

IDEF 방법론 가운데 'IDEF0 방법론'은 기능모형(Function Modeling)을 위한 방법론으로 개발되어 활용되고 있다. IDEF0 방법론은 SADT 방법론과 유사한 모형화 도구를 사용한다.

03 ICOM

IDEF0 방법론의 네 가지 요소를 흔히 'ICOM'이라 부르는데 이는 Input, Control, Output, Mechanism의 첫 글자를 따서 부르는 것이다. 이 네 가지 요소들은 박스 형태로 표시된 활동(Activity)을 중심으로 각기 좌측(Input), 위쪽(Control), 우측(Output), 아래쪽(Mechanism)에서 Concept라 불리는 화살표로 표시한다.

04 IDEF0 작성 방법

IDEF0도 자료흐름도 작성과 마찬가지로 배경도를 작성한 후 이를 하향식으로 분할하여 분할도를 작성하는 방식으로 점차 상세한 기능모형을 작성해 간다. 이때 하나의 도면에 너무 많은 활동이 존재하거나 너무 많은 화살표가 존재하면 도면의 판독성이 떨어지므로 적절한 제한을 두는 것이 바람직하다.

05 모델 작성 시 주의점

모델을 작성할 때는 모델의 '목적'과 '관점'의 일관성을 유지하는 것이 중요하다. 즉 모델을 구축, 검토, 파악할 경우 판독자가 모델을 해석하는 방법과 작성자가 모델을 작성하는 개념 사이의 관점이 일관성을 가져야 한다.

연습문제

01 다음 사례를 분석하여 기능모형으로 작성해 보시오(IDEF0 방법론 활용).

- 우리 회사의 제품구매 업무는 제품주문, 제품인도, 구매대금 결제로 구분된다.

- 우리와 거래하는 공급선은 미리 승인되어 있으며, 리스트에 없는 공급선과는 거래를 하지 않는다. 요청하는 제품도 미리 승인되어 있다. 한 제품에 대해서 여러 공급자를 두고 있으며, 내부에 다섯 자리로 된 공급자 고유번호 시스템을 가지고 있다.

- 계약조건은 공급자의 조건에 따라 다르고 가격, 소요시일, 할인적용 최소 주문량, 할인율 등이 포함된다.

- 제품주문 업무는 다음과 같다.
  - 제품의 기대수요를 산출하는 제품수요분석은 영업부서로부터 수요예측정보를 받아서 제품 수요량을 예측한다.
  - 제품 재주문량 결정은 계약정보나 제품수요분석 업무에서 작성된 예측 제품수요, 그리고 창고의 재고량을 토대로 실제 주문량을 결정한다. 재고는 창고별, 제품별로 구분된다.
  - 주문발주는 실제 결정된 주문량으로 품목, 가격, 공급자 조건에서의 할인율에 의하여 공급자에게 주문을 낸다.
  - 한 공급자에 대한 모든 주문은 하나의 주문서로 작성된 다음 선정된 공급자에게 보낸다. 주문서에는 구매주문 내역과 주문품목이 포함되어 있다.
  - 이후로 요청되는 주문에 대한 처리는 납품영역의 일이다. 주문된 제품들은 적시에 납품되도록 철저히 관리되어야 한다.
  - 주문통제는 공급자에게 발주한 주문을 모니터하기 위한 것으로, 각 구매주문에 대하여 공급자가 납기 내에 주문량을 납품하도록 철저히 관리한다. 만약 납기일이 지나도 일부 품목이 납품되지 않으면, 후속조치를 위하여 그 구매주문에 표시를 한다.

Chapter 10

데이터모형 구축 방법

01 정보공학 방법론의 개요

앞서 우리는 소프트웨어 공학의 출현과 함께 효율적으로 시스템을 구축하기 위한 다양한 방법론에 대해 개략적으로 이해했다. 또한 '구조적 방법론'에 대해서도 비교적 심도있게 학습했으며 통합적 방법론으로써 IDEF 방법론에 대해서도 살펴보았다. 이 장에서는 정보공학 방법론에 대해 소개하고자 한다.

1 방법론의 출현과 발전 과정

이 시점에서 다시 한 번 방법론에 대해 정의해 보기로 하자.

> 방법론이란 정보시스템을 구축하는 데 필요한 여러 작업 단계들의 '수행방법^{Method}'과 작업 수행 시 도움이 되는 '기법^{Technique}' 및 '도구^{Tool}'를 이용한 개발 경험을 바탕으로 각 작업 단계를 체계적으로 정리한 작업수행의 표준규범이라고 정의할 수 있다. [01]

결국 방법론이란 문제를 해결하는 것이 아니라 과업을 효과적으로 달성하기 위해 이용하는 도구인 것이다.

> Methodology : Method + Knowledge
>
> Technology : Technique + Knowledge

다양한 방법론의 출현은 다양한 과업의 효율적 수행을 위한 다양한 도구의 출현인 셈이다. 또한 방법론은 진화, 발전하면서 새로운 방법론의 출현 배경이 되기도 한다.

다음은 소프트웨어 개발을 효율적으로 하기 위해 방법론이 필요한 이유를 설명한 것이다.

■ 작업방법의 표준화

표준화된 공정, 표준화된 부품, 표준화된 품질기준 등 공학의 발전 배경에는 '표준화'가 있다고 해도 과언이 아니다. 소프트웨어 공학에서도 방법론의 출현과 적용에 따라 작업방법의 표준화가 가능해졌으며 이는 소프트웨어의 생산성 향상에 기여했다.

■ 커뮤니케이션 향상

방법론의 도입으로 표준화된 절차와 도구를 활용하여 소프트웨어를 개발하게 되었고, 소프트웨어 개발자와 사용자 사이의 커뮤니케이션^Communication이 수월해졌다. 개발자와 사용자 모두 동일한 모형화 도구를 통해 자신의 생각과 업무처리 절차에 대해 표현하고 이해할 수 있게 된 것이다.

■ 정보시스템 품질 수준의 목표달성

표준화된 방법론을 도입하면 탁월하고 독특한 개인의 독창성을 제한할 수는 있으나, 치명적인 오류와 실패를 막아주고 정보시스템의 품질 수준을 높여주는 효과를 얻을 수 있다.

■ 프로젝트 위험의 최소화

소프트웨어 개발 방법론은 개발 전 공정에 걸친 관리를 가능하게 해 줄 뿐만 아니라 각 공정의 산출물 검토와 개선을 통해 프로젝트의 위험을 감소시켜준다.

■ 주어진 기간과 비용 내에서 시스템 완성

소프트웨어 위기의 핵심은 소프트웨어 개발기간의 연장과 이에 따른 비용 증가라고 할 수 있다. 개발 방법론은 적절한 공정관리와 도구를 활용한 효율적 수행을 통해 이러한 위험 요소를 감소시키고 프로젝트의 성공률을 높이는 데 기여한다.

방법론은 [그림 10-1]에서 보는 바와 같이 1980년대 구조적 방법론의 출현과 더불어 1990년대의 정보공학 방법론의 출현을 거치면서 점차 기능 중심의 방법론에서 탈피하여 데이터와 기능의 조화를 이루는 쪽으로 발전하였다. 최근 출현한 객체지향 방법론은 이러한 발전 과정을 통해 얻어진 경험들이 수렴된 것이라고 할 수 있다.

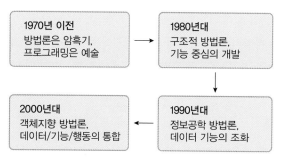

그림 10-1 방법론의 발전추이 [02]

2 정보공학 방법론의 개념

정보공학 방법론은 기업 전체의 관점에서 기업 활동을 기업모델로 분석하고 이를 다이어그램 형태로 표현하여 정보시스템의 계획, 분석, 설계, 구축 등의 전 과정을 공학적으로 적용하는 방법론이다. 이때 기업모델은 데이터모형과 업무활동 모형이 균형있게 고려된 것을 의미한다.

정보공학 방법론이 기존의 기능 중심 방법론과 다른 점을 요약하면 다음과 같다.

■ 전사차원의 정보체계 지원(Information Architecture)

예를 들어 인사팀(경영지원팀)에서는 '인사관리 시스템'을 구축하고, 구매팀에서는 '구매관리 시스템'을 구축하며, 회계팀(경리팀)에서는 '회계관리 시스템'을 구축한다고 가정하자. 이때 기존의 기능 중심 방법론의 경우는 각 부서의 업무를 분석한 후 해당 업무를 전산화하여 처리할 수 있는 시스템을 구축하는 데 주력하는 반면 정보공학 방법론의 경우는 회사 전체의 정보시스템 구조를 먼저 고려한 후 각각의 하부시스템을 완성하여 통합해 간다.

■ 경영전략 지원 중심(Business Oriented)

정보공학 방법론은 회사의 경영전략을 우선으로 모든 단위 시스템들이 유기적으로 연동되며 경영전략을 지원하는 데 필요한 정보를 제공할 수 있도록 설계된다.

■ 데이터와 업무활동(기능)의 균형(More Data Oriented)

종전의 기능 중심 방법론은 업무활동(기능)을 중심으로 시스템을 구축한 반면 정보공학 방법론은 업무활동의 지원뿐만 아니라 경영전략의 수립과 추진에 필요한 정보의 제공을 목표로 시스템을 구축한다. 따라서 한 단계 진전된 정보시스템의 구축이 가능하다.

이 장에서 다루는 정보공학 방법론은 IDEF 방법론의 IDEF1 방법론에 해당하며 데이터모형 구축 방법론은 IDEF1X에 해당한다.

3 정보시스템의 피라미드

정보시스템의 구성은 Data와 Activity 그리고 Technology의 3측면이 균형있게 고려되어야 한다. 또한 정보시스템은 각 면의 4단계를 고려한다. 다음은 정보시스템의 3측면과 4단계를 보여주는 개념도이다.

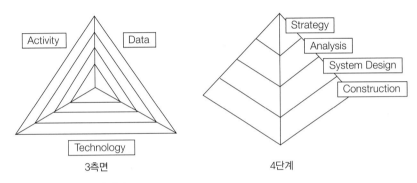

그림 10-2 **정보시스템 개념도** [03]

■ 정보시스템의 3측면

정보시스템의 피라미드를 구성하는 3측면인 Data, Activity, Technology는 다음과 같다.

- **Data** : 조직이 현재 관리하거나 관리대상이 되는 모든 데이터
- **Activity** : 데이터를 이용한 조직의 모든 업무수행 활동
- **Technology** : 정보시스템 구축과 관련되는 모든 실행 기법

■ 정보시스템의 4단계

정보시스템의 피라미드를 구성하고 있는 4단계는 상위 단계로부터 하위 단계로 진행된다. 각 단계별 역할 및 주요 고려사항은 다음과 같다.

- **1단계 : Strategy**
  - 기업을 가장 효율적으로 운영하는 데 필요한 정보의 전략적 관점을 수립한다.
  - 기업을 개선하는 데 기술이 어떻게 이용되는지에 관한 전략적 관점을 수립한다.
  - Data, Activity, Technology의 최상위 계층으로 전략계획을 수립한다.
  - 기업이 필요로 하는 정보에 대한 전략적 비전을 제시하고 전략 계획을 수립한다. 최고 경영층 과 정보시스템 최고 관리자가 함께 전략 전반에 걸쳐 미래의 기법, 제품과 서비스, 목표와 목 적 등 모든 내용과 연관지어 함께 작업하는 단계이다.

- **2단계 : Analysis**
  - 완전히 정규화된 논리적 데이터 모델을 제시한다.
  - 기업을 운영하는 데 필요한 처리 과정과 통합 방법을 나타내는 단계로 기업운영에 필요한 논 리모형의 구축, 데이터를 사용하는 활동, 데이터를 저장·유지보수하며 조작하는 기법을 제 시한다.
  - 이 단계는 상세한 부분이 아닌 무엇이 필요하고 어떻게 구축할 것인가의 방법을 고려한다.

- **3단계 : Design**
  - 특별한 순서로 사용된 레코드의 설계, 특별한 과정을 처리 및 수행하기 위한 절차를 설계 한다.
  - 데이터의 상세 설계, 데이터 처리 시스템과 데이터와의 직접 연결, 하드웨어와 소프트웨어의 관계 등을 나타낸다.
  - 어떻게 작업이 수행될지 사용자 단계의 처리 등을 고려하는 단계이다. 그러나 사용자 입출력 을 제외하고 상세한 구축 등은 고려하지 않는다.

- **4단계 : Construction**
  - 데이터를 이용한 응용 프로그램 단계이다.
  - 코드 생성기에 대한 상세한 프로그램 논리 또는 입력에 관한 설계로 물리적 DB의 구조, 응용 프로그램의 접근, 하드웨어 및 소프트웨어 선정 등의 활동을 한다. 이 단계에서 파일, DBMS, 프로그램의 구조, 기술적 설계, 상세구축 등을 고려한다.

02 업무영역 분석

1 업무영역 분석의 정의

업무영역 분석BAA, Business Area Analysis이란 정보전략계획ISP, Information Strategy Planning 단계의 산출물인 정보체계IA, Information Architecture를 업무영역 단위로 인계 받아, 상세 업무논리를 규명하는 과정을 통하여 업무영역 모형을 발전시키고, 후속 단계인 업무시스템 설계BSD, Business System Design를 위한 기초를 제공하는 공정을 의미한다.

그림 10-3 업무영역 분석의 역할 개념도

다음 두 그림은 업무영역 분석이 정보공학 방법론의 전체 개발 공정 가운데 차지하는 위치 및 연계성을 나타낸 것이다.

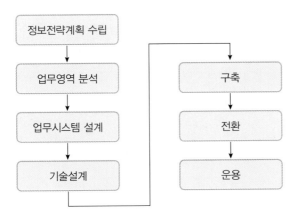

그림 10-4 업무영역 분석 공정의 위치

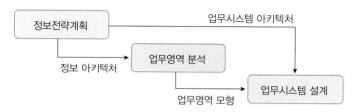

그림 10-5 **업무영역 분석 공정 단계의 연계** [04]

2 업무영역 분석의 목적

■ 업무영역에 대한 상세한 이해

업무영역은 정보처리가 발생하는 현장이며 시스템 분석의 대상영역이다. 따라서 업무영역에 대한 상세한 이해가 선행되지 않으면 정보시스템 구축은 불가능하다.

■ 업무영역에 대한 정보 요구 및 우선순위 정의

업무영역에서 발생하는 정보 요구들을 파악하고 그 우선순위를 정의하는 과정이 업무영역 분석의 중요한 목적 중 하나이다.

■ 업무영역의 모형화

업무영역 분석 단계에서는 정보시스템 구축과 관련한 데이터, 업무활동^{Activity} 및 각각의 상호 관련성을 파악하여 모형화하는 데 그 목적이 있다.

- **데이터 모형화** : 데이터베이스 구축의 기초가 된다.
- **업무활동 모형화** : 시스템 실행 모듈 작성으로 구체화되어, 완성된 시스템의 메뉴를 구성한다.
- **업무활동과 데이터 상관 모형화** : 데이터의 변동에 따른 관련 업무활동의 파급효과 등을 쉽게 파악할 수 있도록 지원한다. 데이터와 업무활동의 상호 관련성을 쉽게 식별할 수 있게 매트릭스 형태의 테이블로 작성한다.

■ 업무시스템 설계 영역 정의

업무영역 분석 절차를 통해 업무시스템 설계 영역을 정의하고 이를 바탕으로 업무시스템 설계 계획을 수립하게 된다.

■ **업무시스템 설계 계획 수립**

업무시스템 설계 계획이 수립되면 이어서 시스템 설계 과정이 진행된다. 업무영역 분석의 목적은 시스템 설계를 위한 제반 준비 절차이며, 시스템 구축의 중요한 영역이라 할 수 있다.

3 업무영역 분석의 구성 및 공정

업무영역 분석을 구성하고 있는 구성요소에 대한 개념도는 다음과 같다.

그림 10-6 **업무영역 분석의 구성요소 개념도** [05]

업무영역 분석의 공정 구성도는 다음과 같다.

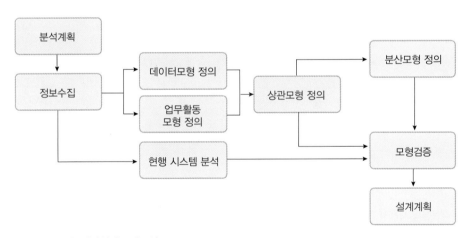

그림 10-7 **업무영역 분석 공정 구성도**

앞의 두 그림에 나타난 모든 영역(공정)에 대해 이해하긴 쉽지 않을 것이다. 이 책의 11장에서 '관계형 DB 설계 과정'을 설명할 때 좀 더 상세한 내용을 다룰 예정이다. 다만 업무영역 분석 공정 가운데 하나인 '정보수집' 공정의 주요 활동에 대해 설명하면 다음과 같다.

■ 프로젝트 초기 범위 설정

정보시스템의 구축을 목적으로 한 프로젝트 추진 초기에 수행해야 할 활동 중 하나는 시스템 혹은 프로젝트의 초기 범위를 설정하는 것이다. 흔히 Scope라 부르는 범위 설정은 프로젝트의 규모나 예산 책정 등을 위해 필수적인 절차라 할 수 있다.

■ 업무영역에 대한 초기 이해 획득

업무영역에 대한 이해를 위해 해당 업무를 수행하고 있는 조직도, 여러 규정, 사업계획 등에 대한 자료를 수집, 파악하는 것이 필요하다.

■ 업무영역의 정보 요구 정의

업무부서에서 수행 업무와 관련한 다양한 정보 요구를 파악하고 정의하는 활동을 의미한다.

■ 업무영역 모형 정의에 필요한 정보수집

업무영역의 정보 요구를 정의한 후에는 필요한 정보를 수집해야 한다. 정보수집을 위한 방법은 다양한 접근이 가능할 것이다. 현행 업무체계의 제반 입출력 정보를 파악하고 관련된 문서를 수집하는 것이 일반적인 방법이다.

■ 현행 정보체계의 문제점 정의

현행 정보체계의 문제점을 발견하고 정의하는 활동은 새로운 정보시스템 구축을 위해 필수적이다. 이때 중복되거나 비효율적인 정보체계의 문제점을 개선할 단서를 마련하게 된다.

■ 현재 사용 중인 서식 수집

앞서 살펴본 바와 같이 업무영역 모형 정의에 필요한 정보수집 절차 중 하나로 현행 업무영역에서 사용 중인 제반 장표(서식)를 수집하는 작업이 중요하다. 대부분의 정보는 그와 같은 장표 속에서 유추가 가능하기 때문이다.

■ 프로젝트팀과 사용자 간의 관계 활성화

프로젝트가 진행되는 동안 지속적으로 사용자와 밀접한 접촉과 의견 교환이 필요하다. 따라서 원만한 정보의 획득과 프로젝트의 진행을 위해서는 사용자와의 원만한 관계가 이루어져야 한다. 정보란, 체계화된 서식이나 절차 등을 통해 얻을 수 있는 반면 비형식적이고 처리자 종속적인 정보의 획득이 의외로 중요한 요소가 될 수도 있기 때문이다.

03 데이터모형 구축

1 데이터모형 구축의 개요

1.1 데이터모형 구축의 개념

데이터모형 구축^{Data Modeling}이란 기업의 정보구조를 실체^{Entity}와 관계^{Relationship}를 중심으로 정해진 기호와 규칙을 사용하여 명확하고 체계적으로 표현하고 문서화하는 기법을 말한다.

데이터모형 구축의 목적은 다음과 같다.

- 연관 조직의 정보 요구에 대한 정확한 이해 제공
- 분석자, 개발자, 사용자 간의 의사소통 수단 제공
- 데이터 중심의 분석 방법 제공
- 변경 및 영향에 대한 분석 제공

데이터모형 구축은 논리적 데이터모형 구축 과정과 물리적 데이터모형 구축 과정으로 나눌 수 있다.

■ 논리적 데이터모형 구축(LDM, Logical Data Modeling)

기업모델^{Enterprise Model}에서 나온 실체를 구체적이고 상세한 정보로 변환 및 일반화^{Generalization}하는 과정이다.

■ 물리적 데이터모형 구축(PDM, Physical Data Modeling)

각 DBMS의 기능과 성능, 데이터 분산형태를 고려하여 스키마^{Schema}를 생성하는 과정이다. 이 단계에서 데이터의 명칭은 기업 성격에 맞는 명명 규칙을 기준으로 작성한다.

1.2 데이터모형 구축 공정

다음은 데이터모형 구축 공정이 전체 개발 공정 가운데 차지하는 위치를 개념적으로 표현한 것이다.

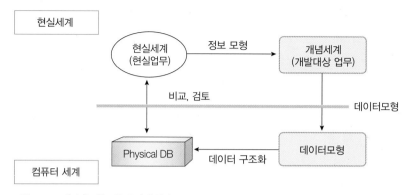

그림 10-8 데이터모형 구축 공정의 위치

데이터모형 구축 공정을 다이어그램으로 표현하면 다음과 같다.

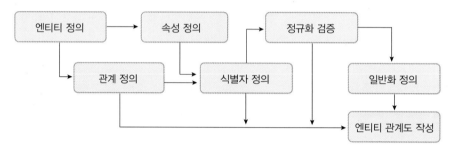

그림 10-9 데이터모형 구축 공정 [06]

데이터모형 구축과 관련해서는 11장에서 좀 더 구체적으로 다룰 것이다. 이 절에서는 데이터모형에 대한 개략적 설명을 통해 전체적인 공정을 이해해 보자.

2 데이터모형 구축 작업

❶ 작업 개요

정보전략계획의 산출물인 정보체계의 데이터모형 중 관련되는 기본 엔티티를 대상 엔티티로 인수하여 다음과 같은 작업을 진행한다.

- 엔티티 추가
- 엔티티 상세화 : 식별자^{Identifier}, 속성^{Attributes}, 일반화^{Generalization}
- 관계 상세화 : 기수성^{Cardinality}, 선택성^{Optionality}
- 업무규칙 정의

❷ 모델링의 적정성 판단

모델링의 적정성 판단 기준으로는 다음과 같은 개념을 적용할 수 있다.

- **구조적 확증성** : 데이터 정의와 구성방법의 일관성이 유지되고 있는가?
- **단순성** : 사용자가 이해하기 쉽게 구성되었나?
- **비중복성** : 정보가 한 군데에 한 번만 존재하는가? 만일 중복되었다면 재검토가 필요하다.
- **공유성** : 적용업무나 기술에 특화되지 않은 다수에 의해 사용이 가능한가?
- **무결성** : 정보를 사용하고 관리하는 방식에 일관성이 있는가?
- **확장성** : 새로운 요구 시 최소의 노력으로 수용이 가능한가?

3 데이터모형 구축 실습

실습하기 | **비디오 상점 업무의 데이터모형 구축**

다음 업무정의를 바탕으로 '비디오 상점 업무'의 데이터모형을 구축해 보자(데이터모형 구축 작업에 대한 구체적인 방법은 다음 장에서 상세하게 다룰 것이다. 이 장에서는 데이터모형 구축에 대한 개념적 이해를 돕기 위해 간략한 사례를 들어보기로 한다).

> ■ 비디오 상점 관리 업무
>   – 회원제를 실시하는 비디오 대여점들이 있다.
>   – 회원은 회비를 납부한 경우에만 자격을 획득한다.
>   – 상점들은 지역별로 관리된다.
>   – 각 상점에서는 테이프에 부여된 일련번호로 테이프를 관리한다.

- **테이프 관리**
  - 동일한 일련번호를 가진 테이프가 여러 개 존재할 수 없다.
  - 테이프에는 상세정보를 관리하며 그 내용은 테이프 종류 등을 분류해서 관리하고, 제작사 유형, 감독, 주연배우 등을 관리한다.
  - 테이프는 최초 대여 발생일을 관리한다.
- **대여관리**
  - 대여는 대여 관리번호로 관리되며 대여 관리번호는 일자별 순번으로 정한다.
  - 대여는 각 테이프의 대여 개시일자와 종료일자를 관리한다.
  - 테이프 대여료는 일자별로 일일 대여료를 적용하며, 일반 대여료와 회원 대여료가 있다.
  - 테이프 대여료는 대여일수를 기준으로 하며 대여 개시일에 지불할 수도 있고 대여 종료일에 지불할 수도 있다.
  - 테이프에 손상이 발생되면 대여할 수 없는 것으로 표시하고 일정 시점에 폐기한다.
  - 상점 관리자를 위해 테이프별로 총 대여횟수와 일수를 관리한다.
  - 테이프 목록에는 현재 상점에 비치되지 않은 테이프 정보도 관리한다.

■ **Step-1 : 엔티티 식별**

표 10-1 비디오 대여점 업무의 엔티티 식별

엔티티	주요 활동	비고
비디오 대여점	• 지역별로 관리되는 비디오 대여점 내용을 관리한다. • 비디오 대여점은 회원제로 운영된다.	
지역	• 비디오 대여점이 속하는 지역을 관리한다.	
고객	• 비디오 대여점을 이용하는 고객이며, 회원과 비회원이 있다. • 회원은 회비를 납부하는 경우에만 될 수 있다.	
분류코드	• 비디오 테이프 종류를 분류해서 관리한다.	
테이프	• 테이프 목록은 대여점에 비치되지 않은 테이프도 포함하여 관리한다.	
대여	• 고객의 대여내역을 일자별로 관리한다.	

■ Step-2 : 엔티티 간의 관계 정의

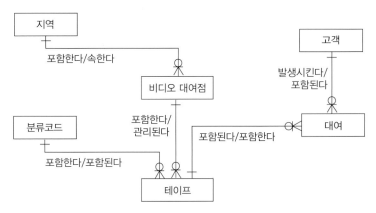

그림 10-10 비디오 대여점 업무의 관계 정의

■ Step-3 : 엔티티의 속성 및 식별자 정의

TIP PK(Primary Key) : 주 식별자
　　FK(Foreign Key) : 참조 식별자

표 10-2 비디오 대여점 업무의 속성 및 식별자

엔티티	속성	식별자
비디오 대여점	대여점번호	PK
	지역코드	FK
	전화번호	
	대여점명	
지역	지역코드	PK
	지역명	
고객	고객번호	PK
	회원여부	
	고객명	
	전화번호	
분류코드	분류코드	PK
	분류명	

테이프	일련번호	PK	
	분류코드	FK	
	대여점번호	FK	
	제작사		
	유형		
	감독		
	주연배우		
	최초 대여 발생일		
	손상여부		
	비치여부		
	일반대여료		
	회원대여료		
	총대여횟수		
	총대여기간		
대여	대여 개시일자	PK	
	관리번호	PK	
	일련번호	FK	
	고객번호	FK	
	대여 종료일자		
	대여료		
	대여료 완납여부		

■ Step-4 : 엔티티 관계도 작성

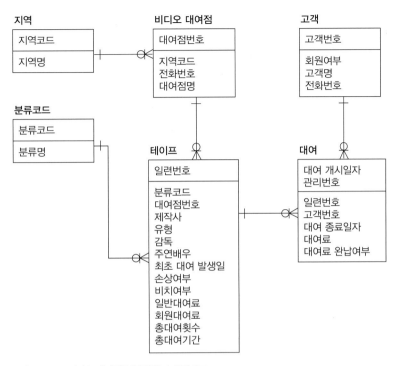

그림 10-11 비디오 대여점 업무의 엔티티 관계도

◤ 요약

01 방법론의 필요성

방법론의 도입 목적은 작업방법의 표준화, 커뮤니케이션 향상, 정보시스템 품질 수준의 목표달성, 프로젝트 위험의 최소화, 주어진 기간과 비용 내에서 시스템 완성 등으로 요약할 수 있다.

02 정보공학 방법론

기업 전체의 관점에서 기업 활동을 기업모델로 분석하고 이를 다이어그램 형태로 표현하여 정보시스템의 계획, 분석, 설계, 구축 등의 전 과정을 공학적으로 적용한 방법론이다.

03 정보시스템의 3측면과 4단계

정보시스템의 3측면은 Data, Activity, Technology로 구성되며, 이들이 균형 있게 고려되어야 한다. 또한 각 측면은 각기 4단계로 진행된다. 즉, 전략(Strategy) 단계, 분석(Analysis) 단계, 설계(Design) 단계, 구축(Construction) 단계로 구성된 개념체계를 갖는다.

04 정보공학 방법론의 개발 공정

정보공학 방법론은 '정보전략계획 수립(ISP) → 업무영역 분석(BAA) → 업무시스템 설계 → 기술설계 → 구축 → 전환 → 운용' 순으로 진행된다.

05 업무영역 분석 공정

업무영역 분석 단계의 공정은 분석계획을 바탕으로 정보수집, 현행 시스템 분석, 데이터모형의 정의 및 업무활동모형 정의, 모형 간의 상관관계 정의, 분산모형 정의, 모형검증, 설계계획 등으로 구성된다.

06 데이터모형 구축 공정

데이터모형의 구축 공정은 엔티티 정의, 관계 정의, 속성 정의, 식별자 정의, 정규화 검증, 일반화 정의, 엔티티 관계도 작성 등으로 이루어진다.

07 데이터모형 구축 과정

데이터모형의 구축 과정은 논리적 데이터모형 구축 과정과 물리적 데이터모형 구축 과정으로 나누어진다. 논리적 모형은 기업모델에서 도출된 실체(Entity)를 구체적이고 상세한 정보로 변환하여 일반화시키는 과정이며, 물리적 모형은 DBMS의 기능과 성능을 고려하여 스키마를 생성하는 과정이다.

다음은 제품주문 담당자의 업무기술정의 문서이다. 이 문서를 바탕으로 주어진 과업을 완성하시오.

제품의 기대수요를 산출하는 제품수요분석은 영업부서로부터 수요예측정보를 받아, 주 단위로 실행한다. 제품 재주문량 결정은 영업부서 외부 대리점의 제품요청서나 주별 제품수요분석 업무에서 작성된 예측 제품수요를 토대로 실행된다.

각 창고의 유효재고는 현 재고와 현 할당량과 특별한 제품주문을 고려하여 결정한다. 이 알고리즘에서 주문이 필요하다고 나타나면 주문량을 창고에 할당하기 위하여 또 다른 알고리즘을 이용한다.

제품 재주문량 결정 과정을 단계별로 정리하면 다음과 같다.

– 제품별 기대수요와 재주문량을 구하기 위해 제품 데이터를 참조한다.
– 제품별 현 재고량과 현 할당량을 구하기 위해 재고 데이터를 참조한다.
– 각 제품 재고에 대하여 구매주문 내역이 있는지 확인한다.
– 현 재고량에 기 주문된 주문량을 더하고 현 할당량을 차감하여 유효재고를 결정한다.
– 재주문 요청이 있다면 적정재고 알고리즘을 사용하여 재주문량을 결정한다.
– 부가적인 재고가 필요하면 모든 창고에 주문량을 할당하는 할당 알고리즘을 사용한다.

주문발주는 공급사가 정하고 품목, 가격과 공급자 조건에서의 할인율을 적용하여 공급사에 주문을 낸다. 한 공급자에 대한 모든 주문은 하나의 주문서로 작성한다. 매 주말에 주문서를 선정된 공급자에게 보내면, 이후 주문에 대한 처리는 납품영역의 일이다. 주문된 제품들은 적시에 납품되도록 철저히 관리되어야 한다.

주문발주 활동을 단계별로 기술하면 다음과 같다.

– 각 제품에 대한 전체(창고 전체) 할당을 한다.
– 발주된 제품에 대한 모든 공급 조건을 평가하여 최적의 공급자를 선정한다. 주문량, 소요시간, 할인율 등을 감안한 알고리즘이 모든 계약조건의 조합에 적용된다.
– 선택된 공급자에게 구매주문을 한다.
– 그 제품이 할당된 각 창고에 대한 구매주문 내역을 작성한다.

주문통제는 공급자에게 발주한 주문을 모니터하기 위한 것으로, 각 구매주문에 대하여 공급자가 납기 내에 주문량을 납품하도록 철저히 관리한다. 이 작업은 매일 아침 실행된다.

각 구매주문 품목에 대하여 총 주문량 대 납품량을 비교한다.

만약 납기일이 지나도 일부 품목이 납품되지 않으면, 후속조치를 위하여 그 구매주문에 표시를 한다. 주문 후속조치는 모든 납기 지연 주문에 대하여 후속조치를 하기 위한 것으로, 기한이 지난 주문 건을 위해 공급자를 접촉한다. 납기가 지연되면 공급자를 접촉하여 변경된 납기일자를 기록하지만 납기 지연된 일자는 처음 납기일자로 계산한다(이 주문에 대하여 공급자를 접촉한 최근의 일자에서 5일이 경과되었을 때, 주문이 완료된 건에 대해서는 1년 경과 시 월 단위로 삭제 처리한다).

01 위 사례에서 식별 가능한 엔티티(Entity)를 도출하시오.

02 위에서 식별한 엔티티 상호 간의 관계(Relationship)를 정의하시오.

03 각 엔티티의 속성(Attributes)을 정의하시오.

04 각 엔티티의 식별자(Key)를 정의하시오.

05 엔티티 관계도(ERD)를 완성하시오.

Chapter 11

관계형 DB 설계 과정

학습목표

▶ 관계형 DB 설계 과정을 단계별로 학습한다.

▶ 엔티티 정의 및 관계 정의 방법을 익혀 ER 다이어그램을 작성할 수 있도록 학습한다.

▶ 식별자 정의 및 속성 정의 과정을 통해 DB 스키마의 설계 방법을 학습한다.

▶ 정규화의 개념을 이해하고 실제 사례를 통해 적용해 본다.

01 엔티티 정의

앞서 우리는 데이터모형 구축 방법에 대해 살펴보았다. 데이터모형 구축 과정은 논리적 데이터모형 구축과 물리적 데이터모형 구축으로 나누어진다. 논리적 데이터모형 구축 단계에서는 기업모델에서 나온 실체를 구체적이고 상세화된 정보로 변환 및 일반화시키고, 물리적 데이터모형 구축 단계에서는 DBMS의 스키마를 생성한다. 이러한 데이터모형의 구축 공정은 곧 DB의 설계 공정을 의미하므로 이 장에서는 각 단계별 공정에 대해 자세히 살펴보기로 한다.

1 엔티티의 개념과 조건

엔티티는 업무수행을 위해 기업이 알아야 할 대상이 되는 사람, 장소, 사물, 사건 및 개념을 말한다. 각 엔티티는 인스턴스라 불리는 개별적인 객체들의 집합을 나타낸다. 각 인스턴스는 유일하게 식별되어야 하고, 다른 인스턴스로부터 구별되어야 한다.

예를 들면 부서라는 개념이 엔티티로 식별될 경우 인사팀, 총무팀, 관리팀 등은 부서의 각 인스턴스가 된다. 마찬가지로 사원이 엔티티가 될 경우 영희, 철수, 길동, 미화 등은 사원의 각 인스턴스가 된다.

엔티티로 정의하려면 다음과 같은 조건을 충족해야 한다.

- 업무에 유용한 정보를 제공해야 한다.
- 명확한 속성 유형이 하나 이상 존재해야 한다.
- 각각의 인스턴스를 구분할 수 있어야 한다.
- 엔티티는 최소한 하나 이상의 다른 엔티티와 관계를 가져야 한다.

즉, 엔티티는 하나 이상의 속성을 가져야 하며 구별이 가능하도록 식별자를 가져야 하고 다른 엔티티와 관계를 가지는 유용한 정보를 제공해야 한다.

2 엔티티 추출

엔티티로 추출될 수 있는 대상 데이터의 범위를 정리하면 다음과 같다.

■ 정보전략계획의 산출물인 전사 데이터

정보전략계획[ISP]의 산출물에는 조직의 정보체계 전반에 대한 구조가 표현된다. 이러한 정보체계상에 표현된 전사적 데이터 흐름을 파악하여 엔티티를 추출한다.

■ 정보수집 공정의 산출물

업무영역 분석 단계의 하나인 정보수집 공정의 산출물(기업의 조직도, 여러 규정, 사업계획서 등)을 검토하여 엔티티로 추출할 대상을 선정한다.

■ 현행 사용 장표 및 각종 서식

현재 사용하는 장표 및 각종 서식들은 정보시스템의 입출력을 위해 필요한 엔티티를 추출하는 데 단서를 제공한다.

■ 현행 정보시스템의 데이터 구조 분석 결과

현행 정보시스템의 데이터 구조 분석 결과를 통해서 해당 엔티티 추출을 위한 정보를 얻을 수 있다.

엔티티를 추출할 때 다음과 같은 기준을 적용하면 매우 유용할 것이다.

- 현업에서 사용하는 명사형 어휘를 추출한다.
- 엔티티 조건의 충족 여부를 기준으로 판단한다.
- 상상력으로 창조하지 말고 존재 여부를 눈으로 확인한 후 추출한다.

구체적인 엔티티 추출 사례에 대해서는 [표 11-1]을 참조하면 도움이 될 것이다. 아울러 엔티티 추출 시 주의사항을 정리하면 다음과 같다.

- 상상력을 동원하여 엔티티를 창조하지 않는다. 불필요한 정보들이 발생하고 사용자의 부담이 커질 수 있기 때문이다.
- 존재 여부를 확인한 후 추출한다. 미래에 대한 엔티티는 조심스럽게 정의한 후 만들어야 한다.

- 엔티티를 분리한다. 기업에서 발생되고 관리되는 자료는 다음과 같은 세 가지 유형으로 분류할 수 있다.
  - 데이터베이스 : 기업업무의 골격이 생성 및 발생되는 정형적 자료 관리를 위한 정보시스템
  - 그룹웨어 : 업무 이외의 비정형적 자료 관리를 위한 정보시스템
  - 패키지 : 개인이나 부서만이 필요한 자료를 중심으로 관리하기 위한 정보시스템
- 엔티티의 적정성을 검증한다. 유용성(의미 있는 정보제공), 식별자 존재여부, 속성 존재여부, 엔티티 간의 식별 가능여부, 엔티티 간의 관계 존재여부를 검증한다.

3 엔티티 정의

엔티티명을 지을 때는 다음과 같은 규칙을 따른다.

■ 현업용어(업무적인 용어)를 사용한다

'사람' 등과 같은 추상적 용어보다는 '고객', '대출자', '수강자' 등과 같은 용어를 사용한다.

■ 단수명사를 사용한다

엔티티명은 '고객', '대출자', '수강자' 등과 같이 단수형 명사를 사용한다.

■ 약어 사용은 금지한다

엔티티명이 담고 있는 정보를 누구나 쉽게 식별할 수 있어야 하므로 약어는 되도록 사용하지 않는다.

■ 유일한 명칭을 사용한다

엔티티는 고유한 명칭을 사용해야 한다. 동일한 명칭을 갖는 서로 다른 엔티티가 존재한다면 혼란을 가져오기 때문이다. 반면에 하나의 엔티티에 대해 여러 개의 명칭을 사용하는 것도 혼란을 가져올 수 있으니 하나의 엔티티에는 하나의 엔티티명만 사용하는 것이 바람직하다.

■ 필요 시 수식어를 사용할 수 있다

예를 들어 이벤트 행사에 응모한 고객과 당첨된 고객을 똑같이 '고객'이라고 명명하기보다는 '응모한 고객', '당첨된 고객' 등과 같이 적절한 수식어를 사용하여 명명하는 것이 의미 전달에 용이하다.

엔티티를 정의할 때는 다음과 같은 사항을 포함한다.

■ 엔티티명

현업 사용자 어휘를 사용하며 모델에서 유일한 엔티티명을 사용한다.

■ 종류

- **독립 엔티티**^{Independent Entity} : 스스로 정보를 제공할 수 있는 엔티티를 말한다.
- **종속 엔티티**^{Dependent Entity} : 스스로는 유용한 정보를 제공할 수 없지만 다른 독립 엔티티에 종속되어 정보를 제공하는 엔티티를 말한다.

■ 정의

왜 이러한 정보가 필요한지 식별, 이해도 증진, 중복을 피하기 위해 정의는 반드시 한다. '고객'이라는 엔티티 정의를 예로 들어보자.

- 엔티티명 : 고객
- 정의 : 당사의 상품 및 제품을 과거 3년 이내에 구매한 사실이 있는 개인 또는 법인
- 종류 : 독립 엔티티
- 동의어 : 거래처
- 발생건수 : 5,000건 / 년
- 성장률 : 20% / 년

엔티티의 사례를 들어보면 다음과 같다.

표 11-1 **엔티티 사례** [01]

분류항목	사례
사람	사원(직원, 행원), 계약자(회원, 가입자), 이용자(학생, 환자)
물건	재료(부품, 원자재), 상품(제품), 시설(건물, 창고, 운송센터), 지점(영업소)
사건	계약(수주, 발주), 작업(공정, 보관, 광고), 사고(재해, 고장)
장소	지역(판매구역, 관할구, 선거구), 하천, 항만(부두, 선창)
개념	목표, 계획(판매목표, 생산계획, 인원계획), 시간(년, 월, 일, 시각), 평가
금전	예입금(구좌), 예산(연간예산, 수정예산, 실행예산), 차입(단기, 장기)

4 엔티티 추출 실습

실습하기 | 엔티티 추출 1

다음에 나열된 사례에서 엔티티를 추출해 보자.

- 이순신
- 줄자
- 경복궁
- 비원
- 연필
- 강감찬
- 안중근
- 덕수궁

그림 11-1 엔티티 추출 대상

엔티티 추출 결과는 다음과 같다.

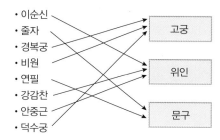

그림 11-2 엔티티 추출 결과

다음에 제시된 사례를 읽고 엔티티를 추출해 보자.

> 나는 학교를 졸업하고 조그마한 건강상점을 시작한지 5년이 되었으며, 이제는 세 개 도시에 다섯 개의 상점을 가지고 있다.
>
> 상점을 운영하면서 제품을 관리, 유지하는 것이 상당히 어려운데, 일부 제품은 어느 상점에서는 재고가 바닥나고 다른 상점에서는 팔리지 않고 창고에 쌓여 있다.
>
> 그리고 종업원은 옛날에는 어머니와 나 뿐이었는데, 이제는 80명이나 되어 누가 어느 상점에 근무하는지도 기억하기 어렵다.

우선 위 사례에서 엔티티 추출 기준에 따라 명사형 어휘로서 업무에 유용한 정보를 제공하는 단어에 밑줄을 그어 보자.

> 나는 학교를 졸업하고 조그마한 <u>건강상점</u>을 시작한지 5년이 되었으며, 이제는 세 개 도시에 다섯 개의 <u>상점</u>을 가지고 있다.
>
> 상점을 운영하면서 <u>제품</u>을 관리, 유지하는 것이 상당히 어려운데, 일부 <u>제품</u>은 어느 <u>상점</u>에서는 <u>재고</u>가 바닥나고 다른 <u>상점</u>에서는 팔리지 않고 창고에 쌓여 있다.
>
> 그리고 <u>종업원</u>은 옛날에는 어머니와 나 뿐이었는데, 이제는 80명이나 되어 누가 어느 <u>상점</u>에 근무하는지도 기억하기 어렵다.
>
> **엔티티 : 상점, 제품, 재고, 창고, 종업원**

결국 상점, 제품, 재고, 창고, 종업원 등의 엔티티를 추출할 수 있다.

02 관계 정의

엔티티를 추출한 후에는 엔티티 간의 관계를 정의해야 한다. 앞서 엔티티 추출 조건으로 엔티티는 최소한 하나 이상의 다른 엔티티와 관계를 가져야 한다는 사실을 살펴본 바 있다.

1 관계의 개념과 추출

관계Relationship란 두 엔티티를 연결하고자 하는 업무적인 이유, 업무규칙Business Rule, 제약Constraints 등을 나타내는 것으로, 두 엔티티 사이에서 논리적인 연결 관계를 의미한다. 예를 들어 다음 그림에서 교수와 학생 엔티티 사이에는 '가르친다'와 '배운다'라는 관계가 존재한다.

교수	가르친다 배운다	학생

그림 11-3 엔티티와 관계의 예

관계를 추출하기 위해서는 엔티티를 추출할 때와 마찬가지로 다음과 같이 대상 데이터의 범위를 정리해야 한다.

표 11-2 데이터 범위

데이터 범위	내용
정보전략계획(ISP)의 산출물인 정보체계	전사적 정보체계를 구성하는 정보의 생산자, 소비자 엔티티 간의 관계를 추출
정보수집 과정 중의 업무설명	정보수집 과정에서 취득한 업무설명 중 동사형 어휘를 중심으로 관계를 추출
현행 사용 장표 및 각종 서식	현행 사용 중인 각종 장표 및 서식에 나타난 관련 항목들을 통해 관계 추출
엔티티의 정의 내용	엔티티 정의 내용을 통해 관련 엔티티를 파악

관계 추출 시 다음과 같은 기준을 적용하면 매우 유용하다.

■ 현업에서 사용하는 동사형 어휘

엔티티 추출 시 현업에서 사용하는 명사형 어휘를 추출하는 것과 마찬가지로 관계 추출 시에도 현업에서 사용하는 동사형 어휘를 추출하면 된다. 예를 들어 '고객이 예금을 인출한다.'는 활동에 대해 '고객', '예금' 등의 명사형 어휘는 엔티티로 식별되며, '인출한다'와 같이 동사형 어휘는 관계로 식별된다.

■ 한 장표에 나타나는 엔티티들

한 장표에 표현된 엔티티들 사이에는 서로 관련성이 있기 때문에 이들을 분석하면 각 엔티티 사이의 관계를 식별할 수 있다.

2 관계의 방향성, 관계요소, 명명 기준

■ 방향성

관련되는 두 엔티티 중 어떤 엔티티가 주체로 참여하는가에 따라 모든 관계의 의미가 결정된다. 관계의 방향성이란 두 엔티티들 중 주체로 참여하는 엔티티 입장에서 능동형 동사를 사용하게 되며 상대 엔티티는 수동형 동사를 사용하게 된다.

■ 관계요소

관계요소는 참여 주체 엔티티를 기준으로 하는 각각의 관계의미를 말한다. 하나의 관계는 양방향의 관계요소로 구성된다. 예를 들어 '교수는 학생을 가르친다.'는 표현에서 주체적 엔티티는 '교수'이며, 관계의 방향성은 '교수'로부터 '학생'으로 향하므로 능동형 동사를 사용한다. 반면에 '학생은 교수로부터 배운다.'와 같이 '학생'의 입장에서는 수동형 동사를 사용한다.

다음에서 보는 것처럼 관계의 방향성에 따라 시계방향으로 표현한다.

그림 11-4 관계의 방향성

■ **명명 기준**

관계를 명명하는 기준으로는 다음과 같은 사항들을 고려한다.

- 두 개의 관계요소명으로 표기한다.
- 사용자 용어를 사용한다.
- 현재 시제 동사를 사용한다.
- 방향성에 따라 능동형 또는 수동형으로 표현한다.
- 방향성을 고려하여 시계방향으로 표현한다([그림 11-4] 참조).

3 관계의 종류

관계는 크게 식별관계와 비식별관계로 나뉜다.

■ **식별관계(Identifying Relationship)**

- 부모 엔티티의 주 식별자$^{Primary\ Key}$는 관계를 통해 자식 엔티티로 자동적으로 이주^{Migrate}한다. 관계를 통해 이주한 부모의 주 식별자는 자식 주 식별자의 일부가 된다.
- 자식은 자신의 각 인스턴스를 식별하기 위해 부모에 종속적이고, 부모 없이 존재할 수 없다.

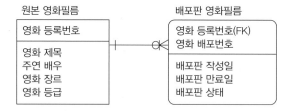

원본 영화필름

영화 등록번호
영화 제목 주연 배우 영화 장르 영화 등급

배포판 영화필름

영화 등록번호(FK) 영화 배포번호
배포판 작성일 배포판 만료일 배포판 상태

그림 11-5 **식별관계의 예** [02]

■ **비식별관계(Non-Identifying Relationship)**

비식별관계는 부모 엔티티에 종속적인지 비종속적인지에 따라 다시 두 가지 관계로 나뉜다.

- **비식별 종속관계**$^{Non\text{-}Identifying\ Mandatory\ Relationship}$
  - 부모의 주 식별자는 자식의 non-key 영역으로 이주하고, 자식을 식별하는 데 관계하지 않는다.
  - 자식은 자신의 각 인스턴스의 식별을 위해 부모 엔티티에 독립적이고, 부모 없이 존재할 수 없다.^{Mandatory}

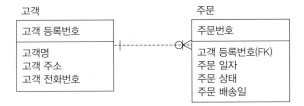

그림 11-6 비식별 종속관계의 예 [03]

- **비식별 비종속관계**Non-Identifying Non-Mandatory Relationship
  - 부모의 주 식별자는 자식의 non-key 영역으로 이주하고, 자식을 식별하는 데 관계하지 않는다.
  - 자식은 자신의 각 인스턴스의 식별을 위해 부모 엔티티에 독립적이고, 부모없이 존재할 수도 있다.Optionality

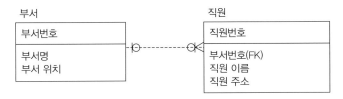

그림 11-7 비식별 비종속관계의 예

4 관계의 속성

관계의 속성에는 기수성과 선택성이 있다.

▨ 기수성

기수성Cardinality이란 관계에 참여하는 각 엔티티가 얼마나 많이 참여할 수 있는가의 관계 비율을 의미한다. 기수성(카디널리티)의 종류에는 다음과 같이 네 가지 유형이 있다.

- 1 : 0, 1, M(one vs. zero, one or more)
- 1 : 1, M(one vs. one or more)
- 1 : 0, 1(one vs. zero or one)
- 1 : N(one vs. numbers)

각각의 관계 유형을 도형으로 표현하면 다음 표와 같다.

표 11-3 기수성의 종류 및 표기 방법

종류	적용 예와 의미	표기 방법
1 : 0, 1, M	사원별로 거래처가 없을 수도 있고, 한 개 혹은 그 이상 있을 수도 있다.	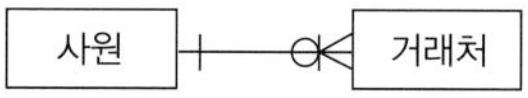
1 : 1, M	수강자는 한 개 또는 그 이상의 과목을 수강한다.	
1 : 0, 1	사원별로 배우자의 유무를 표현한다.	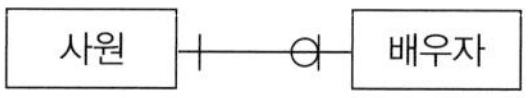
1: N	한 부서에는 여러 명의 사원이 소속되어 있다.	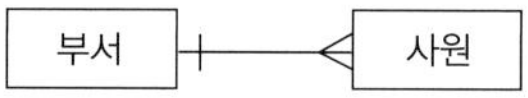

■ 선택성

선택성Optionality이란 관계되는 엔티티 존재 조건으로 관계연결의 여부가 미치는 영향을 표현하는 방식을 의미한다. 선택성의 종류에는 항상Always과 때때로Sometimes의 두 가지가 있다. 예를 들어 '각 고객은 주문을 [항상|때때로] 발행한다.' 또는 '각 주문은 고객으로부터 [항상|때때로] 발행된다.'와 같이 선택성을 표현한다.

[그림 11-8]은 선택성을 관계에 표현한 예이다.

- 각 고객은 여러 주문을 때때로 발행한다.
- 각 주문은 오직 한 고객으로부터 항상 발행된다.

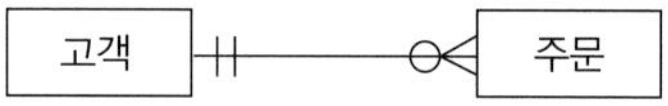

그림 11-8 선택성을 관계에 표현한 예

위 그림에서 보는 바와 같이 '때때로'를 표현할 때는 ○로, '항상'을 표현할 때는 |로 표현한다.

5 엔티티 관계도 작성

흔히 ERD로 통칭되는 엔티티 관계도[ERD, Entity Relation Diagram]는 정의된 엔티티와 그들의 관계를 도형으로 표기하여 총체적인 정보 개념을 표현한다. 엔티티 관계도의 작성 순서는 다음과 같다.

표 11-4 **엔티티 관계도의 작성 순서**

단계	단계명	설명
1단계	엔티티의 표기	엔티티명을 기록한다.
2단계	엔티티의 배열	프로세스 진행 주기와 관련된 엔티티를 중심부에 배열한다. 2차적 엔티티를 가까운 곳에 배열한다. 예를 들면 '사원'을 중심부에 배열하고 '부서', '가족', '학력', '경력' 등을 중심부와 가까운 곳에 배열한다.
3단계	관계의 연결	관계의 연결은 관련된 엔티티들을 선으로 이어주면 된다.
4단계	관계명 표기	시계방향으로 관계명을 기록한다.
5단계	관계의 기수성 결합	관계를 연결한 선 위에 기수성을 고려하여 표기한다. 기수성의 종류 및 표기 방법은 [표 11-3]과 같다.
6단계	관계의 선택성 결합	관계의 선택성 표기 예는 [그림 11-8]에서 보여준 것과 같다.

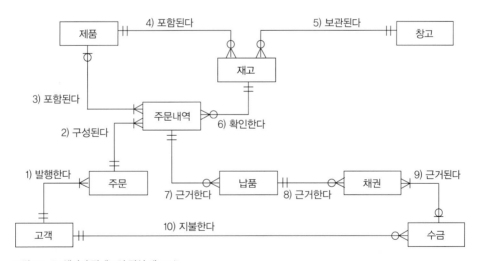

그림 11-9 **엔티티 관계도의 작성 예** [04]

[그림 11-9]에 표현된 엔티티 간의 관계들을 기술하면 다음과 같다.

① **고객-주문** : 고객은 항상 하나 이상의 주문(서)을 발행한다.

② **주문-주문내역** : 주문(서)은 항상 하나 이상의 주문내역으로 구성된다.

③ **제품-주문내역** : 제품은 때때로 하나 이상이 주문내역에 포함된다.

④ **제품-재고** : 제품은 때때로 재고에 포함된다(재고는 항상 제품에 포함된다).

⑤ **창고-재고** : 재고는 항상 창고에 보관된다(창고는 때때로 재고를 보관한다).

⑥ **재고-주문내역** : 주문내역은 항상 재고에서 확인한다.

⑦ **주문내역-납품** : 납품은 항상 주문내역에 근거한다.

⑧ **납품-채권** : 채권은 항상 납품에 근거한다.

⑨ **채권-수금** : 수금은 항상 채권에 근거한다.

⑩ **고객-수금** : 고객은 때때로 수금(대금)을 지불한다(수금은 항상 고객으로부터 지불되어진다).

03 식별자 정의

엔티티 정의와 관계 정의에 이어 식별자 정의 단계에 대해 살펴보자. 식별자 정의는 다음 절에서 다룰 속성 정의와도 밀접한 관련을 갖는다.

1 식별자의 개념과 종류

식별자^{Key, Identifier}란 한 엔티티 내의 특정 인스턴스를 구분할 수 있는 단일속성 또는 속성 그룹을 말한다. 식별자는 다음과 같이 다섯 종류로 구분할 수 있다.

- 후보 식별자^{Candidate Key}
- 주 식별자^{Primary Key}
- 부 식별자^{Alternate Key}
- 대리 식별자^{Surrogate Key}
- 역 엔트리^{Inversion Entry}

■ 후보 식별자

엔티티의 각 인스턴스를 유일하게 식별하기 위하여 제공되는 속성이나 속성의 그룹을 후보 식별자^{Candidate Key}로 분류한다. 예를 들어 '사원'이라는 엔티티의 속성인 '사원번호', '주민등록번호', '성명', '전화번호' 가운데서 유일하게 각 사원을 식별할 수 있는 속성인 '사원번호', '주민등록번호'를 후보 식별자로 분류할 수 있다.

후보 식별자는 다시 주 식별자나 부 식별자로 구분할 수 있다.

■ 주 식별자

주 식별자^{Primary Key}는 엔티티의 각 인스턴스를 유일하게 식별하는 데 가장 적합한 것으로 후보 식별자에서 선택한 속성이나 속성의 그룹을 말한다.

주 식별자를 선택할 때 고려할 요소는 다음과 같이 몇 가지로 요약할 수 있다.

- **주 식별자는 효율적이어야 한다**

  효율적이란 'short & simple'로 요약할 수 있듯이 가능한 짧고 간결한 속성을 선택하는 것이 바람직하다. 예를 들어 5자리 '사원번호'와 13자리 '주민등록번호'가 후보 식별자라면 '사원번호'가 효율적이다.

- **주 식별자는 Null 값을 포함할 수 없다**

  주 식별자는 각 인스턴스를 식별할 수 있는 유일한 값을 가져야 할 뿐 아니라 빈 값을 가져서는 안 된다. 예를 들어 '학생'이라는 엔티티를 식별하기 위해 주 식별자로 '학번'을 선택해야지 '핸드폰번호'를 선택하면 안 된다. 핸드폰번호가 없는 학생이 있을 수 있기 때문이다.

- **주 식별자는 정적^{Static}으로 유지되어야 한다**

  주 식별자의 값이 수시로 바뀐다면 이는 주 식별자로써 적합하지 않다.

- **업무적으로 활용도가 높아야 한다**

  주 식별자는 다른 엔티티와 관계를 맺으며 수시로 각 엔티티를 식별하기 위해 활용되므로 자주 사용하는 속성을 선택하는 것이 바람직하다.

주 식별자는 반드시 하나의 속성으로만 구성할 필요는 없다. 때에 따라서는 다수의 속성을 묶어 주 식별자로 활용할 수 있다. 예를 들어 '학적변동'이라는 엔티티의 주 식별자로 '학번' 하나만으로는 부적합하다. 왜냐하면 '학번'은 유일한 식별자라고 볼 수 없기 때문이다. 한 학생에게 여러 번 학적변동이 일어날 경우 주 식별자인 '학번'이 중복되기 때문이다. 따라서 '학번', '학적변동사유코드', '학적변동일자' 등을 묶어 주 식별자로 선택해야 한다.

■ **부 식별자**

후보 식별자 가운데 주 식별자로 선택되지 않은 식별자를 부 식별자$^{Alternate\ Key}$로 분류한다. 부 식별자 역시 단일 속성이어야 한다. 예를 들어 '사원'의 후보 식별자 가운데 '사원번호'를 주 식별자로 선택한 경우 '주민등록번호'는 부 식별자가 된다. 만일 '사원번호'를 기억할 수 없을 때는 '주민등록번호'를 이용해서 '사원' 엔티티에 접근할 수 있기 때문에 부 식별자 역시 유일한 속성을 가져야 하고, 잘 기억할 수 있는 속성 값으로 선택하는 것이 바람직하다.

■ 대리 식별자

긴 복합 식별자를 주 식별자로 사용하는 경우, 이를 대체하는 데 사용되는 인위적이고, 단순한non-intelligent 단일 속성을 대리 식별자Surrogate Key로 구분한다. 예를 들어 현금지급기의 주 식별자로는 '계정번호', '고객번호', '현금지급기번호', '거래일자' 등이 복합적으로 사용된다. 하지만 이를 '거래번호'라는 인위적인 단일 속성으로 대체할 경우 나머지 속성들은 non-key 영역으로 옮기고 '거래번호'만을 주 식별자로 사용할 수 있다.

■ 역 엔트리

하나 또는 그 이상의 속성이 하나 또는 그 이상의 엔티티의 인스턴스에 접근하는Access 데 자주 사용될 때 역 엔트리Inversion Entry로 선택한다. 예를 들어 '사원'을 식별하기 위한 주 식별자로 '사원번호', 부 식별자로 '주민등록번호'를 선택하였으나 '성명'을 이용해서 '사원'을 검색한다면 이 '성명'이라는 속성이 역 엔트리에 해당된다. 역 엔트리로 선택된 속성은 반드시 유일할Unique 필요는 없다. 하지만 DB의 성능 효율성을 위해 역 엔트리로 선택된 속성은 인덱스Index 항목으로 선택할 필요가 있다.

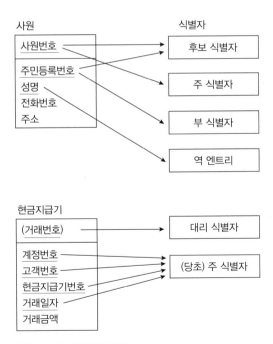

그림 11-10 식별자의 종류

2 식별자 업무규칙

엔티티 관계의 무결성을 강조한 개념으로 하나의 엔티티 내에서 인스턴스 하나 하나가 입력, 삭제되거나 외부 식별자가 변경될 시 계속적인 관계 유지 방법을 정의하기 위한 것을 식별자 업무규칙이라 한다.

식별자 업무규칙은 입력규칙과 삭제규칙으로 나눌 수 있으며 입력규칙은 자식 엔티티에 한 건의 인스턴스가 입력 시 적용하는 업무규칙을 말하며, 삭제규칙은 부모 엔티티에 한 건의 인스턴스가 삭제 시 적용하는 업무규칙을 말한다. 입력규칙과 삭제규칙을 적용할 수 있는 옵션을 표로 정리하면 다음과 같다.

표 11-5 **업무규칙 옵션**

입력규칙 옵션		삭제규칙 옵션	
옵션명	내용	옵션명	내용
Dependent	대응되는 주 실체가 있는 경우에만 종 실체 입력을 허용한다.	Restrict	대응되는 종 실체가 없을 경우에만 주 실체 삭제를 허용한다.
Automatic	대응되는 주 실체가 없는 경우에도 종 실체 입력을 허용하며 주 실체를 종 실체와 같은 값으로 생성한다.	Cascade	주 실체와 대응되는 종 실체를 모두 삭제한다.
Nullity	대응되는 주 실체가 없는 경우에도 종 실체 입력을 허용하며 주 실체를 Null 값으로 생성한다.	Nullity	주 실체의 삭제를 언제나 허용하며 대응되는 종 실체의 외부 식별자를 Null 값으로 생성한다.
Customized	특정한 입력조건에 맞는 경우에만 종 실체 입력을 허용한다.	Customized	특정한 삭제 조건에 맞는 경우에만 주 실체 삭제를 허용한다.
No Effect	종 실체 입력을 언제나 허용하며 아무런 영향이 없다.	No Effect	주 실체 삭제를 언제나 허용하며 아무런 영향이 없다.
Default	대응되는 주 실체가 없는 경우에 종 실체의 외부 식별자를 디폴트 값으로 세팅한다.	Default	주 실체 삭제를 언제나 허용하며 대응되는 종 실체의 외부 식별자를 디폴트 값으로 세팅한다.

04 속성 정의

엔티티는 각 엔티티가 갖고 있는 정보를 담고 있는데 이러한 정보들을 속성이라고 한다. 이러한 속성을 정의하는 일은 데이터베이스 각 테이블^{Table}의 컬럼^{Column}을 설계하는 일과 같다.

1 속성의 기본 개념

속성^{Attributes}이란 엔티티의 특징을 나타내기 위한 요소로 식별자 역할을 하는 Key 영역의 속성과 Key를 제외한 정보를 담고 있는 Non-Key 영역의 속성으로 구분할 수 있다.

■ 속성의 도출

속성을 도출하는 몇 가지 지침은 다음과 같다.

- **'그것(엔티티)에 대해 무엇을 알고 싶습니까?'라는 질문에 대한 답을 찾는다**

  예를 들어 '거래처'라는 엔티티에 대해 무엇을 알고 싶은가?라는 질문에 '거래처_상호명', '거래처_주소', '거래처_연락처', '거래처_대표자', '거래처_사업자등록번호', '거래처_홈페이지' 등 알고 싶은 내용들이 곧 속성이 된다.

- **수집된 사용 장표의 항목들을 찾는다**

  예를 들어 '거래명세서'라는 장표의 각 항목들을 참조하면 '거래일자', '거래품목', '거래금액', '거래처명' 등의 항목을 찾을 수 있다. 결국 이런 항목들이 '거래명세서'라는 엔티티의 속성이 된다.

- **기존 시스템의 항목들을 분석한다**

  기존 시스템에서 사용하는 자료의 구성항목을 분석하면 속성을 찾을 수 있다.

■ 속성의 명명

속성의 명명 규칙은 다음과 같다.

- **현업의 표준용어를 사용한다**

  시스템을 구축하기 위한 분석 과정에서 산출된 문서는 설계 과정, 구현 과정, 시험 과정, 유지보수 과정 등을 거치며 서로 다른 사람들에 공유하게 된다. 따라서 누구나 쉽게 내용을 알 수 있도록 표준용어를 사용하는 것이 바람직하다.

- **속성을 명명하는 표준형태는 '엔티티명_수식어(필요시)_영역명'과 같이 명명한다**

  예를 들어 '수강자'라는 엔티티의 '성명'이라는 영역명을 가지고 있는 속성을 명명할 때는 '수강자_성명'과 같이 명명하여 다른 속성들(예를 들면 강사_성명)과 혼동을 막는다.

- **소유격 사용을 배제한다**

  예를 들어 '도서'라는 엔티티의 속성을 정의할 때 '도서의 명칭', '도서의 저자' 등과 같은 소유격 표현을 쓰지 않고 '도서명', '저자명' 등과 같이 표현한다.

- **약어 사용을 배제한다**

  현업의 표준용어를 사용해야 하는 이유에 대해 설명한 바와 같이 약어의 사용 역시 시스템의 이해 당사자들 간의 커뮤니케이션을 어렵게 할 수 있으므로 사용을 배제해야 한다.

- **핵심 단어로 구성한다**

  속성은 가능한 간결하게 표현해야 하므로 핵심 단어로 구성한다.

- **모델에서 유일한 속성 이름을 갖도록 명명한다**

  한 모델 안에서 동일한 속성 이름이 존재할 경우 혼동을 가져올 수 있으므로 유일한 속성 이름을 갖도록 명명한다. 속성을 명명하는 표준 형태 및 명명의 예를 보여준 위 설명을 참조하면 그 이유를 쉽게 이해할 수 있을 것이다.

■ 속성 영역(도메인)

속성 영역 혹은 도메인이란, 속성이 가질 수 있는 값의 범위를 의미한다. 속성 영역명의 예를 들면 다음과 같다.

- 명(또는 이름), 주소
- 번호, 금액, 길이, 무게, 속도, 부피, 수량, 비율
- 일자, 시각, 기간, 요일

속성 영역의 정의 항목들은 다음과 같다.

표 11-6 **속성 영역 정의 항목**

항목	내용
Key 구분	식별자(Key)의 종류에 따라 주 식별자인 경우 PK(Primary Key), 참조 식별자인 경우 FK (Foreign Key), 부 식별자인 경우 AK(Alternate Key) 등과 같이 표시한다.
Null 허용 여부	값을 반드시 입력해야만 하는 속성의 경우는 Not Null을 표시한다. 예를 들어 '인적사항'의 속성 중 '성명'과 '주민등록번호' 등의 속성은 Key로 활용될 수 있어 반드시 값을 가져야 하지만 '취미', '종교' 등과 같은 속성의 경우는 반드시 값을 가져야 할 속성은 아니다.
Type	문자형, 숫자형, 날짜형 등이 올 수 있다.
Length	속성값을 표현할 수 있는 데이터의 크기를 Byte 단위로 표시한다.
Format/Mask	자료의 입력형태로 예를 들면 일자 및 시간 표기 형태를 지정한다.
Range	최소값 및 최대값의 범위를 지정한다.
Check	유효성 검사 규칙을 지정한다.
Default Value	초기값 지정 여부를 설정한다.
Derived Algorithm	추출(파생) 알고리즘을 지정한다.
Remark	속성 값에 대한 추가적 설명이나 주석을 표시한다.

2 속성의 정의 방법

■ 속성의 유형

속성의 유형은 다음과 같이 구분할 수 있다.

표 11-7 **속성의 유형**

유형	내용
기초 속성(Basic)	• 외부로부터 정보가 제공되어야만 유지된다.
추출(파생) 속성(Derived)	• 기존 속성으로부터 가공 처리를 통해 생성 및 유지된다. • 속성의 정의 시 추출 알고리즘을 기록해야 한다.
설계 속성(Design)	• 시스템의 효율성을 도모하기 위해 설계자가 임의로 부여하는 속성이다.

■ 복수 값 속성의 분할

특정 엔티티에 대한 속성 값이 둘 이상 나타나는 경우 이 속성을 분할하여 다른 엔티티로 독립시킨다. 예를 들어 '사원'이라는 엔티티의 속성 가운데 '구사언어'라는 속성이 있을 경우, 사원의 구사언어가 둘 이상인 경우가 있을 수 있다. 이때는 '구사언어'를 '언어'라는 별개의 엔티티로 독립시킨 뒤 사원 엔티티와의 관계를 통해 연결시킨다.

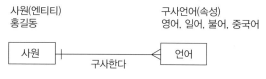

그림 11-11 복수 값 속성의 분할 예

■ 속성의 중복 배제

속성은 모형 내에서 오직 하나의 엔티티에 속해야 한다. 그렇지 않은 속성은 제거하거나 해당 엔티티와 관련된 속성명으로 변경한다. 특히 엔티티 간의 관계 설정을 위해 다른 엔티티로부터 가져온 속성은 중복되지 않도록 재명명해야 한다. [그림 11-12]의 예에서 '사원번호'와 '부서코드'가 중복된 속성이지만 이를 재명명함으로써 유일한 속성명을 유지하도록 하였다.

그림 11-12 속성의 중복 배제 예

05 정규화

정규화^{Normalization}는 복잡한 데이터 구조를 단순화시켜 안정적인 구조로 변환하는 과정이다. 정규화 이론은 원래 관계형 데이터베이스의 논리적 스키마를 설계하기 위해 제안된 것으로 함수적 종속성$^{Functional\ Dependency}$이라는 이론에 근거하고 있다. 함수적 종속성이란 'A 속성값에 대해 오직 B 속성 하나의 값만 관련되는 성질'을 말한다.

1 정규화의 목적

흔히 데이터베이스에 생성된 많은 테이블이 정규화되지 않은 채 중복된 자료를 보관하고 있어 업무에 혼선을 빚는 경우가 많다. 정규화의 목적을 요약해 보면 다음과 같다.

■ 정보의 중복을 최소화

서로 다른 테이블에 자료가 중복 저장되어 있다면 하나의 테이블에 저장된 자료를 수정하더라도 다른 곳에 저장된 자료는 여전히 수정되지 않은 채 남아 있는 등의 문제가 발생한다. 또한 자료의 중복은 저장 공간의 낭비요인이기도 하다.

■ 정보의 일관성 확보, 무결성 극대화

정규화되지 않은 데이터베이스에서는 삭제이상, 삽입이상 등과 같은 오류현상이 발생해 정보의 무결성을 저해하게 된다.

■ 정보구조의 안정성 최대화

정규화를 통해 정보의 중복을 최소화하고, 정보의 일관성을 확보하고 무결성을 극대화함으로써 정보구조의 안정성을 확보할 수 있게 된다. 정보구조의 안정성이란 초기에 구축한 정보구조를 수시로 바꾸는 일 없이 안정적으로 유지할 수 있음을 의미한다.

■ 정보모형의 단순화

정보구조의 안정성을 위해서는 하나의 엔티티는 하나의 목적을 위해 사용하는 것이 바람직하다. 정보모형의 단순화를 통해 이와 같은 목적을 달성할 수 있다.

■ 정보의 신뢰도 증대

정보의 신뢰도를 증대시키기 위한 목적을 위해 정규화 과정이 필요하다. 정보의 일관성, 무결성, 안정성 등은 모두 정보의 신뢰도와 직접적인 관련이 있다.

2 정규화 단계

정규화는 1차 정규화, 2차 정규화, 3차 정규화 및 비정규화 등으로 구분하여 진행한다. 각 단계별 주요 기능 및 목적은 다음과 같다.

표 11-8 **정규화 단계**

단계	내용
1차 정규화	반복되는 속성을 분할, 제거하는 과정이다.
2차 정규화	주 식별자(주 식별자가 복합 속성인 경우) 전체에 종속되지 않는 속성을 분할, 제거하는 과정이다.
3차 정규화	비식별자 속성에 종속하는 속성을 분할, 제거하는 과정이다.
비정규화	데이터 모델링(Data Modeling) 규칙에 얽매이지 않고 시스템이 물리적으로 구현됐을 때 성능 향상이 될 수 있도록 한다.

간단한 예를 들어 각 단계별 정규화 내용을 이해해 보자.

■ 제 1정규형

자료저장소의 모든 속성들이 원자값$^{Atomic\ Value}$을 가질 때 제 1정규형[1NF, First Normal Form] 상태라고 말한다. 원자값이란 더 이상 분할되지 않는 값을 말한다.

A

학번	과목학점		교수
100	FORTRAN	3	김대겸
	PASCAL	2	김광진
150	PASCAL	2	김광진
175	C	3	이창주
	FORTRAN	3	김대겸

B

학번	과목	학점	교수
100	FORTRAN	3	김대겸
100	PASCAL	2	김광진
150	PASCAL	2	김광진
175	C	3	이창주
175	FORTRAN	3	김대겸

그림 **11-13 제 1정규형의 예** [05]

[그림 11-13]의 A는 주 식별자 항목인 '학번'에 빈 값$^{Null \ Value}$이 존재하는데, 주 식별자에는 빈 값이 포함되어서는 안 된다. 또한 '과목학점'이라는 속성은 원자값을 갖지 않으므로 A는 제 1 정규형 상태가 아니다. 따라서 B처럼 주 식별자 항목의 빈 값을 채우고, '과목학점'을 나누어 각각 '과목'과 '학점'이라는 더 이상 분할되지 않는 속성으로 분리해야 제 1정규형 상태가 된다.

그러나 제 1정규형이 최종의 논리적 형태는 아니다. 왜냐하면 제 1정규형 상태의 자료저장소는 중복성을 갖고 있으며, 다음과 같은 이상 현상이 발생할 수 있다.

- **삭제이상**$^{Deletion \ Anomaly}$

  만약 [그림 11-13]의 B에서 175번 학생이 C 과목을 수강 취소했다면, 이를 자료저장소에서 삭제하게 되고, 따라서 C 과목을 이창주 교수가 개설했다는 정보를 잃어버리게 된다.

- **삽입이상**$^{Insertion \ Anomaly}$

  만약 김규한 교수가 COBOL이라는 과목을 개설하고자 하더라도, 이를 수강할 학생이 존재하지 않으면 자료저장소에 삽입을 할 수 없다.

- **갱신이상**$^{Update \ Anomaly}$

  FORTRAN 강사가 김규한 교수로 바뀌었다면, FORTRAN 레코드 전체를 갱신해야 한다. 하나라도 갱신하지 않으면 다른 FORTRAN 레코드와 불일치하게 된다.

위와 같은 이상 현상들은 아직 제 1정규형이 논리화된 상태가 아니기 때문에 발생한다. 이러한 이상 현상들은 제 1정규형에 내재된 물리적 특성 때문인데, 이는 주 식별자가 아닌 속성들이 주 식별자에 대해 완전히 함수적으로 종속되어 있지 않기 때문이다.

[그림 11-13]의 B의 주 식별자는 '학번', '과목'의 조합키로서 '학점'과 '교수'를 유일하게 식별할 수 있다. 즉 '학점'과 '교수'는 '학번'과 '과목'의 조합키에 대해 완전 함수적으로 종속되어 있다$^{Fully \ Functional \ Dependency}$. 하지만 '교수'는 완전 함수적으로 종속되어 있지는 않다. '교수'는 주 식별자의 일부인 '과목'에 대해서 함수적으로 종속되어 있기 때문에 주 식별자 전체에 대해서는 부분적으로 종속되어 있다$^{Partial \ Functional \ Dependency}$. 물론 한 과목을 한 교수만 가르친다는 의미적인 규칙$^{Semantic \ Rule}$이 있는 것을 가정해야 한다. 따라서 제 1정규형을 좀더 논리적인 꼴로 만들기 위해서는 부분 함수적 종속성을 제거해야 하는데, 이는 하나의 자료저장소를 다음과 같이 분할함으로써 가능하다.

수강철 = {학번 + 과목 + 학점 + 교수} ⇒ 수강철(1) = {학번 + 과목 + 학점}

수강철(2) = {과목 + 교수}

TIP 밑줄은 주 식별자를 의미한다.

이는 부분 종속관계에 있는 두 속성인 '과목'과 '교수'로 구성되는 자료저장소를 기존 자료저장소에서 분리한 것으로, 그 속성들을 보면 '수강철(1)'은 그 이름대로 수강에 대한 내용을 포함하고 있지만, 분리된 '수강철(2)'는 그렇지 못하다. 속성의 내용으로 보아서 '수강철(2)'는 '교과목'이라는 명칭이 부여되어야 적합하다. 이는 '수강철'이라는 하나의 자료저장소에 '수강' 및 '교과목'이라는 관계와 객체가 혼합된 물리적인 꼴로 존재하였다는 것을 의미하며, 이를 함수적 종속관계에 따라 두 개의 저장소로 분리하는 것은 '수강' 및 '교과목'이라는 관계집합과 객체집합을 식별하는 작업이라 할 수 있다.

■ 제 2정규형

자료저장소가 제 1정규형이고, 모든 속성들이 주 식별자에 대해 완전 함수적 종속성을 가질 때 이 자료저장소는 제 2정규형2NF, Second Normal Form 상태에 있다고 말한다. [그림 11-13]의 예에서 수강철은 주 식별자가 아닌 속성 '교수'가 주 식별자인 '학번+과목'에 대해 완전 함수적 종속성을 갖지 않기 때문에 제 2정규형에 있지 못하다. 따라서 제 2정규형으로 논리화하기 위해 '수강철(1)'과 '수강철(2)'로 분리했다. 그러나 제 2정규형 상태에 있다 하더라도 이상 현상이 완전히 제거되지는 않는다. [그림 11-14]와 같은 수강철이 존재한다고 가정하자.

학번	과목	수강료
100	영어	15,000
150	수학	15,000
200	영어	15,000
250	물리	10,000

그림 11-14 제 2정규형의 예

수강철에서 주 식별자는 '학번'이다. 이 말의 의미는 '한 학생은 한 과목만 신청할 수 있다'는 의미적인 규칙이 존재한다는 것을 말한다. 이 수강철은 주 식별자가 아닌 속성 '과목'과 '수강료'가 주 식별자인 '학번'에 대해 완전 함수적 종속되어 있다. 따라서 제 2정규형 상태에 있다고 할 수 있다.

그렇지만 만약 150번 학생이 수강을 취소한다면 어떠한 현상이 발생하는가? 수학이 15,000원에 개설되었다는 정보를 상실하는 삭제이상 현상이 발생한다. 이러한 이상 현상이 제 2정규형 상태에서도 존재하게 되는데, 그 원인은 주 식별자가 아닌 속성이 주 식별자에 대해 직접적으로 함수적 종속성을 갖지 않고 이행적으로^{Transitively} 종속성을 갖기 때문이다.

[그림 11-14]의 예에서 '수강료'는 주 식별자인 '학번'에 대해 함수적으로 종속되어 있기는 하지만 이행적으로 종속되어 있다. 다시 말해 '과목'이 '학번'에 종속되어 있고, '수강료'는 '과목'에 종속되어 있기 때문에, '수강료'는 이행적으로 주 식별자인 '학번'에 종속되는 것이다. 이것은 '학번'과 '수강료'는 어떠한 의미적인 관계를 갖고 있지 않지만, '과목'이라는 속성 때문에 종속관계를 갖게 된 것이다. 따라서 제 2정규형에 존재할 수 있는 이행적 종속관계를 제거함으로써 좀더 논리적인 꼴을 추출할 수 있다. 이는 수강철을 다음과 같이 분리함으로써 가능하다.

수강철 = {학번 + 과목 + 수강료} ⇒ 수강철(1) = {학번 + 과목}

수강철(2) = {과목 + 수강료}

이는 이행적 종속관계를 갖는 '학번'과 '수강료'를 각각 다른 저장소에 분리한 것으로 '수강철'이라는 물리적 자료저장소에서 '수강'이라는 관계집합과 '과목'이라는 객체집합을 추출한 것을 의미한다.

■ 제 3정규형

자료저장소가 제 2정규형에 있고, 모든 속성들이 주 식별자에 대해 비이행적으로 함수적 종속성을 가질 때 이 자료저장소는 제 3정규형^{3NF, Third Normal Form} 상태에 있다고 말한다. 제 2정규형의 예에서 '수강철(1)'과 '수강철(2)'는 제 3정규형에 있다. 그러나 제 3정규형의 자료저장소도 이상 현상이 발생할 수 있는 물리적 특성들을 포함하고 있다. 때문에 일반적으로 제 5정규형까지 제시되어 있지만, 현실세계에 존재하는 객체와 객체 간의 관계를 추출하는 데는 제 3정규형까지만 추출해도 만족할 수 있다.

■ 비정규형

비정규형은 데이터 모델링 규칙에 얽매이지 않고 시스템이 물리적으로 구현됐을 때 성능 향상을 목적으로 구축하게 된다. 예를 들어 '인적사항'을 구성하고 있는 속성들을 그 특성에 따라 '인사기본정보', '신상정보', '학력사항', '가족사항', '병역사항', '경력사항', '자격사항', '상벌사항' 등으로 나누어 각기 다른 자료저장소에 저장하게 된다. 하지만 흔히 한 사람의 인적사항을 참조하기 위해서는 빈번하게 여러 저장소에 있는 각각의 정보들을 불러 내어 결합해야만 할 경우가 많다. 이러한 번거로움을 줄이기 위해 자주 함께 참조되는 속성들을 하나의 저장소에 묶어 저장하면 비록 정규화 규칙에는 어긋나지만 신속한 시간에 자료를 찾아볼 수 있는 장점이 있을 경우 비정규형 형태로 자료를 저장하기도 한다.

3 정규화 시 주의사항

정규화에 대한 기본 개념과 방법에 대해 설명을 마치면서 유의해야 할 것은 정규화의 기준이 주어진 자료저장소에 포함된 의미상의 문제이지, 어떤 특정 순간에 존재하는 레코드들의 값에 의한 것이 아니라는 점이다. 다시 말해 함수적 종속관계를 식별하는 것이 자료저장소에 포함되어 있는 특정 시점의 값들 간의 관계를 분석하여 수행하는 것이 아니라 속성들 간의 의미적인 규칙을 분석하여 수행하는 것이라는 뜻이다.

예를 들어 [그림 11-14]의 수강철을 살펴보자. 수강철의 주 식별자는 학번인데, 학번을 주 식별자로 설정한 것이 수강철에 포함되어 있는 현재 레코드들 중 학번이 유일한 값을 갖고 있기 때문이 아니라 '한 학생은 한 과목만을 신청할 수 있다'는 의미적인 규칙이 존재하기 때문이다. 이것은 분석가가 자료의 의미를 모르고서는 정규화를 하기가 불가능하다는 것을 뜻한다.

▶ 요약

01 관계형 DB 설계 과정

엔티티 정의, 관계 정의, 식별자 정의, 속성 정의, 정규화 등으로 나누어 단계적으로 진행된다.

02 엔티티

하나 이상의 속성을 가지며 구별이 가능하도록 식별자를 가져야 하고 다른 엔티티와 관계를 가지는 유용한 정보를 제공해야 한다.

03 관계

- 두 엔티티를 연결하고자 하는 업무적인 이유, 업무규칙이나 제약을 나타내는 두 엔티티 사이에서의 논리적 연결을 의미한다.
- 관계의 종류는 '식별관계'와 '비식별관계'로 나누어지며, 비식별관계는 자식 엔티티의 종속성 여부에 따라 다시 '비식별 종속관계'와 '비식별 비종속관계'로 나누어진다.
- 관계에 참여하는 각 엔티티가 얼마나 많이 참여할 수 있는가의 관계 비율을 '기수성(카디널리티)'이라 부른다. 기수성의 종류는 1:0,1,M 관계, 1:1,M 관계, 1:0,1 관계, 1:N 관계 등의 네 가지 유형이 있다.

04 엔티티 관계도

ERD로 통칭되는 엔티티 관계도는 엔티티와 그들의 관계를 도형으로 표기하여 총체적인 정보 개념을 표현한 것이다. 개발자와 사용자 간의 의사소통을 원활하게 해 주는 도구로 사용된다.

05 식별자

- 한 엔티티 내의 특정 인스턴스를 구분할 수 있는 단일속성 또는 속성 그룹을 식별자(Key, Identifier)라 칭한다.
- 식별자의 종류는 후보 식별자, 주 식별자, 부 식별자, 대리 식별자, 역 엔트리 등의 다섯 가지로 구분할 수 있다.

06 속성과 도메인

각 엔티티는 정보를 담고 있는데 이러한 정보를 속성(Attributes)이라 한다. 도메인은 속성이 가질 수 있는 값의 범위를 의미한다.

07 정규화

- 정규화(Normalization)는 복잡한 데이터 구조를 단순하고 안정적으로 변환하는 과정이다. 정규화의 목적은 정보의 중복을 최소화하고 정보의 일관성과 무결성을 극대화함으로써 정보의 안정성과 신뢰성을 높이는 데 있다.

- 정규화의 단계는 반복되는 속성의 분할 제거를 통해 제 1정규형(1NF) 상태를 만든 후, 주 식별자에 종속되지 않는 속성의 분할 제거를 통해 제 2정규형(2NF) 상태로 개선하고, 비식별자 속성에 종속하는 속성의 분할 제거를 통해 제 3정규형(3NF) 상태를 만드는 과정으로 진행한다.

▶ 연습문제

01 6장에서 작성해 보았던 수강신청서에 대한 다음 자료사전(DD)을 참조하여 정규화된 데이터모형을 작성해 보시오.

> 3. 수강신청서 = 학년도 + 학기 + 수강신청자 인적사항 + {수강신청과목}12 + 신청학점계 + (변경주소)
>
>   3.1 수강신청자 인적사항 = 학번 + 학년 + 학과코드 + 학과명 + 성명
>
>   3.1.1 학과코드 = * 3자리 숫자로 표현된 학과별 고유번호 *
>
>   3.2 수강신청과목 = 이수구분 + 강좌번호 + 과목명 + 담당교수 + 학점
>
>   3.2.1 이수구분 = ["공필" | "공선" | "전필" | "전선" | "교직"]
>
>   = * 별칭 : "공필" = "공통필수", "공선" = "공통선택",
>
>   "전필" = "전공필수", "전선" = "전공선택" *
>
>   3.2.2 강좌번호 = * 5자리 문자로 구성된 강좌별 고유코드 *

Chapter 12

미니 프로젝트 2

01 사례 소개
02 IDEF0 방법론에 의한 업무모형 작성
03 정보공학 방법론에 의한 ERD 작성 및 정규화
04 관계형 DB 설계

학습목표

▸ 정보공학 방법론을 실무 사례에 적용해 본다.
▸ IDEF0 방법론에 의한 비즈니스 프로세스의 분석 및 모형화 방법에 대해 제시된 사례를 적용해 본다.
▸ 사례를 통해 ERD 작성 및 정규화 기법 등을 익히고 관계형 데이터베이스 설계 과정을 실습해 본다.
▸ 소그룹으로 나누어 하나의 사례를 분석하여 모형화하는 과정을 실습해 본다.

01 사례 소개

정보공학 방법론에 의한 시스템 분석과 설계 과정에 대해 학습한 내용을 실무 사례에 적용해보자. 이를 통해 이론뿐만 아니라 실제에서도 적용할 수 있는 능력을 기를 수 있을 것이다. 필자의 경험으로도 학생들이 강의실에서 배운 것만으로는 부족함을 느끼지만 소그룹으로 나누어 실무 사례들을 찾아 분석 및 설계하는 과정을 경험한 후 시스템 분석과 설계에 대한 이해가 깊어지고 학습에 대한 흥미와 참여도가 증가하는 것을 발견할 수 있었다.

적용해 볼 사례는 '취업관리 시스템'이다. 제시된 사례를 어떻게 분석하고 설계해 가는지 꼼꼼히 살펴본 후 반드시 학습자 개개인이 직접 작성해 볼 수 있는 기회를 가져보길 바란다.

1 취업관리 시스템의 개요

최근 대학은 학생들의 취업관리가 무엇보다도 중요한 이슈가 되고 있다. 취업률은 대학의 경쟁력을 가늠하는 주요 지표이기도 하다. 이에 효율적인 취업관리 시스템 구축이 필요하다.

대학의 취업관리 시스템은 취업을 희망하는 졸업예정자 또는 졸업자들이 자신의 프로필을 등록하고 구인업체는 회사가 필요로 하는 인력을 검색하여 채용할 수 있도록 하는 데 목적을 두고 있다. 대부분 취업관리 시스템의 경우 회원가입을 통해 취업 희망자의 기본사항을 입력한 후 구인업체로부터 취업의뢰가 들어오면 회원들에게 추천 기회를 제공하거나 취업정보를 공유하는 형태로 시스템이 구축되어 있다.

실제 대학에서는 진로 정보센터나 취업 관리팀을 두어 관리하고 있으며, 각 전공별 구인정보를 수집하여 추천 희망자를 선발한 뒤 구인업체에 구비서류를 갖추어 지원할 수 있도록 지도하고 있다.

구인을 희망하는 업체에서는 대학의 취업관리 전담부서나 각 계열, 학과의 사무실에 구인의뢰서를 제출한다. 대개의 구인의뢰서에는 채용직종, 근무부서, 근무지, 연봉수준 및 근무조건 등을 제시하며, 채용 희망인원, 자격조건, 구비서류, 마감일자 등을 명시한다.

물론 이러한 절차나 방식이 아닌 회사 홈페이지 등을 통한 채용방식도 확산되고 있는 추세이며 구인, 구직 정보를 회원 중심으로 제공하는 취업전문 사이트도 많이 있다.

2 취업관리 시스템의 업무정의

취업관리 시스템의 주요업무를 정의(기술)해 보면 다음과 같다.

① 대학의 취업 관리팀에서는 졸업예정자들에게 진로 지도카드(구직카드)를 작성하여 제출하도록 각 학과 사무실에 협조문을 보낸다.

② 각 학과에서는 졸업예정자들에게 진로 지도카드(구직카드) 작성을 공지하고 소정의 양식을 배부한 후 작성된 서류를 수집하여 취업 관리팀에 제출한다.

③ 진로 지도카드(구직카드)에는 졸업 후 희망진로에 대해 진학, 취업 여부와 취업을 희망하는 경우 희망직종, 근무지, 희망연봉 수준 및 개인의 자격사항, 경력사항, 자기소개서 등을 기록하도록 고안되었다([그림 12-1] 양식 참조).

④ 취업 관리팀에서는 진로 지도카드(구직카드)에 나타난 졸업예정자들의 희망진로를 파악한 후 이를 파일로 작성 관리한다. 졸업예정자들이 취업을 희망하는 경우 졸업 후 1년간 지속적으로 관리하며 취업지도를 한다.

⑤ 취업 관리팀에 접수된 구인의뢰서를 바탕으로 취업 추천을 하는데, 취업 추천을 위해 고려하게 되는 주요 요건들은 전공, 근무지, 자격요건, 성별, 군필 여부, 성적 등이다([그림 12-2] 양식 참조).

⑥ 취업 관리팀에서는 추천할 적임자가 있을 경우 해당자에게 연락하여 구인업체에 구비서류를 갖추어 지원하도록 지도하며, 추천할 적임자를 찾지 못한 경우 각 학과에 구인정보를 제공하여 각 학과에서 적임자를 추천할 수 있도록 지도한다.

⑦ 진로 지도카드(구직카드)에는 취업 추천 사항을 기록할 수 있도록 고안되었으며 취업 추천 후에는 채용 여부를 확인해서 기록해 둔다. 이미 채용되었거나 취업 추천을 해 준 취업 희망자의 카드는 다음 취업 추천 시 우선순위에서 제외된다.

⑧ 취업 관리팀에서는 매월 취업현황 통계를 작성하며 각 학과에 이를 통지한다. 또한 분기별 통계를 작성하여 취업률의 변동 추이를 분석한다.

진로 지도카드(구직카드)

카드번호 : _____

사진	학번	성명	주민등록번호	
	우편번호	주소		
	전화번호	핸드폰번호	메일주소	

■ 자격사항

자격종별	취득일	유효기간	발행처

■ 성적사항

년도	학기	평점평균	년도	학기	평점평균

■ 희망진로

진학		취업		
대학명	학과(전공)	희망직종	희망지역	희망연봉

■ 추천사항

업체명	연락처	추천일자	취업여부

○ ○ ○ 대학(교) 취업지원팀

그림 12-1 **진로 지도카드(구직카드) 양식**

구 인 의 뢰 서

접수번호: _____   접수일자: _____

의뢰처명	전화번호

업종구분	소재지

의뢰내역

직종	인원	자격요건	대우조건	근무지

구비서류
1) 이력서   5) 자기소개서
2) 추천서   6) 자격증사본(해당자)
3) 졸업(예정) 증명서   7) 주민등록등본
4) 성적 증명서

제출기한 :

○ ○ ○ 대학(교) 취업지원팀

그림 12-2 **구인의뢰서 양식**

3 취업관리 시스템의 요구사항 분석

현행 취업관리 시스템의 주요 업무를 정의(기술)한 후, 새로 구축할 시스템에 대한 요구사항을 분석해 보면 다음과 같다.

① 졸업예정자 및 졸업자는 자신이 작성한 프로필 자료에 접근하여 새로운 변동사항에 대해 업데이트가 가능해야 한다.
② 구인의뢰 정보가 웹^{Web}에 공유되어야 한다.
③ 구인의뢰 업체는 원하는 구직 희망자 정보에 접근하여 필요한 인력을 검색할 수 있어야 한다.
④ 구직 희망자들은 자신이 희망하는 업종별, 지역별, 남녀별 구인정보를 검색할 수 있어야 한다.
⑤ 취업 추천 작업은 정해진 조건에 의해 자동화되어야 한다.
⑥ 취업 추천 사항 및 취업 사항이 개인별 프로필 자료에 반영되어 구직 희망자 검색 시 반영되어야 한다.

02 IDEF0 방법론에 의한 업무모형 작성

앞 절에서 정의한 취업관리 시스템의 업무정의를 바탕으로 IDEF0 방법론에 의한 업무모형을 작성해 보자. 앞서 논의한 바 있듯이, IDEF0 방법론은 조직의 업무처리 절차를 모형화해 전체적인 업무흐름을 자료의 입출력 관점뿐만 아니라 업무 역할이나 관련 규정 등과 같은 제약 조건 측면과, 업무처리 부서, 담당자, 처리 시스템 등과 같은 메커니즘 측면을 함께 파악할 수 있도록 고안된 모형화 방법론이다.

IDEF0의 도형도 자료흐름도 작성과 마찬가지로 개괄적인 업무흐름을 먼저 표현한 후 분할된 상세 업무흐름을 도형화해 가는 방식으로 작성한다. 다음은 취업 관리 시스템의 개괄도이다.

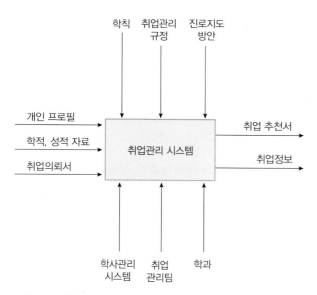

그림 12-3 **취업관리 시스템 개괄도**

위의 취업관리 시스템 개괄도를 통해 취업관리 시스템의 정보 흐름을 개괄적으로 파악할 수 있다. 박스 형태로 표시된 Activity는 시스템의 기능을 표현한 것이며 Activity의 왼쪽에서부터 입력되는 '개인 프로필', '학적, 성적 자료', '취업의뢰서' 등은 Input, Activity로부터 오른쪽으로 출력되는 '취업 추천서', '취업정보' 등은 Output 데이터를 표현한 것이다.

한편 Activity의 위쪽에서 아래로 향하는 '학칙', '취업관리규정', '진로지도방안' 등의 자료는 Control을 표시한 것으로 Activity의 활동을 통제하는 요소들을 표현한 것이다. 그리고 Activity를 향하여 아래쪽에서 위로 향하는 '학사관리 시스템', '취업 관리팀', '학과' 등은 Mechanism을 표현한 것으로 이 모든 것들(Control, Mechanism)을 Concept라고 지칭한다. 위와 같이 도식화한 IDEF0 모형(기능모형)은 Activity를 중심으로 네 방향의 Concept들로 표현된 모형이다(9장 통합 분석/설계 방법론 참조).

이 그림만 가지고 시스템 전반을 정확하게 파악하기는 쉽지 않지만 '취업관리 시스템'의 정보 흐름은 Input과 Output Concept를 통해 파악할 수 있다. 즉, 취업관리를 위해 취업 대상자의 프로필 정보, 취업 대상자의 학적 자료와 성적 자료를 참조해야 하며, 취업 의뢰업체로부터 취업의뢰서가 입력되는 것을 전제로 취업 추천 처리가 이뤄지며, 취업 정보의 조회 기능을 제공하는 것을 알 수 있다.

입력과 출력의 흐름만 본다면 구조적 분석 방법론의 자료흐름도와 매우 유사하지만, 통합분석/설계 방법론에서는 업무활동^{Business Process} 전체의 정보체계를 표현할 수 있도록 Control Concept와 Mechanism Concept를 함께 표현한다. 이 그림에서 '학칙', '취업관리규정', '진로지도방안' 등은 취업관리 시스템을 통제하는 역할을 하게 된다. 학칙은 학생의 입학에서 졸업에 이르는 전반적인 사항이 명시되어 있는 규정이다. 졸업을 위한 학점 취득 요건 등을 규정하고 있어 취업 추천 대상자 선정 시 '재학 중인 자로 관련학과의 교과목을 이수하고 일정한 수준의 성적을 취득한 자'로 제한할 수 있는 근거가 된다. 별도의 취업관리규정이나 진로지도방안 등을 마련하고 있다면 좀더 상세한 취업 추천 절차 등을 명시하여 이를 근거로 취업관리 업무를 처리하게 될 것이다.

이 그림의 '취업관리 시스템', '취업 관리팀', '학과' 등의 Mechanism Concept는 실제로 취업관리 업무를 담당하는 부서, 담당자, 소프트웨어 시스템 등을 의미한다. 즉, 자동화된 취업관리 시스템에 의해 원만한 취업관리 처리가 이뤄지고 있음을 보여주고 있으며, 취업관리를 담당하는 부서로서 취업 관리팀과 학과가 그 역할을 분담하고 있음을 알 수 있다.

다음 그림은 취업관리 시스템의 1차 분할된 업무흐름도이다.

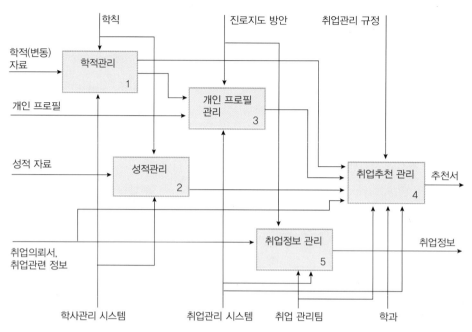

그림 12-4 취업관리 시스템의 1차 분할도

이 그림에서는 취업관리 시스템 활동이 '학적관리', '성적관리', '개인 프로필 관리', '취업추천 관리', '취업정보 관리' 등과 같은 다섯 개의 하부 기능으로 분할됐음을 알 수 있다. 또한 각각의 분할된 활동(기능)은 각기 입력과 출력 통제와 지원 속에서 이뤄지고 있음을 알 수 있다.

일례를 들어 4번 활동인 '취업추천 관리'의 경우 취업 대상자의 학적관리 활동의 결과 산출된 학적상태, 성적관리 활동의 산출물인 성적 취득사항, 그리고 개인 프로필 관리 활동의 산출물인 개인 프로필 등을 종합적으로 입력받아 추천서를 작성한다는 것을 보여주고 있다. 또한 취업 추천을 위해서는 취업관리 규정을 기준으로 업무를 수행하며 담당부서는 취업 관리팀과 학과에서 함께 그 역할을 분담하고 있으며 자동화된 취업관리 시스템의 지원을 받고 있음을 알 수 있다. 이와 같은 요령으로 각각의 활동들을 이 그림을 통해서 분석할 수 있다.

03 정보공학 방법론에 의한 ERD 작성 및 정규화

앞 절에서 업무처리 전반에 대한 흐름을 파악할 수 있도록 IDEF0 방법론에 의한 업무흐름도를 작성했다면 여기에서는 정보공학 방법론에 의한 ERD 작성에 초점을 맞추기로 한다. 아울러 자료의 중복을 배제한 DB 설계를 위해 정규화된 자료구조를 설계하는 과정도 진행해보자.

1 엔티티 정의

앞서 정의된 취업관리 시스템 업무를 기반으로 취업관리 시스템의 엔티티를 식별하고 정의하는 과정을 살펴보자. 엔티티는 하나 이상의 속성을 가지며 서로 다른 엔티티와 관계를 맺고 있어야 한다. 1차적으로 추출된 엔티티들을 정리하면 다음과 같다.

표 12-1 **엔티티 정의**

엔티티명	엔티티 정의	비고
구직자	졸업예정자 및 졸업자로서 구직을 희망하는 자이며 취업관리 시스템에 회원으로 등록되어야 한다.	
구인업체	구인을 희망하는 업체로 취업관리 시스템에 접근이 가능하려면 회원으로 등록되어 고유의 아이디를 발급받아야 한다.	
구직카드	구직자가 작성한 개인의 프로필 정보를 담고 있다.	
구인의뢰서	구인업체가 작성한 구인의뢰 정보를 담고 있다.	
취업 추천사항	구인의뢰서에 적합한 구직자로 검색된 경우 추천하며 추천사항을 기록한다.	
학적사항	구직자의 학적기본 사항 및 졸업사항을 담고 있다.	
성적사항	구직자의 학기별 성적 취득사항을 담고 있다.	
수강내역	구직자의 학기별 수강과목 내역을 담고 있다.	

2 관계 정의

정의된 각 엔티티 간에 존재하는 관계를 정의하는 과정이다. 이때 관계의 기수성을 식별하여
표시한다.

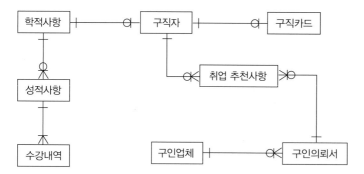

그림 12-5 엔티티 간의 관계 정의

이 그림에 표현된 각 엔티티 간의 관계를 정의하면 다음과 같다.

① 학적사항 – 성적사항

학적을 보유한 학생은 성적을 취득할 경우 성적사항 자료를 갖게 된다. 이때 학적사항과 성적사
항 간의 기수성은 학적사항이 1일 때 성적사항은 0, 1 또는 More가 된다.

② 성적사항 – 수강내역

성적사항 자료에는 하나 이상의 수강내역 자료를 포함한다. 성적사항과 수강내역의 기수성은
성적사항이 1일 때 수강내역은 1 또는 More가 된다.

③ 학적사항 – 구직자

학적을 보유한 학생은 구직자 정보에 포함될 수도 있고 그렇지 않을 수도 있다. 학적사항과 구
직자 간의 관계 기수성은 학적사항이 1일 때 구직자는 0 또는 1이다.

④ 구직자 – 구직카드

구직자는 구직카드를 작성한다. 이때 구직자와 구직카드 사이의 관계 기수성은 구직자가 1일
때 구직카드는 0 또는 1이다.

⑤ 구직자 – 취업 추천사항

구직자는 취업 추천을 받는다. 이때 구직자와 취업 추천사항 사이의 관계 기수성은 구직자가 1
일 때 취업 추천사항은 0, 1 또는 More의 관계를 갖는다. 즉, 한 사람의 구직 등록자는 취업 추
천을 한 번도 못 받았거나 1회 이상의 취업 추천을 받았음을 표현한 것이다.

⑥ **구인업체 – 구인의뢰서**

구인업체는 구인의뢰서를 작성하여 구인의뢰를 하게 된다. 이때 구인업체와 구인의뢰서 간의 관계 기수성은 구인업체가 1일 때 구인의뢰서는 0, 1 또는 More의 관계를 갖는다.

⑦ **구인의뢰서 – 취업 추천사항**

구인의뢰서에 의뢰된 구인의뢰 사항에 따라 취업 추천이 발생한다. 이때 구인의뢰서와 취업 추천사항 간의 관계 기수성은 구인의뢰서가 1일 때 취업 추천사항은 0, 1 또는 More의 관계를 갖는다. 취업 추천사항의 기수성이 0이라는 것은 구인의뢰서에 의해 취업 추천을 하지만 해당자가 없는 경우가 있음을 표현한 것이다.

3 속성 및 식별자 정의

이어서 정의된 각 엔티티의 속성 및 식별자를 정의해 보자.

표 12-2 **각 엔티티별 속성 및 식별자 정의**

엔티티	속성	식별자
구직자	학번(아이디)	PK
	패스워드	
	전공/학위명	
	졸업일자	
	주소	
	전화번호	
	핸드폰번호	
	메일주소	
	출신고교	
	고교졸업일	
	병역사항	
	가족사항	
	등록일	

구인업체	등록번호	PK
	아이디	AK
	패스워드	
	회사명	IE
	사업자등록번호	AK
	업종구분	
	직종구분	
	사원수	
	자본금	
	매출액	
	상장구분	
	주소지	
	전화번호	
	홈페이지주소	
	사업내용	
	등록일	
구직카드	학번	PK
	희망진로	
	희망직종	
	희망연봉	
	희망근무지	
	자격사항	
	경력사항	
	자기소개서	
구인의뢰서	일련번호	PK
	구인업체_아이디	IE
	고용형태	
	성별	
	급여사항	
	경력사항	

구인의뢰서	최종학력	
	근무처	
	나이제한	
	담당업무	
	자격요건	
	제출서류	
	인사담당자명	
	인사담당자 연락처	
	마감일	
	등록일	
취업 추천사항	학번	PK
	추천일자	PK
	추천업체	
	취업여부	
학적사항	학번	PK
	성명	IE
	주민등록번호	AK
	학과입학일자	
	졸업일자	
	전공/학위명	
	주소	
	우편번호	
	전화번호	
성적사항	학번	PK
	년도	PK
	학기	PK
	이수과목수	
	이수학점계	
	성적(평점평균)	

	학번	PK
	년도	PK
	학기	PK
수강내역	교과번호	PK
	과목명	
	이수구분	
	학점	
	성적(평어)	

위 표는 앞에서 식별한 각 엔티티별 속성 및 식별자를 정의한 것이다. 속성 및 식별자 정의에 대해서는 11장의 설명을 참조하기 바란다. 속성이란 각각의 엔티티가 가지고 있는 자료(정보)를 나타내는 것이며, 식별자란 각각의 엔티티를 유일하게 식별하기 위한 Key를 의미한다. 이때 PK는 Primary Key(주 식별자)를 나타낸 것이며, AK는 Alternate Key(부 식별자)를 나타낸 것이다. IE로 표현한 것은 Inversion Entry(역 엔트리)를 의미하며 주 식별자(학번)나 부 식별자(주민등록번호)를 알지 못할 경우 오히려 성명과 같은 항목을 통하여 역으로 주 식별자를 찾을 수 있도록 사용하는 Key를 의미한다.

4 정규화

앞서 정의한 각 엔티티의 속성들 가운데 정규화 과정을 통해 재정의할 필요가 있는 엔티티를 살펴보기로 하자. 정규화 과정이 필요한 엔티티를 식별하기 위해 먼저 고려할 점은 각 엔티티들 가운데 값을 갖지 못하는 속성들이 있는지 여부이다.

구직자 속성 중 '병역사항'이, 구직카드의 속성 가운데는 '자격사항'과 '경력사항'이 값을 갖지 못할 수 있는 속성들이다. 따라서 이들 속성들은 별도로 분할하여 각기 '병역사항', '자격사항', '경력사항'이라는 엔티티로 정의하고 속성을 정의하기로 한다. 각 엔티티의 속성 정의는 [표 12-3]과 같다.

또한 구인업체의 '업종구분'과 '직종구분'의 경우 구인업체라는 엔티티에 종속적인 속성이라고 할 수 없기 때문에 별도로 분할하여 속성을 정의할 필요가 있다. 왜냐하면 다양한 업종구분이나 직종구분이 있는데도 불구하고 구인업체에 등록되지 않은 유형의 업종이나 직종을 삽입할 수 없거나, 해당 구인업체 정보를 삭제할 경우 해당 구인업체에 종속적인 속성으로 정의된 업종이나 직종의 정보를 잃을 수 있기 때문이다.

표 12-3 **정규화를 통해 분할된 엔티티의 속성과 식별자 정의**

엔티티	속성	식별자
병역사항	학번	PK
	군별	
	역종	
	입대일자	
	전역일자	
자격사항	학번	PK
	일련번호	PK
	취득일	
	자격명	
	시행부서	
경력사항	학번	PK
	일련번호	PK
	직장명	
	근무형태	
	입사일	
	퇴사일	
	직위	
	직장_주소	
	직장_전화번호	
업종구분	업종구분코드	PK
	업종구분	IE
직종구분	직종구분코드	PK
	직종구분	IE
	업종구분코드	

정규화 과정을 거친 후 최종적으로 식별된 엔티티는 [표 12-1]에서 정의한 8개의 엔티티 외에 추가로 5개의 엔티티가 식별되었다([표 12-3]). 엔티티의 속성 및 식별자를 정의하는 과정은 데이터 모델링의 핵심적인 활동으로 정보시스템의 가장 기본이 되는 데이터베이스 구축을

위한 준비 단계이다. 결국 각각의 엔티티들은 데이터베이스를 구성하는 각각의 테이블과 같다. 정보공학 방법론에 의한 시스템 분석 및 설계의 핵심은 바로 이와 같은 과정을 거쳐 데이터베이스를 구축하기 위한 것이다.

04 관계형 DB 설계

이 절에서는 앞의 과정에서 정의한 각 엔티티들에 대한 논리적 엔티티 관계도 및 물리적 엔티티 관계도를 완성해 보기로 한다. 논리적 엔티티 관계도와 물리적 엔티티 관계도의 차이점은 논리적 엔티티 관계도는 각 엔티티 및 속성의 이름을 사용자가 인식하기 편하게 정의한 것이고, 물리적 엔티티 관계도는 각 엔티티 및 속성의 이름뿐만 아니라 속성의 자료형, 자료의 크기 등을 DBMS의 특성을 감안하여 작성한 것이다.

1 논리적 엔티티 관계도 작성

다음은 논리적 엔티티 관계도를 표현한 것이다.

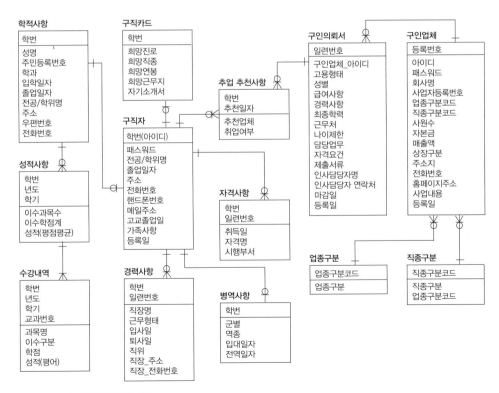

그림 12-6 논리적 엔티티 관계도

앞의 논리적 엔티티 관계도를 [그림 12-5]의 엔티티 관계 정의와 비교해 보자. 논리적 엔티티 관계도는 엔티티 간의 관계 정의를 확장하여 각 엔티티의 속성을 포함해 그림에 표현한 것임을 쉽게 알 수 있다. 그림에서 각 엔티티 간의 관계를 파악하고, 관계의 기수성을 유의하여 살펴보라. 이제 이 그림만으로도 취업관리 시스템의 정보 흐름을 파악할 수 있을 것이다. 논리적 엔티티 관계도를 바탕으로 다음 단계인 물리적 엔티티 관계도를 작성하면 데이터모형 구축이 완성된다.

2 물리적 엔티티 관계도 작성

다음은 물리적 엔티티 관계도를 표현한 것이다.

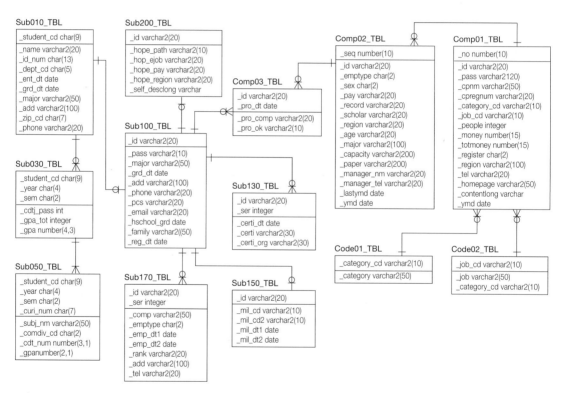

그림 12-7 물리적 엔티티 관계도

앞서 설명한 바와 같이 물리적 엔티티 관계도는 논리적 엔티티 관계도에서 정의한 각 엔티티들의 속성뿐만 아니라 데이터베이스의 물리적 저장 공간을 고려하여 속성 항목들을 재정의하고, 각 속성 항목의 자료형 및 자료의 크기 등을 정의한다.

예를 들어 '학적사항' 엔티티를 논리적 엔티티 관계도에서 표현한 것과 물리적 엔티티 관계도에서 표현한 것과의 차이를 다음 그림에서 확인할 수 있다.

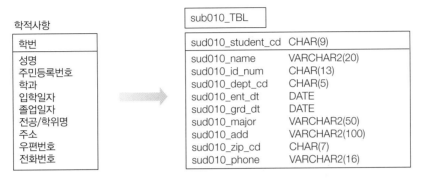

그림 12-8 논리적 엔티티 관계도와 물리적 엔티티 관계도의 비교

물리적 엔티티 관계도에서 사용한 속성명은 엔티티명을 포함하여 영문자로 작성하였다. 이는 데이터베이스로 구현할 시 한글 속성명을 제대로 인식하지 못하는 경우를 대비한 조처이다. 엔티티명 혹은 테이블명은 여러 개의 엔티티(테이블)를 쉽게 식별할 수 있도록 미리 정의된 명명 규칙에 따라 일관성을 가지고 명명하는 것이 바람직하다. 또한 속성명(컬럼명)은 테이블명_컬럼명과 같은 형태로 부여하는 것이 식별성을 높이는 방법이다.

각 컬럼들의 자료형은 DBMS 시스템에 따라 다소 차이가 날 수 있으나 일반적으로 구분하면 다음 표와 같다.

표 12-4 자료형의 표기 방법

자료형 구분	자료형 표기	비고
고정문자형	CHAR(n)	n은 자료의 길이
변동문자형	VARCHAR2(n)	n은 자료의 최대 길이
날짜형	DATE	
숫자형	NUMBER(n, m)	n은 자료의 전체 길이, m은 소숫점 이하 자릿수의 길이
정수형	INTEGER	
긴 문자열형	LONG VARCHAR	자기소개 등과 같이 긴 문자열을 입력할 경우
긴 BYTE형	LOGN RAW	사진 등과 같은 이미지를 입력할 경우

이 장에서는 정보공학 방법론을 활용한 데이터 모델링 과정을 사례를 통해 구축해 보았다. 이 방법론은 현재 비즈니스 영역에서 가장 많이 활용하고 있는 방법론이므로 책으로만 공부하지 말고 4~5명이 함께 팀을 이루어 비즈니스 프로세스를 분석하고 이를 모델링하는 과정을 직접 실습해 보기 바란다.

단지 책을 통해서만 배운 지식은 금방 잊어버릴 수 있을 뿐만 아니라 온전히 이해하기도 어렵다. 따라서 실제 사례를 들어 팀원들과 함께 프로젝트를 진행해 보면 배운 지식을 적용할 수 있는 능력이 생기고 확실한 이해를 통해 학습에 대한 흥미도 높아질 것이다. 각 장에 제시된 연습문제 외에도 배운 바를 적용해 볼 수 있는 사례들을 발굴하여 실제 적용해 보는 노력을 기울인다면 분명 증진된 학습효과를 경험하게 될 것이다.

Part 04

객체지향 방법론

Chapter 13

객체지향 방법론

학습목표

▶ 객체지향 방법론의 탄생과 발전에 관한 개략적인 역사를 이해한다.

▶ 객체지향 방법론이 전통적인 방법론과 어떤 차이점을 갖고 있는지 알아본다.

▶ 객체지향 방법론의 핵심적인 개념을 이해한다.

▶ 객체지향 방법론의 광범위한 활용 현황과 미래에 대해 생각해 본다.

01 객체지향 방법론의 이해

1 개요

필자는 이 책의 초판을 집필할 당시 출판사로부터 '객체지향 방법론'의 일부라도 다뤄줄 것을 요청 받았다. 하지만 필자의 역량을 뛰어넘는 일이라고 판단하여 당시에는 반영하지 못했다. 그러나 시간이 지나 개정판을 준비하면서 독자들로부터 객체지향 방법론이 추가되었으면 좋겠다는 피드백을 받았고, 기꺼이 이를 받아들이기로 했다. 이 장을 시작으로 세 개 장에 걸쳐 객체지향 방법론의 발전 과정과 개념, 도구, 활용 방법 등을 살펴보기로 한다.

그 첫 번째 작업으로 '객체지향이란 무엇인가?'라는 질문의 답을 얻기 위해 검색창에 '객체지향'이란 키워드를 입력해 보자. 실제 필자가 검색해 본 결과 단 0.34초 만에 426,000건의 결과를 확인할 수 있었다. 더욱 놀라운 것은 객체지향을 뜻하는 원래의 용어 'Object Oriented'라는 키워드를 입력하자 불과 0.29초 만에 23,100,000건의 결과를 확인할 수 있었다(물론 이러한 결과는 검색엔진이나 검색하는 시점에 따라 차이가 있다).

이제 인내심을 가지고 검색 결과들을 하나씩 클릭해 보자. 실제로 그 결과들 속에는 객체지향과 관련한 방대한 지식과 정보가 담겨 있을 것이라는 데 의심의 여지가 없다. 그러나 결과를 하나씩 확인해 가는 동안 또 다른 혼란에 빠지지 않을 수 없다. 동일한 개념을 설명하는 데 사용된 사례나 설명이 서로 다를 뿐 아니라 각각의 검색 결과들이 서로 상충된 설명을 하여, 결국 인터넷 검색을 멈추고 한숨을 쉬지 않을 수 없다.

그렇다면, 도서관을 찾아 '객체지향' 또는 'Object Oriented'라는 키워드로 관련 자료를 찾아보자. 하지만 이 역시 간단한 일은 아니다. 수많은 책과 관련 논문들의 목록을 검색 결과에서 확인할 수 있다 하더라도 그것들을 공부하고 이해하는 데는 또한 많은 노력이 필요하다.

필자는 위에서 언급한 것처럼 '방대한 객체지향이라는 숲에서 어떻게 길을 잃지 않고 원하는 목적지에 도달할 수 있을까?'라는 질문에서 이 장을 시작하려고 한다. 객체지향적 관점에서 시스템을 바라보고 이를 시스템 분석과 설계 그리고 구현에 적용하려는 많은 독자들에게 조금이라도 유익한 길잡이가 되었으면 하는 바람이다.

2 객체지향 방법론의 등장 배경

우리는 1장과 10장에서 시스템 개발 방법론의 진화 과정에 대해 살펴보았다(1장 1절 소프트웨어 공학, 10장 1절 정보공학 방법론의 개요). 이를 요약하면 다음과 같이 정리할 수 있다.

■ 컴퓨터는 이 문제를 풀 수 있을까?

초기 컴퓨터는 주로 군사적 목적으로 사용되어, 수학적 문제에 해답을 얻기 위한 알고리즘 개발에 치중되어 있었다. 그리고 처리 결과를 보다 빨리 얻기 위해 처리기의 개발에도 집중되어 있었다. 당시 컴퓨터는 입력 장치, 출력 장치, 처리 장치로 이루어진 단순한 시스템이었으며, 주로 수학자들이 수학적 알고리즘의 해답을 얻기 위해 프로그래밍 작업을 하는 데 사용되었다. 즉, 이 시기는 프로그래밍 언어^{Programming Language}의 개발과 처리기^{Processor}의 발달이 이루어진 시기라고 할 수 있다.

■ 컴퓨터는 이 일을 처리할 수 있을까?

이 시기 사람들은 컴퓨터의 뛰어난 처리 성능을 경험했을 뿐 아니라 컴퓨터를 통해 자동화된 자료 처리^{EDP, Electronic Data Process}가 가능하다는 사실도 알게 되었다. 이때 최초의 상업용 컴퓨터가 출현하였다. 사람들은 컴퓨터가 입력 장치와 출력 장치를 갖춘 처리기로써 뿐만 아니라 제어장치와 저장장치를 갖춘 시스템으로써 많은 일을 수행해 낼 수 있다는 데 착안하였다. 그리하여 이 시기에는 보다 많은 자료를 저장할 수 있는 저장 기술은 물론 효율적인 자료 처리를 위한 방법론이 발전하였다.

이 시기 컴퓨터는 군사적 목적으로 이용되기보다 상업적 목적으로 더욱 각광을 받았으며, 수많은 기업들과 공공기관들이 앞다투어 컴퓨터를 도입하기 시작했다. 하지만 앞서 1장에서 살펴본 것과 같이 대부분의 경우 (비용 대비 효과 측면에서)실패를 경험하게 된다. 결국 이 시기에 경험한 '소프트웨어 위기'가 소프트웨어 개발 방법론의 발전으로 이어지게 되었으며 이때 등장한 대표적인 방법론이 구조적 방법론이다.

■ 컴퓨터를 이용한 전사적 시스템 구축이 가능할까?

이제 컴퓨터는 사회 전반에 걸쳐 없어서는 안 될 문명의 이기로 자리매김하였다. 보다 나은 성능의 컴퓨터를 더욱 저렴하게 공급할 수 있게 되자 컴퓨터는 폭발적으로 증가하였다. 중앙집중적으로 처리되던 시스템은 분산 처리되었으며, 네트워크의 발달로 상호 연계되어 운영되었다.

정보공학 방법론은 이러한 시기에 등장하였다. 개별 부서 단위로 개발되던 시스템들이 상호 연계되고 통합된 환경에서 운영되었다. 따라서 전사적인 관점에서 정보시스템을 설계하고 구축할 필요가 생겼고, 통합 데이터베이스의 구축을 위해 10장에서 살펴본 것과 같이 처리 독립적인 자료구조의 설계가 주된 이슈가 되었다.

■ 이미 개발된 소프트웨어의 재사용이 가능하지 않을까?

이제 컴퓨터의 중심 추는 하드웨어에서 소프트웨어로 옮겨왔다. 하드웨어의 발전에 따라 하드웨어 비용은 시스템 구축의 일부분에 지나지 않게 되었다. 문제는 소프트웨어의 개발과 운영, 그리고 유지보수에 따른 비용 증가였다. 막대한 비용을 들여 구축한 시스템은 급속한 환경 변화를 따라가지 못하고 또다시 변경, 재개발 등을 반복하게 되었고, 이에 따라 안정적이고 재사용이 가능한 시스템 구축이 요구되었다.

많은 기업들은 자체적으로 운영하던 전산조직을 소프트웨어 전문업체에 위탁하여 운영하는 이른바 아웃소싱을 통해 운영효율을 꾀하게 되었다. 소프트웨어 전문업체들은 자신들이 구축한 시스템을 유사한 다른 조직에도 적용할 수 있도록 시스템을 표준화하고 재사용이 가능한 형태로 모듈화 하는 노력을 기울이게 되었다.

이제 소프트웨어의 개발 과정은 기존 시스템Legacy System을 분석하고 이를 표준화된 새로운 시스템 환경으로 전환하는Migration 데 초점을 맞추게 되었다. 소프트웨어는 수많은 단위 모듈들로 구성되어 있는 것이 사실이다. 하지만 모든 조직의 기업환경이나 운영환경이 동일할 수는 없다. 그렇다면 소프트웨어를 개발할 때 필수적 자료와 필수적 기능(5장 3절 참조, 논리적 모형의 구축을 위한 기본 개념)을 갖춘 아주 작은 단위의 모듈(Object 혹은 Class)들로 구성하여 이를 재사용한다면 소프트웨어의 신뢰성과 효율성을 높일 수 있을 것이라는 생각에 이르게 되었다. 이러한 요구에 따라 객체지향 방법론이 발전하게 되었다.

3 객체지향 방법론의 역사

객체지향 방법론의 출현 배경을 둘러싼 이야기들을 살펴보자. 『객체지향 입문』이라는 책에서 저자 터커Tucker는 객체지향의 출현은 객체지향 언어의 탄생으로부터 기인한다고 밝히고 있다.

「객체지향이라는 개념은 객체지향 언어의 탄생에서부터 시작하였으며, 최초의 객체지향 언어는 1967년 노르웨이에서 개발된 시뮬라Simula이다. 시뮬라는 그 이름에서 알 수 있듯이, 시뮬레이션용으로 개발된 언어이다. 시뮬레이션이란, 현실에서 수행되고 있는 것을 컴퓨터에서 가상으로 수행하는 것을 말한다. 여기서 중요한 것은, 시뮬라는 '객체지향 언어를 만들자'해서 만들어진 것이 아니며, 객체지향 개념을 토대로 설계된 것도 아니다. 어디까지나 단순히 시뮬레이션용 언어로 설계되었고, 그런데도 불구하고 객체지향이라는 개념조차 없던 시절에, 객체지향 프로그래밍 언어OOPL, Object Oriented Programming Language에 필요한 모든 기능을 구비하고 있었다. [01] 」

또한 터커는 객체지향 방법론의 발전은 객체지향 도구의 발전과 같다고 했다.

「1980년대 후반부터 1990년대 초반까지 객체지향 설계 방법론에는 '4대 방법론'이라고 불리는 것이 있었다.

- 부치G.Booch가 제안한 Booch법
- 코드P.Coad와 요던E.Yourdon이 제안한 Coad/Yourdon법
- 슐레이어S.Shlaer와 멜러S.Mellor가 제안한 Shlaer/Mellor법
- 럼보J.Rumbaugh가 제안한 OMTObject-Modeling-Technique법

이들 방법론은 초창기에 각각 서로 다른 특징을 갖고 있었지만 서로 간의 장점을 합하다보니 결국은 비슷한 방법으로 되어 갔다. 그러던 중 GEGeneral Electronic사에 소속되어 있던 럼보가 OMT법이라는 선물을 가지고 부치의 레셔널Rational사로 전격 이적해버린 '사건'을 계기로 객체지향 설계 방법론의 세계는 단숨에 격동하기 시작했다.

그 뒤 기존의 방법론들은 서서히 레셔널 진영으로 흘러들어 갔다. 유스케이스Use-Case로 주목을 끌었던 OOSE법을 제안한 야콥슨Jacobson도 레셔널 진영에 합류하여 그 세력은 한층 더 강력해졌다. 그렇게 하여 '객체지향 방법론은 이제 통합 방법론으로 결정되었다'라는 것이 지배적인 시각이었다.

그러나 그 후 럼보가 '객체지향 방법론은 개발자와 시스템의 특징에 따른 고유의 사고방식이 존재하므로 통일할 수 있는 것이 아니다'라는 식으로 발언해 '통합 방법론Unified-Method'이라는 단어는 없어지고 '방법론'이 아닌 'UMLUnified-Modeling-Language'이라고 하는 '다이어그램 표기법' 통일안이 발표되었다. [02] 」

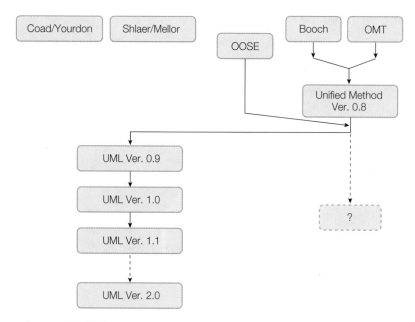

그림 13-1 객체지향 방법론의 발전 과정

객체지향 세계에서 많은 방법론들이 서로 간의 영역을 흡수·통합해가며 차이점을 줄여나가는 과정을 살펴보았다. 그 결과 실제 방법론 자체보다 분석 결과를 표기하는 표기법의 차이가 문제로 대두되기 시작했다. 예를 들면, 단순히 클래스를 기술할 뿐인데도, 방법론에 따라 다음 그림과 같이 다양하게 표현되는 문제이다.

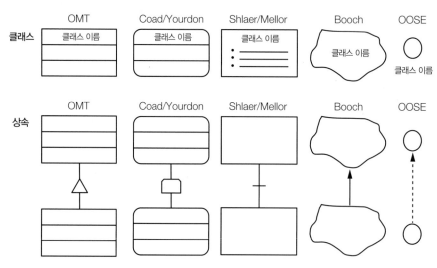

그림 13-2 객체지향 방법론에 따른 표기법의 차이

방법론 자체와 그 결과를 표시하는 표기 방법은 책의 내용과 그 내용을 기술하는 언어에 비유할 수 있다. 예를 들어 컴퓨터 분야의 최신 정보는 거의 영어로 되어 있는데 그것에 익숙하지 않은 사람은 이해하기 힘들 것이다. 만약 언어가 통일되어 있다면, 정보 전달이 좀 더 쉬워질 것이다.

객체지향 방법론도 마찬가지다. 그러한 이유에서 레셔널사는 표기법만이라도 통일하자는 취지로 UML을 제안했다. 즉 어떤 방법론을 사용하더라도 그에 대한 표기로 UML을 사용한다면, 다른 방법론을 사용하여 분석·설계해도 이해하기 쉽고, 경우에 따라서는 부분적으로 다른 방법론을 사용하는 것도 가능할 것이다.

4 객체지향의 세계에 들어가기 전에

앞서 우리는 객체지향 방법론이 객체지향 언어인 시뮬라에서부터 시작됐다는 사실과 객체지향 방법론의 발전은 객체지향 표기법의 발전과 같다는 사실에 주목하였다. 그렇다면 우리는 어디에서 객체지향의 세계로 들어가는 첫걸음을 떼야 할까?

'객체지향적으로 생각하라The Object-Oriented Thought Process'의 저자 맷 와이스펠드Matt Weisfeld의 다음 이야기는 충분히 공감할만하다.

「몇 년 전 대부분의 C 프로그래머들은 객체지향 개념을 접하기도 전에 C++로 마이그레이션Migration했으며, 다른 소프트웨어 전문가들 역시 객체지향 개념을 접하기도 전에 UML 사용법을 소개 받았다. 그러나 객체지향 개념을 배우는 것과 이 패러다임을 지원하는 방법과 도구를 사용하는 것 간에는 중요한 차이가 있다. 물론 모델링 언어를 배우는 것이 중요하지만 객체지향 기술을 먼저 배우는 것이 훨씬 더 중요하다. 객체지향 개념보다 먼저 UML을 배우는 것은 전자 이론에 대해 아무것도 배우지 않고서 전자 회로 다이어그램을 읽는 방법을 배우는 것과 비슷하다. [03] 」

필자의 생각도 맷 와이스펠드의 생각과 다르지 않다. 객체지향 세계에 들어가기 위해 단순히 객체지향 모델링 도구인 UML이나 유스케이스 등을 다룬 책을 공부하는 것으로부터 시작해서는 안 된다. 이 책에서 객체지향의 개념과 구체적인 도구의 활용법을 언급하지만 모두 공부할 수는 없을 것이다. 자세한 내용을 공부하고 싶다면 관련 서적이나 강의를 듣기 바란다.

5 객체지향의 숲에서 길 찾기

이쯤에서 앞으로 우리가 공부해야 할 객체지향의 '학습 로드맵'을 살펴보자. [그림 13-3]은 객체지향을 둘러싸고 있는 개념과 도구를 마인드 맵으로 표기한 것이다.

■ 방법론(역사)

앞서 객체지향 방법론의 개략적인 역사를 살펴보았다. 지금까지 여러 객체지향 방법론들이 난립하였으며, 그 와중에 표기법까지 달라 혼란스러웠다. 이를 해결하기 위해 레셔널사가 그 표기법만이라도 통일하자고 제안하여 통일된 표기법인 UML이다.

■ 객체지향 개념

객체지향의 핵심 개념으로는 객체, 클래스, 캡슐화, 데이터 은닉, 상속, 조합, 다형성 등이 있다. 다음 절에서 살펴볼 것이다.

■ 모델링 도구

객체지향 모델링 도구는 정적 모델링 도구와 동적 모델링 도구로 나뉜다. 14장에서 정적 모델링 도구 중 가장 중요한 클래스 다이어그램Class Diagram과 동적 모델링 도구 중 유스케이스 다이어그램Usecase Diagram, 시퀀스 다이어그램Sequence Diagram에 대해 자세히 살펴볼 것이다. 물론 이러한 과정을 돕기 위해 간략한 사례들을 들어가며 설명할 것이다.

이 책에서 객체지향의 개념과 UML 사용법을 이해했더라도 객체지향 모델링 도구에 대한 충분한 활용법을 익히기 위해서는 관련 서적을 찾아 공부해야 할 것이다. 또한 객체지향 프로그램 언어(자바, C++ 등) 중 하나를 선택하여 실제로 객체지향 개념이 어떻게 프로그래밍에 적용되는지 공부하면 많은 도움이 될 것이다.

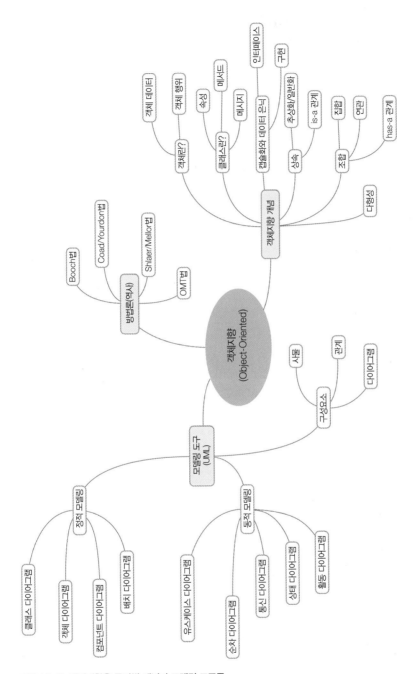

그림 13-3 객체지향을 둘러싼 개념과 모델링 도구들

객체지향 방법론의 핵심 개념

이 절의 가장 큰 목적은 객체지향의 핵심 개념을 이해하는 것이다. 하지만 '어떻게 그 핵심 개념에 접근할 것인가' 하는 것 또한 쉽지 않다. 먼저 기존의 전통적 방법론을 대표하는 구조적 방법론과 객체지향 방법론을 비교해가며 객체지향 방법론의 특징을 살펴보기로 하자.

1 객체지향 프로세스의 특성

소프트웨어 공학이 추구하는 목적은 아래의 두 가지다. [04]

- 성공적인 소프트웨어 제품을 만들자.
- 성공적인 프로세스를 달성하자.

첫 번째 목적은 기능적으로 고객의 요구사항을 충족시키면서 성능적으로 탁월한 제품을 만들자는 것으로, 굳이 부연설명이 필요 없다고 본다.

두 번째 목적은 소프트웨어 개발에 적절한 기간과 적절한 요원이 투입될 수 있도록 지침^{Guideline}을 마련하자는 것이다. 이러한 지침은 과거 수십 년 동안의 경험을 바탕으로 소프트웨어 개발의 성패를 좌우할 만한 중요한 요소로 입증되었고, 실제로 수많은 소프트웨어 공학자들에 의해 소프트웨어 개발 방법론으로 제안됐다. 제안된 방법론 중에는 구조적 방법론이 가장 많은 사용자를 확보하고 있다.

구조적 방법론은 소프트웨어 생명주기를 폭포수 모형으로 정의하여 각 단계별 작업 범위와 절차, 그리고 표기법을 정의한다. 그러나 몇몇 문제점을 갖고 있어 프로세스 관점에서 개선의 여지가 있다. 객체지향 방법론은 구조적 방법론의 이러한 문제를 해결한다. 객체지향 방법론의 주요 특성은 다음과 같다.

- 반복적인^{Iterative} 프로세스이다.
- 솔기 없는^{Seamless} 프로세스이다.
- 상향식$^{Bottom\ Up}$ 접근 방식이다.
- 재사용^{Reuse}을 고려한다.

■ 반복적인 프로세스

구조적 방법론에 따른 소프트웨어 개발 프로세스를 흔히 폭포수 모형이라 부른다. 사용자 요구사항 분석 단계부터 유지보수 단계까지 마치 물 흐르듯 순서대로 진행되기 때문이다. 폭포수 모형에 내재해있는 전제 조건은 한 단계의 작업이 완전히 끝난 후에 다음 단계로 진행할 수 있다는 것이다.

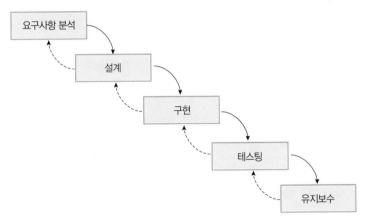

그림 13-4 **폭포수 모형**

그런데 폭포수 모형에는 근본적인 문제점이 있다. 개발 초기에 시스템의 요구사항이 완벽하게 명시되어야 한다는 것이다. 그러나 현실적으로 개발 초기에 모든 요구사항을 정확히 명시하는 것은 불가능하다. 더욱이 고객의 요구사항은 시스템 개발 중에도 자주 변한다. 어떠한 시스템을 한 주기 동안 완벽히 개발하는 것은 불가능하며 개발 주기를 여러 번 반복하는 것이 합당하다. 따라서 객체지향 방법론에서는 소프트웨어의 생명주기를 반복하여 적용하도록 제안하였다. 다음 그림은 점진적인 기능 추가와 반복적인 공정을 전제로 한 객체지향 생명주기 모형을 나타낸 것이다.

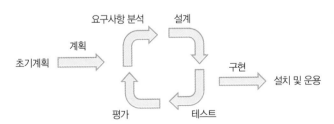

그림 13-5 **객체지향 모형**

반복적인 프로세스를 적용하면 개발 초기에 완벽한 요구 명세를 작성하지 않아도 프로젝트를 진행시킬 수 있고 고객과의 피드백을 활성화함으로써 과제의 위험성을 제어할 수 있다. 시스템 개발자는 요구사항 중에서 우선순위가 높은 것을 먼저 구현한 후 고객의 피드백을 받아 우선순위가 낮은 것을 구현하는 방식으로 개발한다.

■ 솔기 없는 프로세스

솔기 없는 프로세스란 프로세스를 구성하는 각 단계 간의 경계선이 불분명하다는 것을 뜻한다. 구조적 방법론의 경우 요구사항 분석, 설계, 구현 단계 간의 구분이 명확하지만 객체지향 방법론은 분석, 설계, 구현 단계에서 똑같은 표기법과 일관된 기조로 작업한다.

객체지향 프로세스의 모든 단계에서 사용되는 표기법은 클래스 다이어그램Class Diagram이다. 클래스 다이어그램은 분석, 설계, 구현 단계에 걸쳐 실세계의 객체를 프로그램의 객체로 표현하기 위해 사용한다. 요구사항 분석 단계에서 분석가는 실세계의 객체와 그들 간의 관계를 개략적으로 모델링하며, 설계 단계에서 클래스 자원을 좀 더 상세하게 기술하려고 시도한다. 구현 단계에서 프로그래머는 클래스 다이어그램으로 모델링된 클래스와 그 자원을 특정 객체지향 언어로 코딩하는데 자세히 그려진 특정 클래스의 설계 결과는 프로그래밍 언어로 자동적으로 변환될 정도로 프로그램과 유사하다. 따라서 객체지향 모델링을 수행하는 요원의 입장에서 볼 때 자기가 가지고 있는 모델이 분석 모델인지, 설계 모델인지 혹은 구현 모델인지를 구분하기가 모호하다. 즉 분석 단계부터 작성되는 클래스 다이어그램은 시간이 지날수록 그 내용이 상세화되며 어느 순간부터는 프로그램으로 구체화되어 간다. 이러한 점 때문에 객체지향 프로세스는 단계 간의 구분이 불명확하다.

다음 그림은 이와 같은 상황을 표현한 것이다. 단계 사이의 점선은 단계 간의 구분이 모호하다는 것을 나타낸다. 아울러 각 단계에서의 고려 대상은 언제나 객체, 클래스, 관계, 그리고 멤버들이 핵심이라는 점을 나타내고 있다.

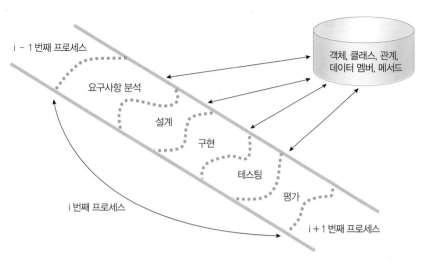

그림 13-6 솔기 없는 객체지향 프로세스

■ 상향식 프로세스

구조적 방법론은 어떠한 문제를 큰 덩어리로 인식한 후 그것을 작은 덩어리로 잘라서 문제를 해결하는 방식인 하향식$^{Top\ Down}$ 프로세스를 사용한다. 그런데 하향식 프로세스는 본질적으로 잘 알려진 시스템의 이해를 돕는 기법이지 잘 모르는 문제의 해결 방식은 아니다. 반면 객체지향 방법론은 작은 덩어리의 문제들을 해결한 후 그 덩어리들을 뭉쳐서 좀 더 큰 문제를 해결해 나가는 상향식 프로세스를 사용한다.

객체지향 프로세스가 상향식으로 이루어질 수 있는 이유는 객체가 갖는 기본 속성과 관계가 있다. 객체지향의 개념 가운데 집합화^{Aggregation}는 어떠한 객체가 다른 객체의 부속품들로 구성됨을 표현한다. 집합화는 모든 객체에 적용되는 구성 방식이다. 소프트웨어로 실현하고자 하는 실세계의 시스템은 객체들이 모여서 이루어지는 것이고 그 객체들은 부속 객체들이 모여서, 또 다시 그 부속 객체들은 그 부속 객체의 부속 객체들이 모여서 이루어진다. 따라서 어떠한 시스템을 구현할 경우에는 최소 단위의 부속 객체들을 먼저 구현하고 그들을 조합하여 좀 더 큰 객체를 구현하는 식으로 상향식 작업을 해야 문제 해결이 용이하다.

■ 재사용에 대한 고려

구조적 방법론에서는 모든 노력이 성공적인 소프트웨어 산물을 만들고자 하는 개발 공정에만 치중되어 있기 때문에 시스템의 유지보수나 재사용을 위한 추가적인 작업이 따로 명시되어 있지 않다. 반면 객체지향 방법론에서는 재사용이 고려되어 프로세스가 진행된다.

시스템의 설계가 끝난 후에 설계자 입장에서 결정해야 하는 중요한 내용은 부 시스템들의 기능이 처음부터 새로이 구현되어야 하는가를 결정하는 것이다. 부 시스템 구현을 위한 최선의 방법은 이미 만들어져 있는 클래스를 그대로 이용하는 것이다.

설계자가 필요로 하는 기능은 하나의 클래스로 제공되지 않고 클래스들의 묶음Cluster 형태로 주어진다. 따라서 설계자는 재사용 후보가 되는 클래스들을 이해한 후에 자기의 요구사항에 맞도록 그들을 수정해야 한다.

객체지향 프로세스에서 고려되어야 하는 또 다른 재사용 관련 작업은 구현 단계 이후에 이루어지는 리팩토링Refactoring이다. 원하는 기능을 수행하는 코드의 구현을 이룬 이후에 이루어지는 리팩토링의 목적은 현재 만들어진 컴포넌트를 차후에 재사용하기 위한 것이다. [05]

2 객체지향의 핵심 개념

이제 드디어 객체지향 방법론에서 다뤄지는 핵심 개념에 대해 살펴보고자 한다. 객체지향 방법론에 대한 설명은 인터넷이나 관련 서적을 통해 만날 수 있지만, 여기에서는 시스템 분석과 설계 방법론 차원에서 다루고자 한다.

2.1 객체

객체Object는 앞서 정보공학 방법론에서도 살펴보았다. 잠시 10장의 [그림 10-8]을 보자. 이는 현실세계의 업무처리를 시스템 모델로 구축하기 위해 개념세계에서 개발대상 업무를 식별하고 이를 모델링하는 과정을 설명한 것이다. 이때 개발대상이 되는 엔티티Entity가 곧 객체인 셈이다.

다만 객체지향 방법론에서의 객체가 엔티티와 다른 점은 객체는 엔티티의 속성에 해당하는 객체 데이터뿐만 아니라 객체 행위를 포함하고 있다는 점이다. 다음 그림은 교수와 학생을 각각 엔티티와 객체로 표현한 예이다.

(a) 엔티티로 표현한 '교수'와 '학생'의 예   (b) 객체로 표현한 '교수'와 '학생'의 예

그림 13-7 엔티티와 객체의 표현 차이

그림에서 확인할 수 있는 것처럼 객체를 표현하기 위해서는 객체의 속성 뿐 아니라 객체의 행위까지도 모두 분석하여 설계하여야 한다.

객체 = 객체 데이터(속성) + 객체 행위

(Object = Object Data + Object Behavior)

2.2 클래스

클래스Class는 공통 속성과 행위를 가진 객체를 묶어 추상화한 개념이다. 우리는 흔히 객체와 클래스를 구분하지 않고 사용할 때가 많다. 어떻게 보면 잘못된 것 같지만 객체와 클래스는 크게 다르지 않다. 왜냐하면 클래스는 객체의 또 다른 표현이기 때문이다. 앞서 교수와 학생을 객체의 예로 들어 설명했지만 실제 교수와 학생은 클래스로 표현하는 것이 더 정확하다. 객체는 A교수, B교수, C교수, 혹은 A학생, B학생, C학생 등과 같이 실제로 존재하는 대상을 부를 때 사용한다.

그렇다면 '교수', '학생'은 무엇인가? 그것은 객체의 추상적인 표현이다. 교수란 '교수등록번호'와 '교수명', '성별', '생년월일', '소속학과' 등의 속성을 가지고 있으며, '강의하고', '성적을 평가하고', '연구하는' 행위를 하는 존재를 일컬어 교수라고 정의한 것이다. 마찬가지로 학생이란 '학번'과 '성명', '성별', '생년월일', '소속학과' 등의 속성을 가지고 있으며, '등록하고', '수강하고', '시험을 보는' 행위를 하는 존재를 일컬어 학생이라고 정의한 것이다.

이와 같이 A교수, B교수 등의 모든 객체는 교수라는 클래스의 속성과 행위를 모두 가지고 있는 존재이기도 하기 때문에 객체라는 용어와 클래스라는 용어를 구별하지 않고 사용한다.

클래스 = 객체를 추상화

객체 = 클래스를 구체화

2.3 상속

일반적으로 상속이란 '부모로부터 유산을 물려받는 것'을 말한다. 객체지향 개념에서 상속 Inheritance이란 클래스와 객체 사이의 관계에서 이해해야 한다.

클래스란 객체를 추상화한 개념이다. 또한 객체는 클래스의 속성과 행위를 상속받아 만들어진다. A교수라는 객체는 교수라는 클래스의 속성과 행위를 '상속' 받았다고 말할 수 있다. 흔히 상속관계를 'is-a 관계'라고 표현하는데 'A교수 is a 교수'라는 표현에 모순이 없다면 이를 상속관계라고 한다.

그런데 객체지향 방법론에서 상속관계가 왜 중요한가? 앞의 예를 보면 교수라는 클래스에서 필수적인 속성과 행위를 정의한 후 A교수라는 객체를 생성하여 사용하였다. 이와 같이 객체를 생성할 때 별도로 속성과 행위를 다시 정의할 필요 없이 '상속하여' 사용하면 시스템의 신뢰성과 재사용성을 높일 수 있어 효율적이다.

A교수 is a 교수

B교수 is a 교수의 관계가 참이라면

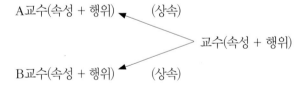

2.4 캡슐화와 데이터 은닉

캡슐화Encapsulation와 데이터 은닉Data Hiding의 개념을 이해하기 위해 부품을 예로 들어보자. 만일 어떤 시스템에 장애가 발생하여 정상적으로 작동하지 않는다면 어떻게 해야 할까? 물론 장애가 발생한 시스템 전체를 새 것으로 교체할 수도 있겠지만 가장 일반적인 방법은 고장 난 부품만 교체하는 것이다.

일반적으로 하드웨어 제품의 경우 장애가 났을 때 필요한 부품만 교체하여 전체 시스템을 복구한다. 마찬가지로 소프트웨어도 장애가 발생한 모듈만 교체할 수 있다면 어떨까? 캡슐화와 데이터 은닉은 이러한 아이디어에서 출발한 개념이다.

객체지향 방법론에서 하나의 소프트웨어를 구성하고 있는 수많은 객체는, 저마다의 고유한 속성과 행위(혹은 메서드)를 가진 채 상호 간에 메시지를 주고받으며 필요한 정보를 처리한다. 이때 각각의 객체는 자신의 속성(데이터)과 메서드(행위)를 다른 객체에게 숨기고 있는데, 이를 데이터 은닉이라고 한다. 데이터 은닉은 마치 전자 제품이 플러그-인Plug-In을 통해 전기를 공급받아 기능을 수행하는 것과 같다. 이때 플러그 외부에 노출된 부분을 인터페이스Interface라고 부르며 내부에 숨겨진 부분을 구현Implementation이라고 부른다. 캡슐화란 이와 같이 구현부가 외부에 노출되지 않도록 싸여진 상태를 말한다. 마치 캡슐에 담는 것과 같다는 의미로 캡슐화라고 부르는 것이다.

그런데 왜 객체지향 방법론에서는 데이터를 은닉시키는 것일까? 앞서 예로 든 시스템과 부품의 관계처럼 시스템의 사용자 혹은 개발자들은 시스템에 사용되는 모든 부품을 직접 개발하거나 관리하지 않는다. 대신 각각의 부품을 만드는 곳에 가서 전체 시스템에서 요구하는 표준 사양(혹은 규격)을 제시하고 여기에 적합하도록 부품 제작을 의뢰한다. 그렇게 만들어진 각각의 부품을 연결하면 전체 시스템이 완성된다. 완성된 전체 시스템이 정상적으로 작동하면 각각의 부품 역시 정상적으로 작동하는 것이고, 만약 특정 부품이 정상적으로 작동하지 않는다면 해당 부품만 교체하면 될 것이다. 주위에서 쉽게 볼 수 있는 자동차의 경우도 마찬가지다. 운전자는 자동차에 장애가 발생했을 때 자동차 전체를 바꾸지 않고 고장 난 부품을 교체하여 사용한다.

객체지향 방법론은 전체 시스템의 기능을 작은 단위의 객체로 나누어 처리한다. 이때 작은 단위의 캡슐화된 객체는 철저히 자신의 정보(자료), 처리(메서드) 부분(구현부)을 외부에 숨기며, 다른 객체와는 플러그처럼 표준화되고 견고한 구조의 인터페이스 부분을 통해서 정보를 처리한다.

2.5 조합

객체지향 방법론에서 상속은 매우 중요하게 다루어지고 있는 반면, 조합Composition은 그렇지 않다. 하지만 실제로 조합은 상속보다 더욱 중요한 위치에 있다. 맷 와이스펠드Matt Weisfeld는 그의 저서『객체지향적으로 생각하라』에서 다음과 같이 설명하고 있다.

「상속은 그 이름이 뜻하는 대로 다른 클래스부터 속성과 행위를 상속받는 것이다. 이 경우에 진정한 부모/자식 관계가 성립한다. 상속은 'is-a 관계'를 나타낸다. 예를 들어 '개는 포유류이다'는 is-a 관계로 볼 수 있다.

조합 역시 그 이름이 뜻하는 대로 다른 객체를 사용하여 객체를 구성하는 것이다. 즉 다른 클래스를 사용하여 보다 복잡한 클래스를 만드는 일종의 조립Assembly이다. 이 경우에는 부모/자식 관계가 존재하지 않는다. 조합은 'has-a 관계'를 나타낸다. 예를 들어 자동차는 엔진을 갖는다. 엔진과 자동차는 모두 별개의 독립적인 객체이다. 그러나 자동차는 엔진 객체를 포함하는(갖는) 복잡한 객체이다. 사실 자녀 객체 자체도 다른 객체로 구성될 수 있다. 예를 들어 엔진은 실린더를 포함한다. 이 경우 엔진은 실린더를 가지며has-a 사실은 여러 개를 갖는다. [06] 」

조합을 사용하는 이유는 덜 복잡한 부분을 조합하여 보다 복잡한 시스템을 구성할 수 있기 때문이다. 조합을 사용할 경우 또 하나의 주요 장점은 시스템과 하위 시스템을 독립적으로 구성할 수 있으며, 보다 중요하게는 독립적으로 테스트하고 유지관리할 수 있다.

일반적으로 조합은 집합Aggregation과 연관Association의 두 가지 유형이 있다.

■ 집합

조합의 가장 직관적인 형태는 아마도 집합일 것이다. 집합은 복잡한 객체가 다른 객체들로 구성된다는 의미이다. 예를 들어 자동차의 경우 엔진, 스테레오, 도어, 타이어 등으로 구성되어 있다. 이 경우 자동차라는 객체는 엔진, 스테레오, 도어, 타이어 등의 집합체인 것이다.

■ 연관

연관은 하나의 객체가 서비스를 위해 다른 객체를 원하는 경우에 사용된다. 컴퓨터 시스템을 예로 들면, 전체는 컴퓨터 시스템이다. 구성요소는 모니터, 키보드, 마우스, 본체 케이스 등이다. 각각은 분리된 객체이지만 모두 컴퓨터 전체를 나타낸다. 메인 컴퓨터는 키보드, 마우스, 모니터를 사용하여 일부 작업을 맡긴다. 집합이 전체를 이루는 부분들을 나타내며, 하나의 클래스가 다른 클래스의 일부로 구성된다는 것을 의미하지만, 연관은 클래스 간에 제공하는 서비스일 뿐이다.

[그림 13-8]과 [그림 13-9]는 객체지향 모델링 도구인 UML을 이용해 집합과 연관을 표현한 것이다. 두 유형의 표기 방법의 차이를 확인할 수 있다.

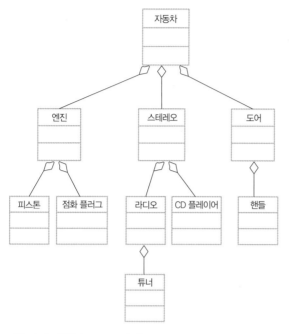

그림 13-8 집합의 UML 표기 예 [07]

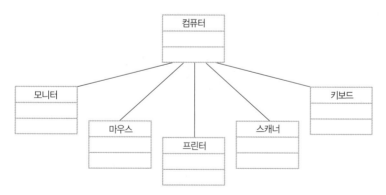

그림 13-9 연관의 UML 표기 예 [08]

2.6 다형성

다형성Polymorphism은 '여러 형태'를 의미하는 그리스어이다. 앞서 객체는 서로 간에 메시지를 주고받아 정보를 처리한다고 설명했다. 이때 각 객체는 해당 메시지에 응답하도록 정의된 메서드를 가지고 있다. 이러한 메서드는 일반적으로 상위 클래스로부터 상속받는데, 동일한 메시지에 대해 응답하는 메서드라도 각 객체별로 별도의 행위를 할 수 있다.

[도형] 클래스를 예로 들어보자. [도형] 클래스는 [그리기]라는 메서드를 가지고 있으며, [원], [사각형] 등의 객체에 속성과 메서드를 상속한다. 만약 누군가가 도형으로 [그리기]를 하라고 말하면 첫 질문은 '어떤 형태요?'일 것이다. 상위 클래스인 [도형]은 추상적인 개념이기 때문에 구체적인 형태를 지정해주어야만 한다. [09]

만일 [원] 객체와 [사각형] 객체에 [그리기] 하라고 말하면 어떨까? 당연히 원이나 사각형을 그릴 수 있을 것이다. 이와 같이 실제로 실행되는 [그리기] 메서드는 [도형]에서 정의된 [그리기] 메서드가 아닌 [원]과 [사각형]에서 정의된 [그리기] 메서드에 의해 해당 도형을 그린다. 요약하면 각 클래스는 동일한 [그리기] 메서드에 다르게 반응하여 스스로 그린다. 이것이 다형성이다.

03 객체지향 방법론의 과거, 현재 그리고 미래

앞서 1절과 2절을 통해 객체지향의 숲에서 또렷하지는 않더라도 개략적인 로드맵을 그려보았고, 객체지향의 핵심 개념도 살펴보았다. 여기에서는 객체지향의 개략적인 역사와 객체지향의 다양한 활용, 그리고 앞으로의 발전 전망을 살펴보고자 한다.

1 객체지향 언어의 출현과 발전

객체지향 방법론의 개략적인 역사는 1절에서 소개한 바 있다. 객체지향의 출현은 객체지향 언어의 출현에서 비롯한다는 사실을 감안하면, 객체지향 방법론의 역사는 곧 객체지향 언어의 발전과도 무관치 않다. 여기에서는 객체지향 언어의 출현과 발전에 대해 정리해 보기로 한다. [10]

■ 객체지향 언어의 시초

객체지향 언어의 시초는 1960년 노위지안 컴퓨팅 센터Norwegian Computing Center의 조한 달과 크리스틴Ole-Johan Dahl & Kristen Nygaard이 발표한 시뮬라 67Simula 67이다. 시뮬라 67이 채택하고 있는 가장 중요한 개념은 '클래스의 도입'으로, 이 아이디어는 스몰토크, C++ 등에도 사용되었다. 하지만 시뮬라 67의 발표 이후 10여 년 간 객체지향 언어는 전혀 주목받지 못했다. 1970년 컴퓨터 산업을 주도한 IBM, AT&T, 미 국방성 등에서 관심을 두지 않았기 때문에 시뮬라 67은 실용적인 언어로 발전하지는 못하였다. 하지만 학문적 가치는 인정받고 있다.

■ 스몰토크

객체지향 언어로서 실질적 원조는 제록스 기업의 팰러앨토 연구소Xerox PARC에서 앨런 케이Alan Kay의 책임 하에 만들어진 스몰토크Smalltalk이다. 이 언어 역시 아이디어는 시뮬라 67에서 얻어 왔지만 가장 순수한 객체지향 언어로 만들어졌으며 현재도 인정받고 있다. 미국에서 많은 사용자들을 확보하고 있다.

1970년대 말 스몰토크가 만들어질 당시 제록스사에서는 세 가지 가정을 하고 이 가정에 초점을 맞추어 문법과 의미를 정의하였다. 첫 번째는 전 세계의 모든 사람이 컴퓨터를 사용할 것이라는 가정이었고, 두 번째는 모든 사용자가 그래픽이 지원되는 윈도우 환경에서 작업할 것이라는 가정이었다. 마지막으로 모든 사람이 각자의 응용 프로그램을 쉽게 개발할 수 있어야한다는 것이었다. 첫 번째와 두 번째 가정은 현실에서 거의 사실화 되었으나 마지막 가정은 제록스의 실수였다. 현재 많은 컴퓨터 사용자들은 그들의 응용 프로그램을 스스로 개발하지않는다. 이러한 점 때문에 스몰토크의 순수성과 독창성에 비하여 크게 성공하진 못하였다.

■ 에이다

에이다^Ada는 1980년대 초 객체지향 언어로 미 국방성에서 개발한 것이다. 미 국방성은 에이다개발 전까지 코볼^COBOL과 포트란^FORTRAN을 이용하여 시스템을 개발하였는데 프로젝트 규모가점점 커지면서 유지보수 비용의 문제가 생겼다. 이를 해결하기 위하여 코볼과 포트란 환경의개발을 시도하였으나, 한계를 느끼고 새로운 언어를 도입하게 되었다. 미 국방성은 새로운 언어에 대한 정의를 공모하였으며, 여러 업체들이 제시한 언어들을 기준으로 에이다를 정의하였다. 에이다의 문법은 그 당시 파스칼^Pascal이 인기가 좋아서 파스칼의 문법을 기반으로 한다.

에이다의 큰 특징은 '예외 처리 기능'이다. 이는 미 국방성 프로젝트가 중요시 하는 시스템의신뢰도를 높이기 위한 중요한 기능이다. 하지만 상속의 개념을 반영하지 않았고, 대부분의 객체지향 언어가 동적 바인딩 방식을 채택한 반면 정적 바인딩을 사용하고 있다는 점도 단점으로 지적된다.

■ C++

객체지향 언어는 프로그래밍 언어가 많은 지원을 받기 시작한 1990년대 초에 많이 발전하였다. 이 시기 객체지향 언어는 기본적으로 스몰토크와 에이다의 큰 틀을 따르지만 그들이 가지고 있었던 문제를 해결해 나가는 과정으로 발전하였다. C++, 델파이^Delphi, 폭스프로^FoxPro와같은 프로그램들은 객체지향 언어의 가장 큰 영향을 미쳤던 GUI의 발전에 따라 점점 향상되어 갔다.

그 중 AT&T의 벨 연구소^Bell Lab에서 비야네 스트로스트룹^Bjarne Stroustrup 등에 의해 개발된 C++는 가장 많은 사용자를 확보하고 있는 객체지향 언어이다. C++ 언어의 가장 큰 특징은 점점진화해 가고 있다는 점이다. 초기에는 C 언어의 클래스 개념만 도입했으나 점차 중복, 상속,가상 함수, 추상 클래스, 예외 처리 기능이 추가되면서 발전하였다. C++ 언어는 C 언어를 기반으로 두고 있기 때문에 많은 프로그래머의 인기를 받고 있지만 그로 인하여 객체지향성을 제대로 반영하지 못한다는 비난을 받기도 한다.

■ 자바

1990년대 중반 이후로 각광받고 있는 객체지향 언어는 자바Java이다. 자바는 가전제품에 들어갈 소프트웨어를 개발하기 위해 썬 마이크로시스템즈Sun Microsystems의 제임스 고슬링James Gosling에 의하여 고안된 언어이다. 1993년 고슬링은 월드 와이드 웹World Wide Web에 자바 언어를 적용할 것을 결정하면서 '핫자바HotJava'라는 웹 브라우저를 개발하였고, 이는 1995년 이후 넷스케이프Netscape 쪽에서 지원을 받게 되었다. 자바 언어의 장점은 언어의 단순성과 플랫폼 독립성이다. 특히 언어의 단순성 입장에서 객체지향 패러다임에 충실하게 고안되었기 때문에 C++보다 오용의 소지가 적다.

■ 오브젝티브-C

브래드 콕스Brad Cox가 개발한 오브젝티브-CObjective-C는 C++ 언어와 마찬가지로 C 언어와 객체지향 개념을 혼합한 언어이다. C++ 언어보다는 스몰토크에 좀 더 가깝게 정의된 것으로 볼 수 있다.

■ DCOM, CORBA

현재 객체지향의 활용분야와 관련하여 간과하지 말아야 할 분야는 인터넷과 모바일 환경이다. 객체지향 기술을 인터넷에서 활용하기 위해 발전한 분야가 '분산객체 기술' 분야인데, 이에 대한 이해를 돕기 위해 DCOM과 CORBA 기술을 설명한 자료를 인용해 보기로 한다.

「분산객체 기술은 분산 컴퓨팅 기술과 객체지향 기술을 접목한 것이며, 객체지향 프로그래밍 기법은 컴포넌트(객체)를 기반으로 한 형태로 발전하고 있다. 컴포넌트 기술은 흔히 장난감 레고에 비유된다. 정형화되고 인터페이스가 통일된 부품을 조립하는 것이 레고와 닮았기 때문이다. 레고와 같은 독립된 객체를 지원하기 위한 컴포넌트 모델로는 ActiveX 컨트롤, 자바 빈즈Java Beans 등이 있다. 객체지향 기술은 이들 독립된 객체들이 서로 유기적으로 상호 작용할 수 있는 프레임워크를 제공한다.

현재 가장 각광 받고 있는 분산객체 기술에는 마이크로소프트의 윈도우 플랫폼을 기반으로 한 DCOMDistributed Component Object Model과 800여 업체가 컨소시엄을 결성해 사양을 확정한

CORBA^{Common Object Request Broker Architecture}가 있다. 이 두 가지 기술은 기술 자체의 선점 경쟁뿐 아니라 MS와 Anti-MS 진영과의 대결이라는 점에서도 주목 받고 있다. [11]」

분산객체 기술을 적용하면 정보시스템 개발자는 고객의 요구사항에 따라 비즈니스 로직만 컴포넌트 형태로 구현하여 이들이 상호 연계되어 실행될 수 있도록 룰을 정해주면 된다. 이 외의 것들은 모두 분산객체 기술에 의존할 수 있다. 이러한 방법은 전체 시스템의 안정성을 획기적으로 높이며, 코드 재활용성을 극대화시킨다.

2 객체지향의 미래

객체지향의 미래에 대해서는 누구도 쉽사리 예측할 수 없을 것이다. 이에 대해『객체지향 입문』의 저자 터커^{Tucker}는 다음과 같이 말했다.

「만약 가까운 미래에 어떤 것이 객체지향을 대신하더라도 지금까지 그랬던 것처럼 그것은 반드시 객체지향을 기반으로 한 것일 것이다. 그러므로 객체지향 지식과 경험은 모든 소프트웨어 엔지니어에게 필요한 것이다. 우리들이 목표로 만들어가야 하는 것은 문제 영역을 사용자의 관점에서 관찰하고 그것을 충실히 구상하고 확장성을 부여하여 변경에 강하고 사용자의 요구를 쉽게 반영할 수 있는, 어디까지나 계속적으로 성장 가능한, 그리고 결코 패배하지 않는 그러한 소프트웨어인 것이다. [12]」

필자도 터커의 주장에 공감하는 바가 크다. 앞서 DCOM과 CORBA 기술에 대한 소개에서도 알 수 있듯이 현재 IT 환경은 인터넷과 모바일 네트워크 기반으로 형성되어 있다. 또한 이러한 환경은 앞으로도 상당한 기간 동안 이어질 전망이다. 물론 생활밀착형의 IT 기술인 이른바 사물인터넷^{IoT, Internet of Things}이 더욱 발전할 전망이지만 그럴수록 소프트웨어의 발전은 보다 작고 견고하며 이식성이 높은 기술을 요구할 것이다. 따라서 객체지향 기술은 이러한 환경에 더욱 부합하는 기술로 자리매김할 것이다.

요약

01 객체지향의 시작

객체지향 개념은 객체지향 언어의 탄생에서 기원한다. 최초의 객체지향 언어는 1967년 노르웨이에서 개발한 시뮬라(Simula)이다.

02 객체지향 방법론의 발전

객체지향 방법론 초창기에는 '4대 방법론'이라고 불리는 부치(G.Booch)가 제안한 Booch법, 코드(P.Coad)와 요던(E.Yourdon)이 제안한 Coad/Yourdon법, 슐레이어(S.Shlaer)와 멜러(S.Mellor)가 제안한 Shlaer/Mellor법, 럼보(J.Rumbaugh)가 제안한 OMT(Object-Modeling-Technique)법 등이 대표적이다.

03 UML의 등장

부치가 제안한 'Booch법'과 럼보가 제안한 'OMT법'이 통합되면서 통합 모델링 언어인 'UML(Unified-Modeling-Language)'이 등장하였다.

04 객체지향 프로세스의 특성

반복적인(Iterative) 프로세스, 솔기 없는(Seamless) 프로세스, 상향식(Bottom Up) 접근 방식, 재사용(Reuse)의 고려 등을 들 수 있다.

05 객체지향의 핵심 개념

객체, 클래스, 상속, 정보 은닉, 조합, 다형성 등을 들 수 있다. 객체란 정보시스템 개발 시 속성과 행위를 가진 식별 가능한 대상을 의미한다. 클래스(Class)는 공통 속성과 행위를 가진 객체를 묶어 추상화한 개념이다. 객체는 클래스로부터 속성과 행위를 상속받게 되며, 각각의 객체는 데이터와 행위를 은닉하며, 인터페이스를 통해 필요한 데이터와 처리를 요청하게 된다.

06 상속과 조합

객체의 '상속'은 흔히 'is-a 관계'라고 부르며, 'has-a 관계'에 해당하는 것은 '조합'의 개념이다.

07 다형성

도형이라는 클래스에 처리를 요청할 때 실제는 도형의 속성과 행위를 상속받은 삼각형, 원 등의 객체에 의해 각기 다른 처리가 이뤄지는 것을 '다형성'이라 부른다.

08 **객제지향 방법론의 현재와 미래**

객체지향 방법론은 현재 인터넷과 모바일 환경에서 중요하게 다뤄지고 있는 분산객체 기술인 DCOM, CORBA 등에서 활용되고 있다. 향후에도 객체지향 기술은 요구분석, 시스템 분석, 설계, 프로그래밍, 언어, 데이터베이스, OS, 사용자 인터페이스, 분산 처리 등 모든 분야에서 근간을 이루는 기술로 발전할 것이다.

▶ 연습문제

01 이 장을 통해 이해하게 된 객체지향 방법론의 개념을 간략히 요약해 보시오.

02 객체지향 방법론과 UML의 관계에 대해 설명해 보시오.

03 객체지향 방법론의 핵심 개념 중 '객체'와 '클래스'에 대해 예를 들어 설명해 보시오.

04 객체지향 방법론에서 '캡슐화와 데이터 은닉'의 개념을 사용하는 이유에 대해 예를 들어 설명해 보시오.

05 객체와 클래스의 관계를 흔히 'is-a 관계'와 'has-a 관계'로 구분하여 설명하기도 하는데 이들의 차이점을 예를 들어 설명해 보시오.

06 객체지향 방법론의 개발 프로세스 특성 중 하나인 '솔기 없는 프로세스'란 무엇인지를 설명하고, 이러한 프로세스가 갖는 장점에 대해 토의해 보시오.

Chapter 14

UML 모델링

학습목표

▸ UML의 구성요소를 이해한다.

▸ UML의 정적 모델링 도구를 학습한다.

▸ UML의 동적 모델링 도구를 학습한다.

▸ UML을 활용한 분석 설계 과정을 이해한다.

01 UML의 구성

13장에서 객체지향 방법론의 개략적인 역사를 살펴보면서 UML의 등장 배경을 다루었다. 물론 'UML이 곧 객체지향 방법론인가?'라는 질문에 그렇다고 대답할 수는 없지만, UML을 학습하지 않고서 객체지향 방법론을 안다고 말하기도 어렵다. 이 장에서는 UML의 구성요소와 모델링 도구를 살펴본 후 UML 모델링 절차를 익혀볼 것이다.

1 UML의 특징 [01]

UML은 객체지향 설계를 위한 표준 언어로, 소프트웨어 시스템의 산출물을 가시화, 명세화, 구축, 문서화하는 데 사용된다.

- **가시화** : 소프트웨어의 개념 모델을 시각적인 그래픽 형태로 표기하고, 표기법에 사용하는 심벌에 명확한 정의를 부여하는 것을 말한다. 가시화를 통해 개발자들은 오류 없이 원활한 의사소통을 할 수 있다.
- **명세화** : 정확하고, 명백하며, 완전한 모델을 만드는 것을 의미한다. UML은 소프트웨어 개발을 위한 분석, 설계, 구현 각 단계에서 필요한 모델을 정확하고 완전하게 명세화하는 역할을 한다.
- **구축** : UML은 자바^{Java}, C++, 비주얼 베이직$^{Visual\ Basic}$과 같은 다양한 프로그래밍 언어로 표현할 수 있다. 따라서 UML로 명세화된 설계 모델은 프로그램 소스코드로 변환하여 구축할 수 있고 이미 구축되어 있는 소스코드를 UML로 역변환하여 분석하는 역공학$^{Reverse\ Engineering}$도 가능하다.
- **문서화** : UML은 시스템 아키텍처와 이에 대한 모든 상세 내역에 대한 문서화를 다루며, 요구사항을 표현하고 시스템을 테스트하는 언어도 제공한다.

2 UML의 구성요소

UML은 기본 요소를 구성하는 '사물', 사물 간의 관계를 나타내는 '관계', 그리고 사물과 관계를 도형으로 표현하는 '다이어그램'의 세 가지 구성요소로 이루어진다. [02]

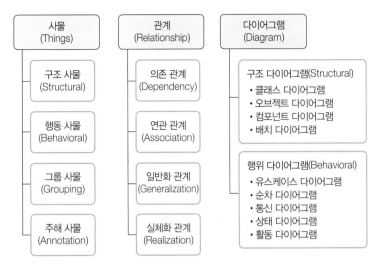

그림 14-1 UML의 구성요소

■ 사물

사물^{Things}은 추상적인 개념으로, UML에는 네 가지 사물이 있다.

① **구조 사물**$^{Structural\ Things}$: 시스템의 구조를 표현하는 사물을 말한다. UML에는 클래스^{Class}, 인터페이스^{Interface}, 통신^{Communication}, 유스케이스$^{Use\ Case}$, 활성 클래스$^{Active\ Class}$, 컴포넌트^{Component}, 노드^{Node} 등 일곱 가지 구조 사물이 있다.

② **행동 사물**$^{Behavioral\ Things}$: 시스템의 행위를 표현하는 사물로 교류^{Interaction}와 상태 머신$^{State\ Machine}$ 두 종류의 행동 사물이 있다.

③ **그룹 사물**$^{Grouping\ Things}$: 개념을 그룹화 하는 사물로 그룹 사물에는 패키지^{Package}가 있다.

④ **주해 사물**$^{Annotation\ Things}$: 부가적으로 개념을 설명하는 사물로 주해 사물에는 노트^{Note}가 있다.

■ 관계

UML에는 네 가지의 관계^{Relationship}가 있다.

① **의존 관계**^{Dependency Relationship} : 의존은 두 사물 간의 의미적 관계로, 한 사물의 명세서가 바뀌면 그것을 사용하는 다른 사물에게 영향을 끼치는 것을 말한다. 의존 관계를 보여주는 전형적인 예로는 TV와 리모컨을 들 수 있다. TV는 리모컨의 버튼에 따라 지정된 방송을 내보낸다. 즉, TV는 리모컨의 명세에 따라 행동하며, TV와 리모컨은 의존 관계에 있다고 할 수 있다.

② **연관 관계**^{Association Relationship} : 연관은 두 사물 간의 구조적 관계로, 어느 한 사물 객체가 다른 사물 객체와 연결되어 있음을 말한다. 연관을 표현할 때는 이름과 역할 그리고 다중성을 표기한다. 연관 관계는 순수 연관과 집합 연관 관계가 있다. 순수 연관은 두 클래스가 개념적으로 같은 수준에 위치하는 것을 말한다. 어느 것도 다른 것에 비해 더 중요한 위치에 있지 않다. 그러나 때로는 '전체/부분' 관계를 모델링해야 할 때가 있는데, 이러한 관계를 집합 연관 또는 'has-a' 관계라고 한다. 집합 연관의 예로는 자동차와 부품(엔진, 타이어, 도어 등)의 관계를 들 수 있다.

③ **일반화 관계**^{Generalization Relationship} : 일반화는 일반화된 사물과 좀 더 특수화된 사물 사이의 관계를 말한다. 다른 말로 'is-a' 관계라고도 한다. 주로 부모 클래스와 자식 클래스의 상속 관계를 보여주기 위해 사용된다. 일반화의 예로는 부모 클래스로서의 자동차와 자식 클래스로서의 택시, 버스, 트럭 등을 들 수 있다.

④ **실체화 관계**^{Realization Relationship} : 실체화는 객체들 사이의 의미적 관계로, 한 객체가 다른 객체에 의해 오퍼레이션을 수행하도록 지정하는 것이다. 대부분의 경우 인터페이스와 인터페이스에 오퍼레이션이나 서비스를 제공하는 클래스 또는 컴포넌트 사이의 관계를 지정하기 위해서 사용한다.

예를 들어 우리는 TV를 켜거나 끌 수 있다. 또는 시간을 맞추고 설정을 통해 채널을 조정할 수 있다. 그러나 이 모든 작동을 위해 TV의 기본 회로를 조작할 필요는 없다. 리모컨의 버튼을 누르기만 하면 이러한 작업을 해준다. 따라서 리모컨이 TV의 인터페이스가 된다. 리모컨이 갖는 오퍼레이션은 TV의 전원을 연결하거나 끊을 수 있고, 사용자가 원하는 채널을 설정하는 정도이다. UML에서는 TV의 행동 중 일부가 리모컨의 행동을 '실체화^{Realize}' 한 것이라고 말한다. 클래스(TV)와 인터페이스(리모컨)가 가지는 이러한 관계를 실체화 관계라고 한다.

■ 다이어그램

UML 다이어그램은 전통적으로 [그림 14-1]에서 보는 것처럼 구조 다이어그램^{Structure Diagram} 네 가지와 행위 다이어그램^{Behavior Diagram} 다섯 가지로 분류한다. 구조 다이어그램은 정적 모델 링을 위한 다이어그램으로 분류할 수 있으며, 행위 다이어그램은 동적 모델링을 위한 다이어 그램으로 분류할 수 있다.

3 UML 모델링의 이해

UML 모델링의 절차는 다음의 네 가지 측면과 세 가지 레벨로 나누어 설명할 수 있다. [03]

■ 네 가지 측면

- **정적 측면** : 시간의 흐름을 무시하고, 모델링 대상 범위에서 객체의 구조와 관계를 나타낸 것 이다.

- **동적 측면** : 시간이 경과하면서 이벤트가 발생함에 따라 객체의 상태가 어떻게 변화하는지를 나 타낸 것이다.

- **기능적 측면** : '어떠한 것을 주고받으며 화면 표시를 언제 어떻게 바꾸는가?'라는 사용자의 측면 에서 본 시스템의 행동을 나타낸 것이다.

- **물리적 측면** : 시스템을 실행하기 위해 필요한 컴퓨터와 기억 매체의 공간적인 배치를 기술한 것 이다.

■ 세 가지 레벨

UML 모델링에는 네 가지 측면과 함께 레벨^{Level} 또는 관점^{Perspective}이라는 것이 있다. 레벨은 모델의 추상도를 나타내는 것으로, 건축물을 예로 들면 대략적인 스케치에서부터 치수까지 기록한 상세한 설계도가 있는 것과 같다.

레벨은 일반적으로 추상도가 높은 순으로 개념 레벨, 사양 레벨, 구현 레벨로 구분한다. 각 레 벨은 모델링의 목적에 따라 다음과 같은 차이가 있다.

- **개념 레벨** : 문제 영역(도메인)의 해석을 기록한다. 구현을 의식하지 않은 채 고객이나 거래 같은 해당 영역에서 다루는 개념과 관계를 정리하여, 그 문제 영역에 있어서의 다양한 사항을 깊이 이 해한다.

- **사양 레벨** : 설계 작업에 대응하며, 문제의 해결책을 완성한다. 즉, 필요한 기능과 그 실현방법을 고안한다.
- **구현 레벨** : 개발 작업에 대응하며, 사양 레벨에서 고안된 실현방법을 기초로 하여 소프트웨어를 작성하는 데 필요한 정보를 덧붙인다.

주의할 점은 이 세 가지 레벨이 반드시 명확하게 나눠지는 것은 아니라는 점이다. 개발할 시스템에 따라서는 〈사양 레벨〉과 〈구현 레벨〉이 거의 동일하게 되는 경우도 있다. 중요한 것은 수행하고 있는 모델링 작업의 목적이 무엇인가를 개발자가 확실히 인식하는 것이다. UML에서는 이러한 레벨의 중요성을 명시하지 않은 채, 모델링을 수행하는 개발자에게 위임하고 있다.

또 한 가지 중요한 점은 모델링의 레벨과 소프트웨어 프로세스는 일치하지 않는다는 점이다. 예를 들면, 분석 단계라고 해서 꼭 〈개념 레벨〉의 모델을 작성하는 것은 아니다. 각 단계에서는 목적을 결정하고, 이정표를 설정해 그에 맞는 〈개념 레벨〉의 모델을 작성하고, 〈구현 레벨〉의 모델을 작성하는 것이 바른 자세이다.

다음 그림은 UML 다이어그램을 UML 모델링의 네 가지 측면과 세 가지 레벨에서 정리한 것이다.

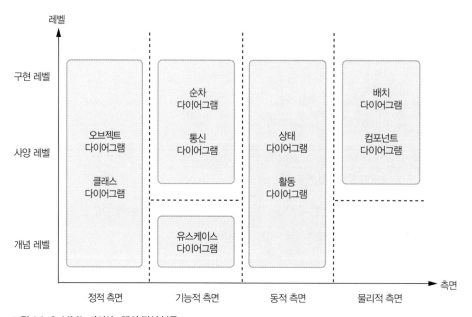

그림 14-2 **UML 다이어그램의 작성 분류**

다음 그림은 UML 1.x와 UML 2.0을 비교하여 정리한 것이다. UML 2.0부터는 네 가지 다이어그램이 추가되었다. [04]

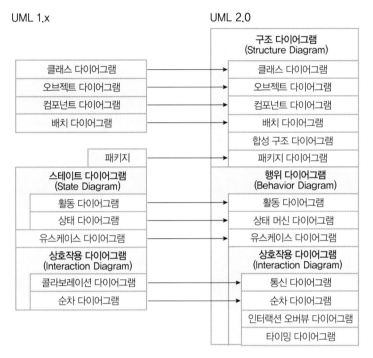

그림 14-3 UML 1.x와 UML 2.0의 비교

주요 다이어그램에 대한 표기법과 모델링 방법은 '2절 정적 모델링 도구'와 '3절 동적 모델링 도구'로 나누어 설명하겠다.

정적 모델링 도구

정적 모델링Static Modeling 도구는 UML의 구조 다이어그램Structure Diagram에 해당한다. 구조 다이어그램인 클래스 다이어그램, 오브젝트 다이어그램, 컴포넌트 다이어그램, 배치 다이어그램 등은 시스템을 구성하고 있는 객체들과 그 관계를 중심으로 모델링하는 역할을 한다. 이러한 모델은 시간의 흐름에 따라 유동적으로 변하는 상태나 행위를 표현하는 동적 모델링 도구와 달리 시스템의 지속적Permanent이고 정적Static인 측면을 모델링한다는 특징이 있다.

1 클래스 다이어그램

클래스 다이어그램Class Diagram은 객체지향 모델링에서 가장 많이 사용하는 개념이다. 클래스는 객체지향 프로그램에서 속성Attributes과 행위(메서드)를 갖는 하나의 객체 단위이다. 이와 같은 여러 개의 클래스들이 서로 상속이나 관계를 이용하여 표현된 다이어그램을 클래스 다이어그램이라고 한다. 클래스 다이어그램은 코드를 생성하는 데 직접적으로 영향을 끼치기 때문에 프로그래밍 개념과 같은 의미의 표현Notation을 이용하여 도식화한다. [05]

클래스 다이어그램은 피터 첸Peter Chen의 'ER 다이어그램'에서 시작되었다. ER 다이어그램은 1979년 첸의 논문 발표 이후 많은 연구자들에 의해 상속관계 등을 표현할 수 있도록 확장되어, 슐레이어 멜러 방법Shlaer-Mellor Method에서 말하는 '정보 다이어그램', OMTObject Modeling Technique에서 말하는 '오브젝트 다이어그램' 등으로 클래스 구조 설계에 사용되게 되었다. UML 다이어그램은 이와 비슷한 표기 방법들을 검토해 제정한 것이다. [06]

1.1 클래스의 구성요소

클래스는 다음 그림과 같이 이름, 속성, 메서드의 세 가지 요소로 구성되어 있다.

이름	은행계좌
속성	예금주 : 문자열 잔고 : 원 = 0
메서드	입금하다(예금액) 출금하다(출금액)

그림 14-4 **클래스 다이어그램의 예**

■ 이름

클래스는 클래스 하나당 하나의 이름이 필요하다. 클래스 이름을 작성하는 것은 그리 어렵지 않게 느낄 수도 있지만, 실상 클래스의 본질을 잘 나타내는 이름을 붙이도록 주의해야 한다.

■ 속성

클래스는 '속성'을 갖는다. 속성은 그 클래스의 구성을 나타내는 데이터로, 예를 들어 '사람' 클래스라면, '이름', '주소', '나이' 등의 속성을 갖는다. 물론, 애플리케이션의 종류에 따라서는 사람 클래스에 이들 속성이 불필요한 경우도 있고, 이들 이외의 속성이 필요한 경우도 있다. 기본적으로 사람 클래스인 이상 어떠한 애플리케이션일지라도 이름 정도는 반드시 필요하다. 그러나 예를 들어 보행자 수 조사 시뮬레이션과 같이, 움직이는 입자로서 인간이 존재한다면 이름 속성은 필요 없을 수도 있다. 이와 같이, 어떠한 애플리케이션에도 반드시 꼭 맞는 절대적인 클래스는 존재하지 않는다. 동일한 개념을 나타내는 동일한 이름의 클래스일지라도 애플리케이션이 다르다면 그 명세에 따라 크게 영향을 받는다. 따라서 속성을 생각할 때는 애플리케이션에 맞는 것을 정해 줄 필요가 있다. [07]

■ 메서드(오퍼레이션)

클래스가 갖고 있는 메서드는 클래스에서 제공하는 클래스에 대한 명령의 접수창구이다. 물론, 창구는 텅 빈 것이 아니고 클래스가 실제로 명령을 받을 때 그것을 실행할 절차도 필요하다.

예를 들어 보면, '엘리베이터' 클래스는 '정지할 층의 지정', '문을 연다', '문을 닫는다' 등의 메서드가 있다. 실제로 엘리베이터를 제어하는 애플리케이션이라면 '수동모드로 전환', '자동모드로 전환', '상승', '하강', '정지' 등의 메서드가 있을지도 모르겠다. 이와 같이 애플리케이션의 명세에 영향을 받는 것은 속성의 경우도 동일하다.

1.2 클래스 다이어그램 작성 절차 [08]

클래스 다이어그램의 작성 절차는 다음과 같다.

① 클래스 명세를 결정하고,

② 메서드(오퍼레이션)를 찾아낸 후,

③ 필요한 속성을 추출한다.

여기서 중요한 것은 메서드(오퍼레이션)와 속성의 순서이다. 어디까지나 속성보다 메서드를 찾아내는 것이 먼저이다.

클래스의 모델링에는 정답이 여러 개 존재한다. 어쩌면 그것보다 정답이 없다고 하는 것이 맞을지도 모르겠다. 그리고 이것이 객체지향의 심오함을 느끼게 하는 부분이기도 하다.

1.3 클래스 다이어그램 작성 예시

운전을 배우는 과정은 단지 차량 조작법을 익히는 것으로 충분하지 않다. 좋은 요리를 만드는 것도 요리 레시피를 찾아내는 것만으로 충분하지 않다. 클래스 다이어그램을 만드는 과정도 마찬가지다. 클래스 다이어그램에 대한 이해를 갖는 것만으로는 충분하지 않다. 다양한 사례를 접하며 직접 작성해 보고 또 다듬어 가는 과정을 반복해야 좀 더 나은 모델을 완성할 수 있다.

클래스 다이어그램을 작성하는 과정을 포함하여 객체지향 방법론으로 시스템 분석과 설계를 하는 사례 연구는 다음 장에서 다룰 것이다. 여기에서는 [도서대출]을 예로 들어 클래스 다이어그램의 작성 방법을 살펴보기로 한다.

- 도서를 대출하기 위해서는 회원자격을 획득해야 한다. 회원이 되려면 회원가입 절차를 통해 자신의 기본정보를 입력하고 도서관 이용규정에 동의해야 한다.
- 회원가입이 완료되면 회원증이 발급되며, 회원증을 이용해 도서를 대출할 수 있다.
- 회원은 한 번에 최대 5권의 도서를 대출받을 수 있으며, 대출기간은 2주로 제한한다.
- 회원은 원하는 도서를 찾아 대출창구에 회원증과 함께 제출하면 대출받을 수 있다. 도서를 반납하려면 해당도서를 반납창구에 제출하여 확인을 받으면 된다.

❶ 클래스 후보 추출

클래스 후보를 추출하기 위한 가장 일반적인 방법은 업무 명세서에서 명사를 찾아내는 것이다. 위 사례에서 클래스 후보가 되는 객체를 찾아보면 다음과 같다.

회원, 회원가입, 회원증, 도서, 대출, 반납

❷ 클래스와 클래스 사이의 관계 규정

추출된 클래스 후보들 사이의 관계를 규정함으로써 클래스로서의 적합성을 검증한다. 위 사례에 대한 클래스 간 관계를 표현하면 다음 그림과 같다.

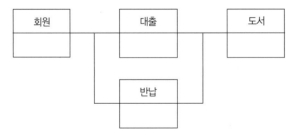

그림 14-5 클래스 간 관계도

❸ 클래스의 메서드와 속성 규정

클래스 후보가 클래스로 확정되기 위해서는 메서드와 속성을 찾아내는 과정을 거쳐야 하는데, 이를 통해 자연스럽게 클래스가 확정된다. 만약 클래스 후보 중에서 별다른 속성과 메서드를 찾을 수 없다면 클래스에서 제외시킨다.

이 사례에서 추출된 클래스의 메서드를 규정한 그림은 다음과 같다. [그림 14-5]의 클래스 간 관계도에 표현된 '대출'과 '반납' 클래스는 속성과 메서드가 같아 '대여' 클래스로 통합하였다.

그림 14-6 클래스 속성과 메서드

'회원' 클래스와 '대여' 클래스 사이에는 제약사항이 있다. 5권의 도서를 대여할 수 있으며 대여한 도서는 2주 이내에 반납해야 한다는 내용이다. 이러한 관계를 표현하려면 클래스 다이어그램을 개선해야 한다. 개선된 클래스 다이어그램은 다음과 같다.

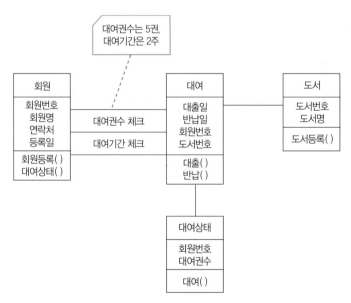

그림 14-7 제약사항을 반영한 클래스 다이어그램

클래스 후보에서 클래스가 될지 말지를 결정하는 기준은 그 클래스 후보의 메서드와 속성을 추출하는 과정에서 자연히 정해진다. 만약 속성도 메서드도 전혀 발견되지 않았으면, 그 클래스는 존재 의미가 없으므로 클래스에서 제외시킨다. 또한 속성이 하나이고 단지 속성 설정에 대한 메서드밖에 발견되지 않았으면, 다른 클래스의 속성으로 흡수시킨다.

이와 같이 속성과 클래스의 경계에는 유동성이 있다. 이것은 언뜻 애매하여 이해하기 어렵다고 느낄지도 모르겠지만 객체지향의 융통성이기도 하다. [09]

2 오브젝트 다이어그램

오브젝트 다이어그램Object Diagram 혹은 객체 다이어그램은 클래스 다이어그램과 연관지어 이해할 필요가 있다. 오브젝트Object는 클래스Class의 인스턴스Instance, 구체적인 예이기 때문이다. 클래스 다이어그램으로 잘 이해되지 않는다면 오브젝트 다이어그램을 통해 객체 혹은 클래스 사이의 관계를 보다 잘 이해할 수 있다.

앞에서 예로 든 도서대출 업무에 대한 클래스 다이어그램([그림 14-7])은 불완전한 다이어그램이다. 대여 클래스와 도서 클래스의 관계를 생각해 보면 어떤 도서를 대여한다는 것인지가 불명확하기 때문이다. 즉, 구체적으로 특정 도서 한 권을 지정해서 대여 처리를 하는 것이 맞다. 그렇다면 [그림 14-7]은 [그림 14-8]처럼 풀어서 작성할 수 있을 것이다. 오브젝트 다이어그램은 특정 시점의 오브젝트들의 구조적 상태를 표현한다.

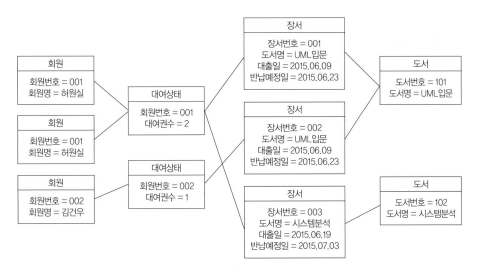

그림 14-8 도서대출 시스템의 오브젝트 다이어그램 작성 예

3 컴포넌트 다이어그램

시스템의 물리적 측면에서 소스코드와 소프트웨어 컴포넌트(부품과 구성요소)를 어디에 저장할 것인지, 정보자원을 어디에 배치할 것인지에 대해 표현해야 하는데, 전자는 '컴포넌트 다이어그램'을 이용하여 기술하고, 후자는 '배치 다이어그램'을 이용하여 기술한다. 이 두 가지를 합하여 '구현 다이어그램'이라고 한다. [10]

객체지향 방법론에서의 컴포넌트란 연관성이 높은 업무 기능과 관련 데이터를 하나로 묶어 처리하도록 만들어진 단위이다. 모든 컴포넌트에는 반드시 다른 컴포넌트와 통신할 수 있는 인터페이스가 정의되어 있으며, 컴포넌트의 인터페이스와 인터페이스의 구현은 컴포넌트를 구성하는 내부에 캡슐화되어 있다.

정리하면, 컴포넌트란 인터페이스에 의해서 기능이 정의된, 독립적으로 개발·배포·조립이 가능한 시스템의 구성 단위이다. J2EE 플랫폼의 JAR 파일과 닷넷 플랫폼의 DLL 파일이 대표적인 컴포넌트의 예이다. [11]

컴포넌트 다이어그램Component Diagram의 작성 예시는 다음과 같다.

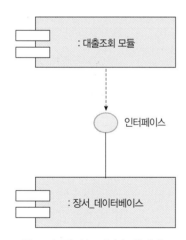

그림 14-9 컴포넌트 다이어그램 예시

4 배치 다이어그램

시스템 실행 시 필요한 물리적인 처리 자원(예를 들면 컴퓨터, 조직, 요원, 비즈니스 절차와 문서 등)과 실행 모듈, 소프트웨어 컴포넌트의 인스턴스 등을 노드라고 한다.

배치 다이어그램Deployment Diagram은 노드를 입체적으로 표현하고, 그 사이를 의존 화살표와 접속 관계를 나타내는 실선으로 연결해 이들 간의 통신 관계를 나타낸 것이다. 이를 달리 설명하면 네트워크, 하드웨어 또는 소프트웨어들을 실행 파일 수준 컴포넌트들과 함께 표현한 것이라고 할 수 있다. 즉 노드와 노드 간의 관계를 나타낸 것이다. [12]

배치 다이어그램의 작성 예시는 다음과 같다.

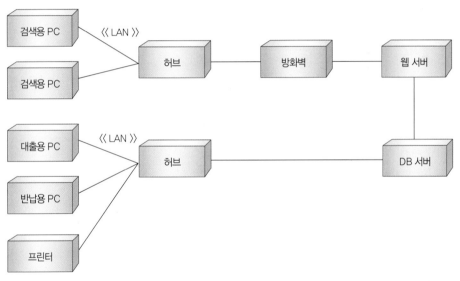

그림 14-10 배치 다이어그램 예시

03 동적 모델링 도구

동적 모델링^{Dynamic Modeling} 도구는 UML의 행위 다이어그램^{Behavior Diagram}과 인터랙션 다이어그램^{Interaction Diagram}에 해당한다. 동적 모델링 도구로 분류되는 유스케이스 다이어그램, 순차 다이어그램, 통신 다이어그램, 상태 다이어그램, 활동 다이어그램 등은 시스템을 구성하고 있는 객체와 그 관계를 중심으로 모델링을 하는 정적 모델링 도구와 달리 시간의 흐름에 따라 유동적으로 변하는 객체의 상태나 행위, 객체 간의 상호작용 등을 표현한다.

1 유스케이스 다이어그램 [13]

유스케이스는 액터(사람이나 조직, 외부의 시스템과 같이 시스템과 커뮤니케이션을 하는 주체)의 관점에서 본 시스템의 기본적인 행동을 기술한 것이다. 이것은 아주 단순하고 시스템의 외부를 기술하지 않기 때문에, 구현을 중요시하는 개발자들로부터 한때 경시되기도 했다. 그러나 개념 레벨의 유스케이스는 이용자의 '요구'를 기술하는 수단으로 매우 중요하다.

유스케이스 다이어그램의 의의는 필요한 유스케이스(기능 요구)가 모두 적혀 있는지 확인하는 것에 있다. 언뜻 보면 자료흐름도의 컨텍스트 다이어그램 같지만, 전혀 의미가 다르다. 유스케이스는 액터가 시스템과 어떻게 관련되어 있는지를 명시하고 있는데 비해, 컨텍스트 다이어그램은 시스템을 거대한 기능으로 보고 왕래하는 데이터의 흐름을 기술하고 있다. 유스케이스를 의식하기 이전의 분석상태를 기술하고 있다고 생각하는 편이 좋다.

도서대출 시스템에 대한 유스케이스 다이어그램^{Usecase Diagram}의 작성 예시는 다음과 같다.

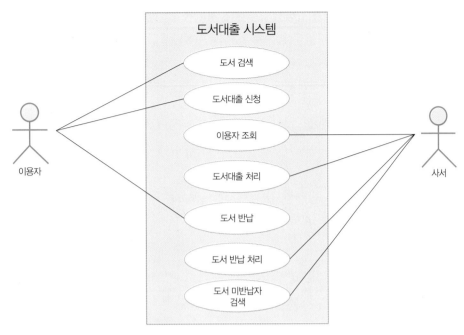

그림 14-11 유스케이스 다이어그램 예시

2 순차 다이어그램 [14]

순차 다이어그램^{Sequence Diagram, 시퀀스 다이어그램}은 객체 간의 동적 상호작용을 시간의 흐름에 따라 나타낸 것이다. 작고 각기 독립적인 기능을 수행하는 객체가 서로 긴밀하게 일을 분담하여 처리함으로써 주어진 문제를 해결한다는 방식이 전제되어 있다. 순차 다이어그램에서는 주어진 문제에 관련된 객체가 무엇인지 그리고 그 문제를 해결하기 위해 객체는 어떤 일을 하고, 어떤 일을 다른 객체에게 의뢰해야 하는지를 정의해야 한다. 다이어그램에서 수직방향은 시간의 흐름을 나타낸다.

순차 다이어그램의 특징을 살펴보면 다음과 같다.

- 순차 다이어그램은 객체의 메서드(오퍼레이션)와 속성을 상세히 정의한다. 객체 간 상호작용을 정의하는 과정에서 객체들이 가져야 하는 메서드와 속성이 구체적으로 드러나기 때문에 상세히 정의할 수 있다.

- 순차 다이어그램의 객체는 다른 객체가 의뢰하는 일을 처리해야 하는데, 이것을 객체의 책임^{Responsibility}이라고 한다.

- 순차 다이어그램은 유스케이스를 실현^{Realization}한다. 유스케이스 다이어그램에서는 시스템이 제공해야 하는 서비스를 정의하기 때문에, 프로그램으로 구현되기 위해서는 순차 다이어그램으로 설계되어야 한다. 이 과정에서 유스케이스에 필요한 객체가 주인공이 되고, 객체 간 메시지를 통해서 유스케이스의 기능을 실현하게 된다. 순차 다이어그램은 각 유스케이스별로 작성한다.

도서대출 시스템에 대한 유스케이스 다이어그램인 [그림 14-11]과 클래스 다이어그램인 [그림 14-7] 등을 참조하여 순차 다이어그램을 그리면 다음과 같다.

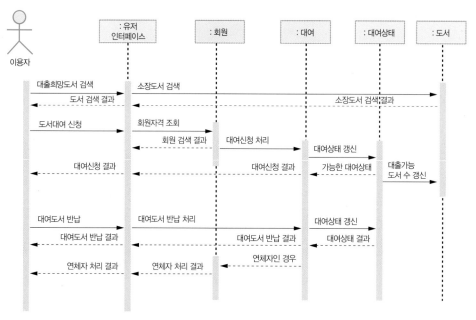

그림 14-12 순차 다이어그램 예시

순차 다이어그램과 통신 다이어그램은 함께 상호작용 다이어그램^{Interaction Diagram}으로 불리며 시스템의 동적 측면을 모델링하기 위해 사용된다.

3 통신 다이어그램

통신 다이어그램^{Communication Diagram, 커뮤니케이션 다이어그램}은 순차 다이어그램과 같은 상호작용 다이어그램이다. 순차 다이어그램이 메시지에 대한 시간적 순서를 나타낸 것이라면, 통신 다이어그램은 객체들 사이에 주고받는 메시지를 표현한 것이다.

두 다이어그램은 밀접한 연관성을 가지고 있어 순차 다이어그램을 작성하면 동일한 상황을 통신 다이어그램으로 자동 변환할 수 있고, 마찬가지로 통신 다이어그램을 작성하면 동일한 상황을 나타내는 순차 다이어그램으로 변환할 수 있다. [15]

[그림 14-12]의 순차 다이어그램을 통신 다이어그램으로 표현하면 다음과 같다. 통신 다이어그램은 '객체'와 객체 사이를 연결하는 '링크' 그리고 그 링크 사이에 오가는 '메시지'로 구성된다.

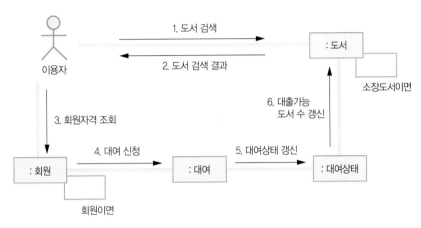

그림 14-13 **통신 다이어그램 예시**

4 상태 다이어그램

상태 다이어그램Statecharts Diagram, 스테이트차트 다이어그램은 객체의 상태가 이벤트의 발생 혹은 시간의 경과에 의해 어떻게 변화하는지를 나타낸 것이다. 특정 객체가 생성하여 소멸할 때까지의 라이프 사이클을 모델화한다. [16]

상태 다이어그램은 하나의 객체에 대해 객체 내부의 자세한 행동을 기술하거나, 시스템 전체에 대해서 시스템의 자세한 행동을 기술하는 데 이용한다. 상태 다이어그램은 '반응을 하는 Reactive' 특성을 가지는 객체에 대해서 작성한다. [17]

상태 다이어그램은 객체가 가질 수 있는 상태를 모서리가 둥근 사각형으로 나타내고, 전이(상태의 변화)를 나타내는 화살표와 화살표 위에 이벤트와 조건 등을 표시한다. 이벤트는 전이를 일으키는 원인으로, 사실상 메시지를 의미한다.

대여상태 객체의 상태 다이어그램을 표현한 예는 다음과 같다.

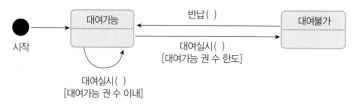

그림 14-14 상태 다이어그램 예시

5 활동 다이어그램 [18]

활동 다이어그램Activity Diagram, 액티비티 다이어그램은 예전부터 사용해왔던 순서도Flow-Chart와 모양이 매우 비슷하다. 순서도는 어떤 행위에 대한 워크플로우Workflow를 표현하는 대표적 수단이지만, 특정 객체에 대한 행위를 나타낼 수 없기 때문에 객체지향 관련 모델링에는 적합하지 않다. 이를 객체지향 스타일로 개선시킨 형태가 활동 다이어그램이다.

활동 다이어그램에서는 객체지향 스타일 모델을 상위 수준뿐만 아니라 하위 수준으로도 표현하기 위해, 객체나 조직 또는 역할에 대한 행위를 표현할 수 있도록 구획면Swim Lane을 추가했다. 구획면은 마치 수영장의 레인처럼 구분된 세로 방향의 영역을 말하는데, 활동 다이어그램에 표현된 각 활동의 수행 주체를 표현할 때 이용한다.

활동 다이어그램은 프로젝트가 진행됨에 따라 프로젝트 초기에는 주로 유스케이스 수준 또는 그 상위 수준에서 비즈니스 프로세스를 표현하고, 분석 단계에서는 유스케이스 내부에 대한 구체적인 흐름을 표현한다. 또한 설계 단계에서는 클래스 내부 메서드(오퍼레이션)에 대한 알고리즘이나 구체적인 로직을 표현한다.

다음 그림은 도서대여 업무에 대한 활동 다이어그램의 예이다.

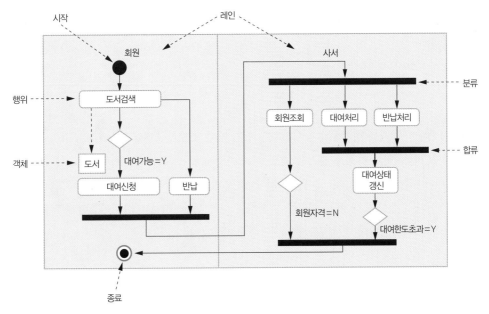

그림 14-15 활동 다이어그램 예시

UML 모델링 절차

UML 모델링의 절차를 명확하게 제시하기는 쉽지 않다. UML 모델링 도구(UML 다이어그램)들은 저마다의 목적과 특징을 가지고 있으며, 모델링 대상에 따라 각기 필요한 도구를 활용하는 것이 일반적이기 때문이다. 하지만 앞서 'UML 모델링의 이해'에서 살펴본 것처럼 UML 모델링의 네 가지 측면과 세 가지 레벨을 고려하여 그에 합당한 UML 다이어그램을 활용할 필요가 있다. 다음은 편의를 위해 [그림 14-2]를 옮겨온 것이다.

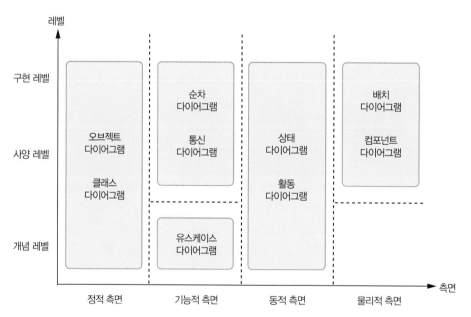

그림 14-16 UML 다이어그램의 작성 분류

혹자는 요구분석 과정에서 사용자의 요구사항을 명세화하는 '유스케이스 다이어그램'을 우선 작성하는 것으로부터 출발할 것을 제안할 수 있다. 또 다른 접근방법으로는 업무명세를 작성한 후 이를 통해 '클래스'를 추출하는 작업부터 시작하는 것이 필요하다고 제안할 수도 있다.

그러나 필자는 [그림 14-16]을 바탕으로 개념 레벨에서 사양 레벨과 구현 레벨로 점차 상세화된 모델을 작성해나가야 하며, 모델의 정적 측면과 기능적 측면을 작성하고 동적 측면과 물리적 측면을 작성하는 순서로 진행하는 것이 올바르다고 생각한다. 이를 다시 정리해 보면 다음과 같다.

① 업무명세를 바탕으로 클래스를 추출하여 초기 **클래스 다이어그램**을 작성한다.

② 사용자의 요구사항을 바탕으로 **유스케이스 다이어그램**을 작성한다.

③ 유스케이스 다이어그램을 바탕으로 클래스 다이어그램의 메서드를 추가하거나 통합한다 (이 과정을 통해 **클래스 다이어그램을 변경**하게 된다).

④ 유스케이스 다이어그램의 유스케이스에 해당하는 기능을 **순차 다이어그램**과 **통신 다이어그램** 작성을 통해 명세화 한다.

⑤ 순차 다이어그램과 통신 다이어그램을 통해 클래스 간 메시지의 교환과 그 절차의 시간적 순서를 확인하고 또한 사용자와 클래스 사이의 인터페이스를 식별한다(이 과정을 통해 클래스 다이어그램에 인터페이스 계층을 추가하고 **클래스 다이어그램을 변경**한다).

⑥ 모델링의 동적 측면을 위한 **활동 다이어그램**과 **상태 다이어그램**을 작성한다.

⑦ 최종 구현과 설치를 고려한 **컴포넌트 다이어그램** 및 **배치 다이어그램**을 작성한다.

하지만 이러한 절차를 빠짐없이 진행해야 하는 것만은 아니다. 모델의 규모와 복잡도에 따라 앞의 절차 가운데 보다 덜 중요하다고 생각되는 다이어그램은 생략할 수 있다. 아마도 가장 중요하고도 핵심적인 절차는 클래스 다이어그램을 작성하는 것이라고 볼 수 있다. 클래스 다이어그램은 한 번에 완성되는 것이 아니라 초기 개념 레벨(분석)에서 사양 레벨(설계) 그리고 구현 레벨까지 반복적으로 수정되고 보완되어진다. 이때 유스케이스 다이어그램과 순차 다이어그램 등이 클래스 다이어그램의 보완을 위해 꼭 필요한 절차이다.

다음 장에서는 비교적 간단한 사례를 들어 UML 모델링 절차와 방법에 대해 프로젝트로 진행해 보겠다.

▶ 요약

01 UML

객체지향 설계를 위한 표준 언어로, 소프트웨어 시스템의 산출물을 가시화, 명세화, 구축, 문서화하는 데 사용된다.

02 UML의 구성요소

UML은 기본 요소를 구성하는 사물(Things), 사물 간의 관계를 나타내는 관계(Relationship), 그리고 사물과 관계를 도형으로 표현하는 다이어그램(Diagram)의 세 가지 구성요소로 이루어진다.

03 정적 모델링 도구

UML의 구조 다이어그램(Structure Diagram)에 해당되는 도구이다. 구조 다이어그램인 클래스 다이어그램, 오브젝트 다이어그램, 컴포넌트 다이어그램, 배치 다이어그램 등은 시스템을 구성하고 있는 객체들과 그 관계를 중심으로 모델링을 한다.

04 클래스 다이어그램

클래스는 객체지향 모델링에서 가장 많이 사용하는 개념으로, 객체지향 프로그램에서 속성(Attributes)과 행위(Method)를 갖는 하나의 객체 단위이다. 이와 같은 여러 개의 클래스들이 서로 상속이나 관계를 이용하여 표현된 다이어그램을 클래스 다이어그램이라고 한다.

05 동적 모델링 도구

UML의 행위 다이어그램(Behavior Diagram)과 인터랙션 다이어그램(Interaction Diagram)들에 해당된다. 동적 모델링 도구로 분류한 유스케이스 다이어그램, 순차 다이어그램, 통신 다이어그램, 상태 다이어그램, 활동 다이어그램 등은 시간의 흐름에 따라 유동적으로 변화하는 객체의 상태나 행위, 객체 간의 상호작용 등을 표현하는 모델링 도구들이다.

06 UML을 활용한 모델링 절차

UML을 활용한 모델링 절차 가운데 가장 중요하고도 핵심적인 절차는 클래스 다이어그램을 작성하는 것이다. 클래스 다이어그램은 한 번에 완성되는 것이 아니라 초기 개념 레벨(분석)에서 사양 레벨(설계) 그리고 구현 레벨까지 반복적으로 수정되고 보완되어진다. 이때 유스케이스 다이어그램과 순차 다이어그램 등이 클래스 다이어그램의 보완을 위해 꼭 필요한 절차이다.

◥ 연습문제

다음의 사례를 바탕으로 주어진 과제를 완성하시오(15장 참조).

다음은 'Cooking Machine'의 조작 패널 개념도이다.

조작 방법은 다음과 같다.

• '선택/시작' 버튼(첫 번째 누르면 '선택')을 누른다.

• '기능선택' 다이얼을 돌려 원하는 기능(메뉴)을 선택한다. 기능(메뉴)은 다음과 같은 순서로 설정되어 있다.

구이 – 오븐 – 레인지 – 찜 – 콤비 – 자동
구이 자동 – 오븐 자동 – 레인지 자동 – 찜 자동 – 콤비 자동

• 기능이 선택되면 '상태 창'에 설정된 시간이 표시되거나 메뉴번호가 표시된다.

• '조절' 다이얼을 돌려 원하는 시간을 설정하거나, 메뉴번호를 선택한다(메뉴번호별로 최적 조리시간이 설정되어 있다).

• '선택/시작' 버튼(두 번째 누르면 '시작')을 눌러 요리를 시작한다.

• 조작을 취소하려면 '취소' 버튼을 누른다.

01 위 사례의 조작 패널에 배치된 각각의 버튼들의 속성과 행위들을 식별하여 클래스 다이어그램 형태로 표현해 보시오(초기 개념 모델).

02 위 사례의 조작 방법을 참조하여 유스케이스 다이어그램을 작성해 보시오.

03 위 1번 과정에서 작성해 본 클래스 다이어그램에 2번을 작성하는 과정에서 추가된 행위(개념)들이 포함된 변경된 클래스 다이어그램을 작성해 보시오.

04 위 사례의 조작 방법을 참조하여 순차 다이어그램을 작성해 보시오(인터페이스, 클래스 간 메시지 식별).

05 위 3번 과정에서 작성한 클래스 다이어그램에 위 4번 과정에서 인식된 인터페이스를 추가해 보시오.

Chapter 15

미니 프로젝트 3

학습목표

▸ 객체지향 방법론을 적용하여 실제 사례를 분석 및 설계해 본다.

▸ UML 도구의 활용법을 사례를 통해 학습한다.

▸ 기존 방법론과 객체지향 방법론의 차이점을 이해한다.

01 사례 소개

13장과 14장에서 객체지향 방법론의 핵심개념과 UML 도구에 대한 간략한 설명 그리고 작성 사례를 살펴보았다. 이제 지금까지 학습한 내용을 바탕으로 실제 사례를 들어 객체지향 방법론이 어떻게 적용되는지 이해하고, 앞으로 개발에 적용할 수 있는 능력을 키워보자.

1 차계부 앱 개발

이 장에서 다룰 사례는 '차계부 앱'이다. 차계부 앱은 스마트폰을 이용하여 차량운행과 관련된 주유기록, 정비기록, 여행기록 등을 기록하고 조회해 볼 수 있는 프로그램이다. 차량을 소유한 운전자라면 대부분 차계부를 가지고 있을 것이다. 필자도 차를 산 후부터 직접 차계부를 작성해 오고 있다. 차계부에 작성한 내용을 바탕으로 정비기록을 살펴보고 적정한 시점에 필요한 점검을 받을 수 있어 아주 유용하다. 그러던 중 이러한 기록을 스마트폰 앱으로 만들어 활용하면 좋겠다는 생각이 들었고, 직접 앱 개발에 착수하였다. 이 장에서는 그 과정을 바탕으로 설명하고자 한다.

2 업무(기능) 명세 작성

우선 최초로 해야 할 일이 무엇일까? 이 고민은 객체지향에만 국한된 것이 아니다. 어느 방법론으로 시스템을 만들더라도 '시스템으로 무엇을 할 것인가, 그리고 무엇을 하지 않을 것인가'를 결정할 필요가 있다. 이것을 소위 '명세Specification'라고 한다.

명세는 자세히 작성할수록 좋지만, 객체지향 방법론은 시스템 변경에 매우 유연하므로 '분석단계로는 절대로 되돌아가지 않는다'는 확고부동한 결의로 완고하게 대처할 필요는 없다. 근본적으로 전혀 다른 명세가 아니라면, 최초의 명세는 프로토타입Prototype 정도로 생각해도 된다(실제로 객체지향 개발에서 프로토타입부터 시작하는 경우가 빈번하다). [01]

차계부 앱 작성을 위한 업무 명세는 [그림 15-1]과 같다. 앱 이름은 '스마트 차계부'라고 하겠다.

- 스마트 차계부는 차량의 주유기록은 물론 정기적인 점검을 통해 부품이나 소모품 등을 교환한 정비기록을 저장한다.
- 이렇게 저장한 주유기록과 정비기록은 언제든 조회 가능하며, 월별주유현황 등을 그래프로 볼 수도 있다.
- 스마트 차계부는 여행기록을 남기는 기능도 있다. 다시 찾고 싶은 여행지, 맛집, 포토존 등을 지도에 표시하여 보여준다.

그림 15-1 차계부 명세

스마트 차계부는 스마트폰용으로 개발하기 때문에 기존의 전통적 방법보다는 객체지향 방법으로 개발하는 것이 적합하다. 대부분의 앱은 스마트폰 운영환경에 맞추어 제공되는 개발 플랫폼을 이용해 만드는데, 필자의 경우 자바와 안드로이드 기반 SDK에서 제공하는 다양한 클래스와 컴포넌트를 활용하여 개발하였다.

다음 2절에서는 기존의 방법론을 활용하여 스마트 차계부를 분석해 보고, 3절에서는 객체지향 방법론을 활용하여 분석 및 설계해 보고자 한다. 구체적인 분석 도구를 이용하여 진행하므로 기존 방법론과 객체지향 방법론의 차이를 보다 잘 이해할 수 있을 것이다.

기존 방법론을 활용한 분석

1 구조적 방법론에 의한 분석

기존의 구조적 방법론을 활용해 스마트 차계부 시스템을 분석해 보자.

❶ 자료흐름도 작성

[그림 15-1]의 업무 명세를 바탕으로 자료흐름도를 작성하면 다음 그림과 같다. 물론 배경도와 1차 분할도 및 2차 분할도 등으로 세분화해 나가는 것이 좋겠지만 비교적 단순한 사례인 점을 감안하여 1차 분할도에 해당하는 자료흐름도만 작성해 보았다.

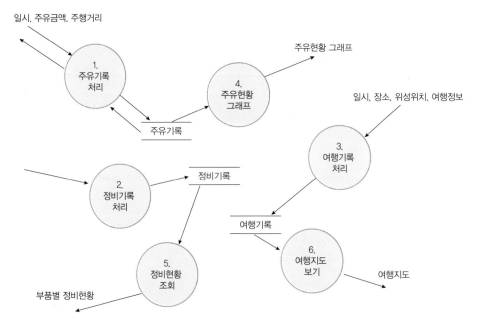

그림 15-2 스마트 차계부의 자료흐름도

❷ 자료사전 작성

- 주유기록 = { 주유일자 + 주유금액 + 주행거리 }
- 정비기록 = { 정비일자 + 부품명 + 정비비용 + 주행거리 }
- 여행기록 = { 여행일자 + 여행장소 + GPS위치 + 여행지정보 }
- 주유현황 그래프 = { 월별 + 주유금액 합계 + 주행거리 합계 }
- 부품별 정비현황 = { 부품명 + { 정비일자 + 정비금액 } }
- 여행지도 = * 여행기록과 동의어로 여행기록을 지도에 표기한 것 *

2 정보공학 방법론에 의한 분석

동일한 사례를 이번에는 정보공학 방법론으로 분석해 보고 그 결과를 기능도$^{\text{Function Chart}}$와 ERD$^{\text{Entity-Relationship Diagram, E-R 다이어그램}}$로 표현해 보자.

❶ 기능도 작성

다음은 스마트 차계부의 기능도를 작성한 것이다.

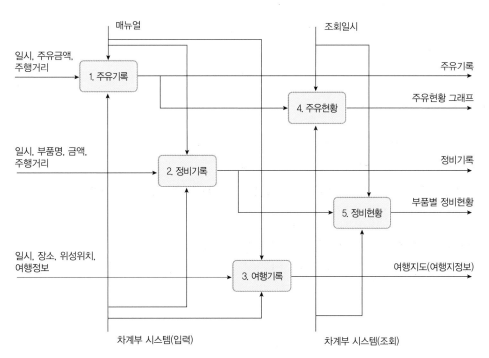

그림 15-3 스마트 차계부의 기능도

❷ ERD 작성

다음은 스마트 차계부에 대한 ERD를 작성한 것이다.

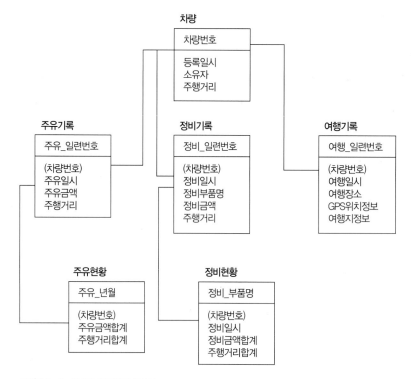

그림 15-4 스마트 차계부의 ERD

우리는 이미 2부와 3부에서 이러한 분석 과정과 그 결과를 활용하여 시스템을 구축하기 위한 절차에 대해 학습한 바 있다. 자료흐름도나 기능도는 시스템의 실행 모듈 단위로 인식되어 프로그램 개발자에게 넘겨질 것이며, 자료사전이나 ERD는 자료저장소 즉, 데이터베이스 설계를 위한 자료로 활용될 것이다.

그렇다면 객체지향 방법론에 의한 분석 및 설계 절차는 기존의 분석 및 설계 절차와 어떻게 다른 것일까? 그 궁금증에 대한 해답을 다음 절에서 다루어 보기로 한다.

03 UML 도구를 활용한 분석 및 설계

UML 도구를 활용한 분석 및 설계 과정은 객체지향 분석 및 설계를 위한 일반적인 접근방법이다. 하지만 '어떤 UML 도구를 언제 활용하는가?'라는 질문에 정답을 제시하기는 쉽지 않다. 어쩌면 정답이 없다는 것이 답일 수도 있겠다. 이 절에서는 가장 기본적으로 사용될 수 있는 객체지향 분석 및 설계 과정을 소개하고자 한다.

스마트 차계부를 객체지향 방법론으로 개발하기 위한 분석 및 설계 절차는 다음과 같다.

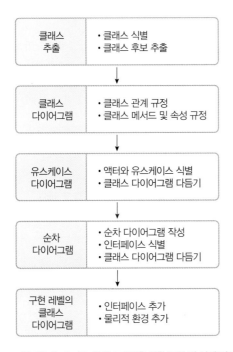

클래스 추출	• 클래스 식별 • 클래스 후보 추출
클래스 다이어그램	• 클래스 관계 규정 • 클래스 메서드 및 속성 규정
유스케이스 다이어그램	• 액터와 유스케이스 식별 • 클래스 다이어그램 다듬기
순차 다이어그램	• 순차 다이어그램 작성 • 인터페이스 식별 • 클래스 다이어그램 다듬기
구현 레벨의 클래스 다이어그램	• 인터페이스 추가 • 물리적 환경 추가

그림 15-5 스마트 차계부 개발을 위한 분석 및 설계 절차

1 초기 클래스 다이어그램 작성

클래스 다이어그램 작성은 객체지향 분석 과정에서 가장 중요한 절차이다. 클래스 다이어그램은 초기 분석 단계, 즉 개념 레벨에서 작성한 후 이를 점차 진전시켜 가며 다듬어 구현 레벨의 다이어그램으로 발전시켜 나가는 것이 일반적이다.

작성 순서는 초기 개념 레벨에서 클래스 후보를 찾아낸 후 클래스 사이의 관계를 규정하고, 클래스 사이에 주고받는 메시지와 역할을 정의한다. 그리고 각 클래스의 역할을 의미하는 메서드와 속성을 찾아내는 순으로 진행한다.

❶ 클래스 식별과 후보 추출

[그림 15-1]에서 정의한 스마트 차계부 명세를 바탕으로 클래스를 식별하는 작업을 진행해보자.

시스템에서 클래스를 찾아내는 작업은 시스템 명세에서 명사를 찾아내는 작업과 같다. 스마트 차계부 명세에서 명사만 찾아 밑줄을 그어보자. 중복된 대상을 제거하고 남는 것이 클래스 후보가 된다.

스마트 차계부 명세

- 스마트 <u>차계부</u>는 <u>차량</u>의 <u>주유기록</u>은 물론 정기적인 점검을 통해 <u>부품</u>이나 <u>소모품</u> 등을 교환한 <u>정비기록</u>을 저장한다.
- 이렇게 저장한 주유기록과 정비기록은 언제든 조회 가능하며, <u>월별주유현황</u> 등을 <u>그래프</u>로 볼 수도 있다.
- 스마트 차계부는 <u>여행기록</u>을 남기는 기능도 있다. 다시 찾고 싶은 <u>여행지</u>, <u>맛집</u>, <u>포토존</u> 등을 <u>지도</u>에 표시하여 보여준다.

그림 15-6 스마트 차계부의 클래스 식별하기

클래스를 식별할 때는 문제 영역의 클래스만을 생각한다. '문제 영역'이란 우리가 시스템을 개발할 때에 '이 시스템이 지금부터 해결하고자 하는 현상'에 해당하는 것이다. 다음 그림은 클래스 식별하기를 통해 추출된 클래스 후보들을 도식화한 것이다.

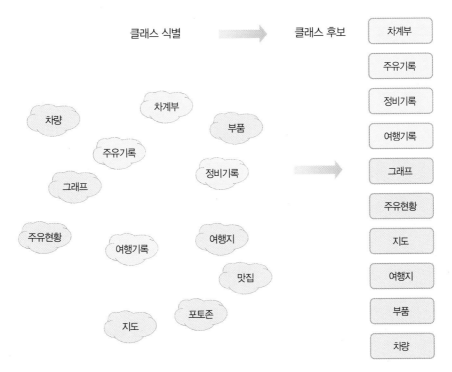

그림 15-7 클래스 후보 추출하기

❷ 클래스 사이의 관계 규정

이번에는 클래스와 클래스 사이에 어떠한 관계가 성립하는지 규정해 보자. 클래스와 클래스는 서로 독립적으로 존재하지만 서로 메시지를 주고받으며 자신의 역할을 분담한다. [그림 15-8]은 '차계부' 클래스와 관련 클래스 사이의 관계를 도식화한 것이며, [그림 15-9]는 주요 클래스 간에 주고받는 메시지와 역할을 표현한 것이다.

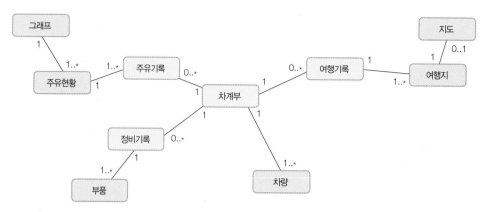

그림 15-8 **클래스 사이의 관계**

사용자(차계부)	자료입력	주유기록	
	자료조회		
	주유현황(그래프)		
	자료입력	정비기록	
	자료조회		
	정비현황(부품)		
	자료입력	여행기록	
	자료조회		
	여행지도		
	차량등록	차량	

그림 15-9 **클래스 사이의 역할**

❸ 클래스 메서드 및 속성 규정

클래스는 자신이 처리해야 할 역할을 가진다. 그리고 이 역할을 수행하기 위한 최소한의 자료 구조를 독립적으로 유지한다. 이와 같이 클래스 간에 메시지로 처리를 의뢰하고 그 결과를 받을 수 있도록 하는 것이 객체지향 방법론의 원리이다. 따라서 각각의 클래스에는 처리를 담당하는 오퍼레이션 혹은 메서드를 규정해야 하며, 자료구조를 의미하는 속성도 정의해야 한다.

다음은 각 클래스의 메서드와 속성을 표현한 그림이다.

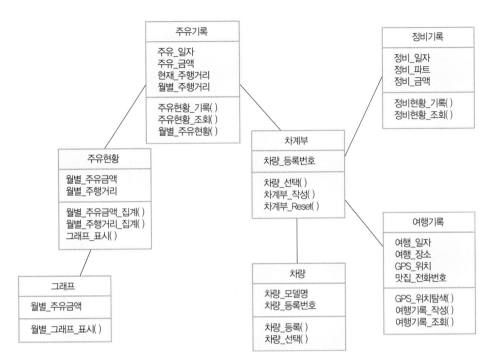

그림 15-10 **클래스 메서드와 속성**

2 유스케이스 다이어그램 작성

유스케이스 다이어그램을 작성하는 목적은 사용자의 요구사항을 정확하게 파악하기 위해서이다. 또한 클래스 다이어그램의 동적 측면을 보완하려는 목적도 있다. 유스케이스 다이어그램을 작성하는 과정에서 클래스 다이어그램에 추가되어야 할 클래스를 발견하기도 하고, 기존 클래스의 역할과 속성을 다시 정의해야 하는 경우도 발생하기 때문이다.

❶ 액터와 유스케이스 식별

액터Actor는 사람이나 조직, 외부의 시스템과 같이 시스템과 커뮤니케이션을 하는 주체를 의미한다. 유스케이스Usecase는 액터의 관점에서 본 시스템의 기본적인 행동을 기술한 것이다. 유스케이스 다이어그램은 액터와 유스케이스가 어떻게 관련되어 있고, 어떻게 서로의 역할을 책임지고 있는지를 표현한다.

스마트 차계부의 유스케이스 다이어그램은 다음 그림과 같다.

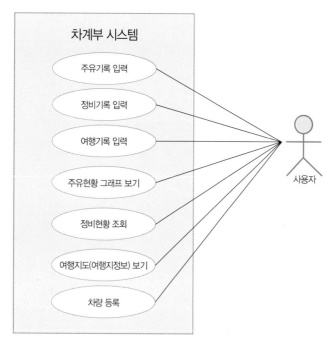

그림 15-11 스마트 차계부의 유스케이스 다이어그램

❷ 유스케이스 다이어그램을 반영해 클래스 다이어그램 다듬기

[그림 15-12]는 [그림 15-11]의 유스케이스들을 기존 클래스 다이어그램([그림 15-9], [그림 15-10])에 반영해 개선한 클래스 다이어그램이다. [그림 15-11]과 같이 클래스 간 관계로 표현되었던 활동(유스케이스)들이 새로운 클래스로 추가돼 개선된 것을 볼 수 있다.

개념 레벨의 클래스 다이어그램에서는 추가된 활동에 해당하는 클래스와 기존의 클래스를 [그림 15-13]과 같이 위와 아래로 구성된 두 개의 계층Layer으로 나누어 표현한다. 위의 활동 계층을 애플리케이션 레이어Application Layer라고 하고, 아래의 정적계층을 도메인 레이어Domain Layer라고 한다.

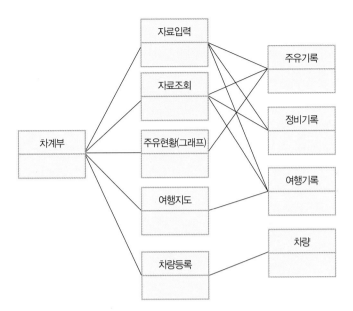

그림 15-12 활동을 추가한 개선된 클래스 다이어그램

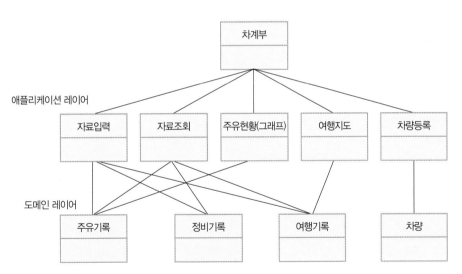

그림 15-13 개념 레벨에서 작성한 2 Layer 클래스 다이어그램

3 순차 다이어그램 작성

개념 레벨의 클래스 다이어그램이 두 개의 계층으로 구성된다는 내용은 앞에서 설명하였다. 개념 레벨은 다름 아닌 분석 단계를 의미하는 것으로 개념 레벨의 모델이 작성된 이후에는 이를 구현 레벨로 변환하기 위한 과정을 진행한다. 이때 클래스 간의 명확한 책임과 역할을 규정하기 위해 순차 다이어그램을 작성한다. 순차 다이어그램을 작성하는 과정에서는 사용자와 시스템 사이에 인터페이스가 필요한 것을 인식하게 된다. 따라서 이 과정에서 인터페이스 클래스를 추가한다.

❶ 인터페이스를 포함하는 순차 다이어그램 작성

객체지향 방법론에서는 객체의 정보(데이터)를 숨기고 다른 객체가 자신의 정보를 직접 조작하거나 참조하지 못하도록 제한하고 있다. 대신 인터페이스를 두어 필요한 정보를 전달하거나 참조할 수 있도록 한다.

다음 그림을 보면 사용자가 클래스에 접근하기 위해 인터페이스를 사용하여 필요한 활동을 하고 있음을 확인할 수 있다.

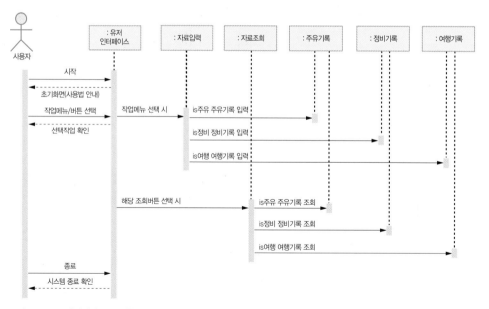

그림 15-14 인터페이스를 포함하는 순차 다이어그램

❷ 순차 다이어그램을 반영해 클래스 다이어그램 다듬기

클래스 다이어그램에 순차 다이어그램을 반영한다는 것은, 다른 말로 구현 레벨의 다이어그램으로 전환된다는 것을 의미한다. 순차 다이어그램은 시간의 흐름 속에서 각각의 객체(클래스)들이 어떻게 메시지를 주고받으며 어떠한 역할을 분담하는지를 보다 구체적으로 표현하고 있기 때문이다. 특별히 이 단계에서는 사용자와 객체(클래스) 사이에 위치하는 '사용자 인터페이스'가 등장하게 되는데, 이를 반영하여 시스템을 구축할 수 있도록 클래스 다이어그램을 개선할 필요가 있다.

개념 레벨의 클래스 다이어그램이 두 개의 계층으로 구성된다면, 구현 레벨의 클래스 다이어그램은 네 개의 계층으로 구성된다. 즉 기존의 애플리케이션 레이어 위에 인터페이스 레이어Interface Layer가 추가되고 도메인 레이어 아래에 퍼머넌트 레이어Permanent Layer가 추가된다.

다음 그림은 네 개의 계층으로 표현된 클래스 다이어그램의 예이다.

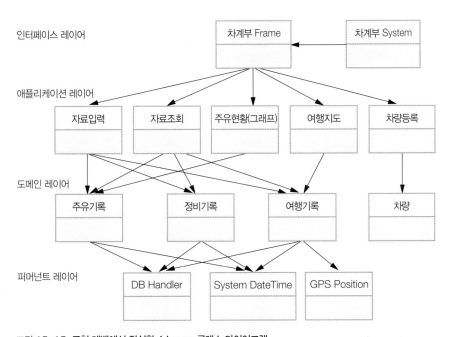

그림 15-15 구현 레벨에서 작성한 4 Layer 클래스 다이어그램

4 구현 레벨의 클래스 다이어그램 완성

[그림 15-15]의 구현 레벨에서 작성한 4 Layer 클래스 다이어그램에 메서드와 속성을 상세하게 기술하는 것으로 클래스 다이어그램 작성 과정을 마무리하고자 한다.

❶ 클래스 다이어그램 다듬기(구현 레벨)

구조적 방법론이나 정보공학 방법론에서도 다룬 바가 있지만 모델링 순서는 개념적 단계의 모델 즉 논리 모형에서 시작해 구현 단계의 모델 즉 물리 모형으로 전환하는 과정을 밟는다. 구현 단계에서는 DB 스키마를 구성하는 각 테이블의 필드명을 정의하고 소스코드에서 반영할 클래스 명칭을 명확하게 정의한다. 이때 테이블의 필드명이나 소스코드에 반영할 클래스 명칭과 메서드 명칭 등은 영문자로 작성하되 명명 규정을 위반하지 않도록 세심하게 작성한다.

[그림 15-16]은 독자의 이해를 돕기 위해 데이터 명칭이나 메서드 명칭을 한글로 작성한 것이다.

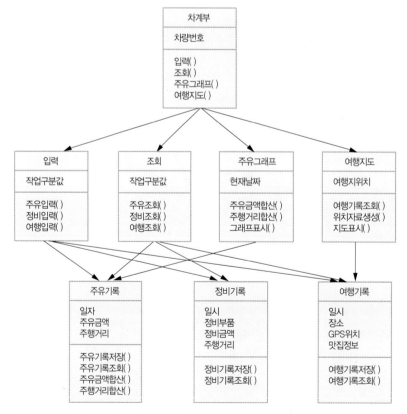

그림 15-16 구현 레벨의 클래스 다이어그램

이와 같이 작성된 클래스 다이어그램을 바탕으로 스마트 차계부 앱을 구현한다면 아마 [그림 15-17]과 같은 형태가 될 것이다. 스마트 차계부 앱은 사용설명 부분과 사용자 인터페이스 부분으로 나누어져, 사용자가 '버튼'을 선택해 원하는 메서드를 호출할 수도 있고, '메뉴'를 선택해 각각의 데이터를 입력할 수 있도록 설계되어 있다.

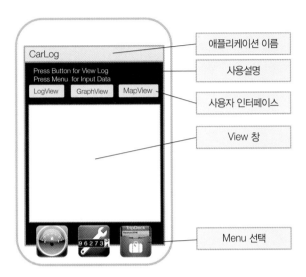

그림 15-17 스마트 차계부 앱의 실행 화면

TIP 필자가 구현한 안드로이드용 어플(어플명 : CarLog)을 Play Store(Android Market)에서 검색하여 설치하고 실행해 볼 수 있다.

5 정리

UML을 활용한 분석 및 설계 과정은 정적 분석 모델링 방법론에 동적 분석 모델링 방법론을 보완한 형태라고 할 수 있다. 객체지향 방법론의 핵심 모델링 도구인 클래스 다이어그램은 객체(클래스) 안에 자료구조와 행위(처리/메서드)를 통합하여 다른 객체들과 유기적으로 관계를 가지며, 서로 필요한 최소한의 자료들을 인터페이스 객체를 통해 주고받을 수 있도록 고안되었다.

유스케이스 다이어그램은 처리 주체인 액터를 식별하고 액터가 수행해야할 역할(책임)을 명시하도록 고안되었으며, 순차 다이어그램은 액터와 객체(클래스) 사이에 주고받는 메시지를 통해 수행해야할 일들을 순차적으로 명시하도록 고안되었다. 유스케이스 다이어그램이나 순차 다이어그램 모두 클래스 다이어그램의 정적 측면에서 분석의 한계를 극복하고 동적 측면을 반영하기 위한 상호보완적 도구로 활용되고 있다.

이제 대상 업무의 내용과 특성에 따라 객체지향 방법론에서 활용하는 다양한 모델링 도구 중 어떤 것을 활용해야 하는지를 알 수 있을 것이다. 이 장에서는 비교적 단순한 차계부 사례를 살펴보았으나, 앞으로 다양한 사례를 UML 도구로 모델링해봄으로써 객체지향 분석과 설계에 대한 충분한 이해를 갖기 바란다.

기존 방법론과 객체지향 방법론의 비교

객체지향 방법론은 갑자기 등장한 방법론이 아니다. 그동안 수많은 방법론이 등장하고 진화하는 과정에서 기존의 방법론을 통합하고 수렴하여 발전시킨 결과물이다. 스마트 차계부 앱 개발을 기존의 구조적 방법론과 정보공학 방법론으로 분석한 이유도 기존의 방법론과 객체지향 방법론이 서로 어떻게 연관성을 가지고 있는지 설명하기 위해서였다.

기존 방법론에서 객체지향 방법론으로의 발전은 '자료(데이터) 중심에서 자료와 처리 중심의 관점 변화'로 볼 수 있다. 다음 그림은 객체지향 방법론의 진화 과정을 개념적으로 도식화한 것이다.

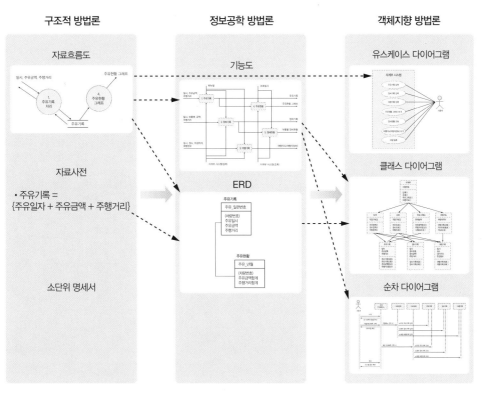

그림 15-18 객체지향 방법론의 진화 과정

구조적 방법론의 핵심 모델링 도구인 자료흐름도는 자료의 흐름을 따라가며 최종적으로 자료 저장소에 필수 자료가 어떻게 만들어지는지 파악하는 데 초점이 맞춰져 있다. 정보공학 방법론의 엔티티 관계도^{ER Diagram}는 구조적 방법론의 자료사전에 명시한 자료구조를 보다 구체적으로 명시한다. 그리고 객체지향 방법론의 클래스 다이어그램은 정보공학 방법론의 엔티티 관계도에 기반하여 만들어졌다. 한편 구조적 방법론의 자료흐름도에서 '처리'를 표현하기 위해 사용되는 버블^{Bubble}은 객체지향 방법론의 모델링 도구인 유스케이스 다이어그램에서 유스케이스로 표현되는 '활동'과 유사하다.

이러한 점을 미루어 볼 때 객체지향 방법론은 기존 방법론의 맥이 이어져 만들어진 것임을 알 수 있다.

Part 05

소프트웨어 품질관리

Chapter 16

소프트웨어 품질관리

학습목표

▸ 소프트웨어 품질관리의 개념 및 품질목표에 대해 학습한다.

▸ 소프트웨어 품질관리를 위한 절차를 알아본다.

▸ 경험적 품질관리 기준을 통해 품질관리를 실제적인 개발 프로젝트에 적용할 수 있도록 학습한다.

01 소프트웨어 품질관리 개요

오늘날 소프트웨어 과학자들과 기술자들은 점차 소프트웨어 시스템이 대형화함에 따라 소프트웨어 개발 방법, 유지비용의 절감과 품질보증Quality Assurance에 큰 관심을 갖고 연구를 계속하고 있다. 이를 위해 소프트웨어 생명주기의 중간 제품을 분석하여 소프트웨어 비용과 품질에 영향을 주는 요인을 측정하려는 시도가 이어지고 있다. 특히 소프트웨어 공학에서 소프트웨어 품질의 정량적 측정Quantitative Measure의 연구는 날로 증대되고 있다. 이러한 정량적 측정을 소프트웨어 생명주기에 적절히 활용한다면 소프트웨어 공학의 목표인 품질 향상과 비용 절감에 큰 진전을 가져다 줄 것이다.

1 소프트웨어 품질관리의 개념

소프트웨어의 위기로 말미암아 출현한 소프트웨어 공학의 목표는 소프트웨어의 품질 향상과 생산성 증대를 통한 비용 절감 등으로 요약할 수 있다. 앞서 다루었던 소프트웨어의 개발 방법론들은 결국 소프트웨어의 품질관리 문제로 귀결된다.

그렇다면 소프트웨어의 전반적인 문제점들은 무엇인가?

- **응답성**Responsiveness : 소프트웨어가 사용자의 요구에 올바로 응답할 수 있어야 하지만 사용자의 요구에 부응하지 못하는 소프트웨어로 인해 불만을 야기시키는 경우가 많다.
- **신뢰성**Reliability : 잦은 오류로 인한 소프트웨어의 신뢰성 문제가 빈번하게 발생한다.
- **비용**Cost : 소프트웨어의 개발비용을 예측하기 쉽지 않을 뿐 아니라 예상보다 과도한 비용이 발생하는 예가 많다.
- **변동성**Modifiability : 소프트웨어의 수정은 너무나 복잡하고, 많은 비용을 수반하며, 수많은 에러가 잠복하게 된다.
- **적시성**Timeliness : 소프트웨어의 개발은 종종 지연되거나 기대 이하의 기능만 제공한다.
- **변환성**Transportability : 한번 개발된 소프트웨어를 다른 목적에 맞게 변환하기란 쉽지 않다.
- **효율성**Efficiency : 자원을 효율적으로 사용하지 못한다. [01]

소프트웨어 품질에 대한 대표적인 정의들은 다음과 같다.

- 소프트웨어의 품질이란 요구사항 또는 제품사양에 대한 적합성을 의미한다(Conformance to Requirements or Specifications- Crosby).

- 소프트웨어의 품질이란 사용 중 발생하는 실패의 정도로 정의한다(Failness for Use- Juran).

- 소프트웨어의 품질이란 하나의 제품 혹은 서비스가 목표하고 있는 사용 목적을 충족시켜 줄 수 있는 능력에 대한 전체적인 특징 및 특성을 말한다(The Totality of Features and Characteristics of A Product or Service that Bear on Its Ability to Satisfy Given Needs-ANSI/ASQC).

결국 소프트웨어 품질이란 요구사항들을 충족시켜주며Meets Requirements, 결함이 없는Absence of Defect 소프트웨어를 의미한다.

이때 요구사항Requirements이란 수행되어야 할 일에 대한 명세로 아래와 같은 것들이 있다.

- **제공하는 기능**Function to be Provided

  소프트웨어가 제공하는 기능은 소프트웨어의 실행 메뉴 형태로 구현된다.

- **성능표준**Performance Standard

  소프트웨어의 성능은 정량적으로 측정이 가능한 수치로 정의한다. 흔히 소프트웨어의 성능은 소프트웨어의 효율성과 관련이 있으며 효율성Efficiency의 측정 기준으로는 시간 경제성과 자원 경제성을 들 수 있다. 예를 들면 소프트웨어의 수행 응답시간이나 수행에 필요한 메모리 사이즈 등의 요구사항을 제시할 수 있다.

- **표준 대비 성능측정 정의**Definition of Measurement Against the Standard

  위에서 제시한 성능 표준에 대해 실제 수행 성능이 어느 정도 충족하는지에 따라 허용치(최고치와 최저치)를 제시하여 최저 수치 미만의 수행 성능을 나타낼 때는 결함이 있는 소프트웨어로 평가한다.

결함Defect이란 요구사항을 충족시키지 못하는 실패 요소들을 의미한다. 주요 요소들은 [표 16-1]과 같다.

표 16-1 **결함의 주요 요소**

주요 요소	내용
환경	소프트웨어의 실행 환경이 열악하여 소프트웨어가 제 성능을 발휘하지 못하는 경우를 예로 들 수 있다. 네트워크 환경의 불안정, 서버의 용량이나 성능 미비, 필요한 장비(Hardware)의 미비 등이 이에 속한다.
역할분담	회사의 조직이나 부서는 업무의 원만한 처리를 위해 필수적인 요소라 할 수 있다. 마찬가지로 소프트웨어의 개발과 운영에 따른 적절한 조직과 부서를 두어 역할을 분담해야 한다.
방법과 절차 등의 도구	표준화된 방법과 절차 등이 마련되어 운영된다면 소프트웨어의 안정적인 운영이 가능할 것이다. 반면에 그러한 방법이나 절차없이 임의로 운영된다면 혼란과 과오를 범할 확률이 매우 높다.
시간과 인력 등의 자원	소프트웨어의 개발과 운영에는 두 개의 큰 요소(자원)가 필요한데 시간과 인력이 바로 그것이다. 소프트웨어의 개발 및 운영비용 역시 시간과 인력을 요소로 한 계산 값(MM : Man Month)이 활용된다.
훈련	소프트웨어 운영을 위해서는 운영자에 대한 충분한 훈련이 뒤따라야 한다. 훈련되지 못한 운영자에 의해 얼마나 많은 실수와 과오가 저질러지는지를 감안한다면 훈련의 중요성을 간과해서는 안 될 것이다.

소프트웨어 품질에 관한 잘못된 편견들을 살펴보면 다음과 같다.

- 소프트웨어의 품질은 절대적이기보다는 상대적인 것Relative Goodness이다.
- 소프트웨어의 품질은 측정이 불가능한 무형Intangible의 개념이다.
- 소프트웨어의 품질을 높이려면 많은 비용이 들 뿐만 아니라 생산성이 떨어진다.
- 소프트웨어의 품질이 조악하다는 것은 곧 개발자의 능력이 미숙하다는 것을 의미한다.
- 소프트웨어의 품질은 품질관리 부서의 책임이다.

하지만 소프트웨어의 품질은 효과Effectiveness와 능률Efficiency의 측면에서 측정이 가능하다. 효과란 요구사항과의 일치 정도, 효율이란 품질비용COQ, Cost of Quality과 자원 사용량 등에 의해 측정 가능한 것이다.

소프트웨어의 품질측정과 관련하여 부릴Burrill과 엘스워스Ellsworth의 언급을 유의할 필요가 있다.

「Quality cannot be achieved unless it can be measured, and it cannot be measured unless it can first be defined.」

즉 품질은 측정되지 않고는 결코 이룩할 수 없으며, 먼저 정의되지 않고는 결코 측정될 수 없는 것이다.

소프트웨어 품질 요구사항의 특성은 다음과 같다.

■ 다차원적(Multidimensional)

[표 16-4] 소프트웨어 품질목표와 품질기준과의 관계에서 살펴볼 수 있듯이 소프트웨어의 품질은 다차원적인 기준에 의해 평가될 수 있다.

■ 서로 다른 요구사항 간의 갈등관계(Conflicting with each other Requirements)

소프트웨어의 품질목표 간에는 상호 갈등관계가 존재한다. 즉, 적은 비용이나 적은 자원을 필요로 하며 이식성이 높은 소프트웨어를 목표로 한다면 사용자 편의성이나 다양한 기능성을 기대하기 어려운 것과 같다.

■ 비즈니스 요구사항과의 상충(Conflicting with Business Requirements)

비즈니스 요구사항은 흔히 소프트웨어의 효율성과 상충된다. 효율성을 갖춘 소프트웨어는 필수적인 기능만 수행하는 최소화(최적화)된 프로그램인 반면, 비즈니스 부서는 다양한 출력 양식과 빈번한 변동 요구를 충족할 수 있는 프로그램을 요구하기 때문이다.

■ 표현하기 어려움(Hard to Express)

소프트웨어는 불가시성의 특성을 갖는다. 마찬가지로 소프트웨어의 품질 역시 쉽게 인지하거나 표현하기 어려운 특성이 있다. 예를 들어 자동차의 성능이나 품질을 나타낼 때 차량의 배기량, 엔진성능, 연비 등을 통해 가격 대비 성능(품질)을 판단할 수 있으나 A통신사업자와 B통신사업자의 서비스 품질을 측정할 수 있는 일은 결코 쉬운 일이 아닌 것과 마찬가지다.

■ 이득을 쉽게 측정하기 어려움(Benefits are not Easily Measured)

투입된 비용에 따른 품질의 개선 효과 등을 측정하기란 결코 쉬운 일이 아니다. 이는 품질의 측정이 어렵다는 것과 같은 이유이기도 하다.

2 소프트웨어 품질목표

좋은 소프트웨어라고 하는 것은 신뢰성이 높은 소프트웨어라고 생각해왔다. 이 때문에 프로그램의 테스트 기간 중에 가능한 많은 에러를 발견하고 이를 제거한 후 출시함으로써 좋은 소프트웨어를 제공할 수 있다고 생각되었다. 소프트웨어의 품질이 좋다, 나쁘다고 말하는 것도 그 본질 자체가 명확하게 정의되어 있지 않으면 객관적으로 평가할 수 없다.

품질보증은 생산물이 설정된 명세와 일치하는가를 확인하는 데 필요한 모든 계획된 체계적인 활동을 말한다. 그런데 품질을 보증하고 평가하는 데 있어서의 문제는 각각의 사람들이 품질을 보는 견해가 다른 데 있다. 프로젝트 관리자에게 품질은 표준에 따라 제한된 비용과 기간 내에 기능적 요구사항을 구현하는 것을 의미할 것이며, 사용자에게 있어서 품질이란 사용하기 용이하고 빠른 응답시간을 갖는 것이 될 것이다. 또한 프로그래머 입장에서 품질은 수행을 올바르게 하고 프로그래밍 표준에 맞도록 하는 것을 의미한다. 그리고 시스템 유지보수자에게는 품질은 명확한 문서화와 이해가 용이한 코드를 의미할 것이다.

주어진 시스템이 품질에 대한 명백한 서술 없이는 개발자가 어떤 품질을 정착해야 할지 알지 못하고, 품질보증자 또한 어떤 품질을 주안점으로 시스템을 평가할지 알 수 없으며, 프로그램 관리자 또한 수행될 시스템의 품질의 중요성이 어떠한지를 결정할 수가 없게 된다.

소프트웨어 품질공학은 이러한 문제들을 해결하기 위해 설계된 것으로 다음과 같은 세 가지 요소로 구성된다.

① 시스템의 품질목표를 설정한다. 즉 시스템에 중요한 품질관점을 확립하고, 그의 우선순위를 결정한다.
② 이러한 품질목표의 개념을 가지고 시스템을 설계한다.
③ 해당 품질목표가 만나는 개발의 단계에서 시스템을 평가한다.

TIP 품질목표는 품질요인(Quality Factor)으로 표시할 수 있다.

표 16-2 **소프트웨어 품질목표** [02]

품질목표	정의
효율성(Efficiency)	최소한의 컴퓨터 시간과 기억장소를 소요하여 요구된 기능을 수행하는 시스템 능력
융통성(Flexibility)	새로운 요구사항에 접하여 쉽게 수정될 수 있는 시스템 능력
무결성(Integrity)	시스템 소프트웨어나 데이터의 독단적인 접근 및 수정을 제어할 수 있는 시스템 능력
상호운용성(Interoperability)	다른 시스템과 정보를 교환할 수 있는 시스템 능력
유지보수성(Maintainability)	에러가 발견되었을 때 쉽게 정정할 수 있는 시스템 능력
이식성(Portability)	하나 이상의 하드웨어 환경에서 운용되기 위해 쉽게 수정될 수 있는 시스템 능력
신뢰성(Reliability)	정확하고 일관된 결과로 요구된 기능을 수행하는 시스템 능력
정확성(Correctness)	사용자의 요구 기능을 충족시키는 정도
재사용성(Reusability)	시스템의 일부나 전체를 여러 가지 응용 부분에서 사용할 수 있는 능력
테스트용이성(Testability)	쉽고 완전하게 테스트할 수 있는 시스템 능력
사용용이성(Usability)	쉽게 배우고 사용할 수 있는 시스템 능력

3 소프트웨어 품질보증을 위한 접근방법

소프트웨어 품질공학의 구조는 다음 그림과 같이 최상위 계층의 품질목표와 두 번째 레벨의 품질기준 그리고 세 번째 레벨의 체크리스트 항목들로 구성되며 이를 시스템 개발주기의 각 단계별로 실시하는 절차로 이루어진다.

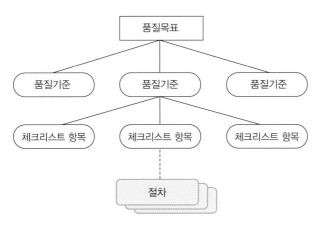

그림 16-1 **소프트웨어 품질공학의 프레임워크** [03]

최상위 계층의 품질목표는 시스템 품질을 관리적 측면에서 표현한 것이며, 이들 목표들은 [표 16-2]에 정의되어 있다. 품질목표는 프로젝트 관리자, 생산 관리자 및 획득 관리자가 시스템 개발의 외곽에서 품질목표를 설정하고 우선순위를 정하면 소프트웨어 개발 관리자에 의해 주어진 품질목표의 순서대로 설계된다.

[표 16-3]은 품질목표와 소프트웨어 개발 단계와의 관계를 나타내고 [표 16-4]는 소프트웨어 품질목표와 품질기준과의 관계를 나타낸다.

표 16-3 **품질목표와 생명주기 단계와의 관계**

생명주기 단계 품질목표	개발			평가	응용 및 유지보수			투자 효율성
	요구 분석	설계	구현	시스템 시험	운용	수정	변형	
정확성	△	△	△	×	×	×		높음
신뢰성	△	△	△	×	×	×		높음
효율성	△	△	△		×			낮음
무결성	△	△	△		×	×		낮음
사용용이성	△	△		×		×		보통
유지보수성		△	△			×	×	높음
시험용이성			△	×	×	×	×	높음
유연성		△	△				×	보통
이식성		△	△				×	보통
재사용성		△	△				×	보통
상호운용성	△	△		×			×	낮음

△ : 품질목표달성도 측정 시기, × : 저품질의 영향이 나타나는 시기

[표 16-3]을 통해 투자효율성이 높은 품질목표로는 정확성, 신뢰성, 유지보수성, 시험용이성 등이 있으며, 효율성, 무결성, 상호운용성 등은 투자효율성이 낮은 품질목표들인 것으로 나타났다.

표 16-4 **소프트웨어 품질목표와 품질기준과의 관계** [04]

품질기준 \ 품질목표	정확성	신뢰성	효율성	무결성	사용용이성	유지보수성	시험용이성	유연성	이식성	재사용성	상호운용성
추적가능성	○										
일관성	○	○			○						
완벽성		○									
오류허용성	○	○			○						
정밀성		○									
간단명료성		○				○	○				
기억장치효율성			○								
실행효율성			○								
사용통제성				○							
사용감시성				○							
운용성					○						
교육훈련성					○						
의사전달성					○						
모듈성						○	○	○	○	○	○
범용성								○		○	
확장성								○			
도구설비성							○				
자기기술성							○		○		
기계독립성									○	○	
응용독립성									○	○	
통신공통성											○
자료공통성											○
문서적정성											
응답속도성			○								
원시코드독해성						○	○	○	○	○	○
시험적정성		○									
출력결과적정성					○						
처리성			○								

품질관리 프레임워크에서 두 번째 레벨의 품질기준이란 좀 더 기술적인 면의 개념이다. 그 기준은 분석자, 설계자, 프로그래머, 테스터 및 유지보수자와 같은 소프트웨어 엔지니어에게 유용하다. 품질목표를 품질기준으로 분해하고 소프트웨어 품질에 따른 각 품질기준들을 결합하여 체크리스트의 집합을 구성하는데, 이는 측정 소프트웨어 기능을 확립하며 그 기준을 만족시키기 위해 시스템과 시스템 문서들로 합해져야 한다. 이들 체크리스트의 항목은 질문하는 형식으로 나타나며 시스템 개발자가 품질기준을 맞추고 그에 따라 시스템을 평가하는 평가자들에 의해 사용될 수 있다.

[표 16-5]는 국제표준기구ISO, International Standard Organization가 제시한 소프트웨어의 품질목표 및 품질기준을 정리한 것이다.

표 16-5 **ISO 품질목표 및 품질기준** [05]

품질목표	정의	품질기준
기능성 (Functionality)	명확한 이용자의 요구를 만족하는 기능의 존재와 특성에 관한 속성	정확성, 안전성, 호환성, 접속성 등
신뢰성 (Reliability)	정해진 기간과 조건 하에서 그 성능수준을 유지하기 위한 능력과 관계있는 속성	무결함성, 오차허용성, 가용성 등
사용성 (Usability)	소프트웨어를 사용하는 데 필요한 노력 및 특정(혹은 불특정) 사용자의 사용평가에 관한 속성	이해성, 조작성, 대화성 등
효율성 (Efficiency)	정해진 조건 아래에서 소프트웨어 제품의 일정한 성능과 자원 소요량의 관계에 관한 속성	시간 경제성, 자원 경제성 등
유지보수성 (Maintainability)	소프트웨어 변경 시 필요한 노력과 관계되는 속성	수정 용이성, 확장성, 테스트 용이성 등
이식성 (Portability)	소프트웨어를 다른 환경으로 이식할 경우에 관계되는 속성	HW독립성, SW독립성, 도입용이성, 재사용성 등

소프트웨어 품질관리 절차

소프트웨어의 품질을 보증하기 위해서는 소프트웨어의 관리 효율성을 증진시켜야 한다. 즉, 어떻게 좀 더 나은 프로젝트의 수행 계획을 수립할 것인가? 어떠한 형태로 조직을 구성할 것인가? 어떠한 통제 형태로 프로젝트를 수행할 것인가 등의 요소에 대한 결정이 적절하게 이루어져야 한다.

1 소프트웨어 품질관리 계획

1.1 품질관리 단계

먼저 품질관리를 위한 프로젝트 수행계획을 수립해 보면 다음과 같다.

그림 16-2 **품질관리의 4단계**

프로젝트 수행에 있어서 프로젝트를 일련의 단계별로 나누고 각 단계의 끝에서 go/no-go 결정의 제어점을 수립해야 한다. 각 제어점마다 go/no-go 결정에 사용되는 제어 절차가 명시되어 있어야 하며 소프트웨어 프로젝트에 참가할 요원들에 대한 적절한 평가가 이루어져야 한다. 요원에 대한 평가가 잘못 이루어지게 되면 작업 스케줄이 잘못되거나 품질이 나빠지게 되며, 효율성이 저하되고 프로젝트 비용이 증가하게 된다.

표준화 수립의 단계는 명세 표준화안, 문서 표준화안, 프로그램 표준화안이 있고 품질보증의 관점에서 가장 중요한 품질보증 계획서가 필요하다. 품질보증 계획서는 품질관리팀의 주 임무로 다음의 사항을 포함하고 있다.

- 계획의 목적과 범위
- 계획서에서 참조된 문서들
- 조직 구조, 수행될 작업, 생산물의 품질과 관련된 특별한 임무
- 준비해야 할 문서와 그 문서의 적합성 검토
- 사용될 표준, 규범과 관례
- 검열과 검사
- 형상^{Configuration} 관리 계획
- 소프트웨어 문제점을 기록하고 추적하여 해결하기 위한 규범과 수행절차
- 품질보증 활동을 지원하기 위한 특별한 도구와 기법
- 특정 소프트웨어 버전을 유지하고 저장하기 위한 방법과 설비
- 물리적 장치로부터 컴퓨터 프로그램을 보호하기 위한 방법과 설비
- 벤더^{Vendor}가 제공하거나 하청업체가 개발한 소프트웨어의 질을 확인하는 설비
- 품질보증 기록을 수집, 유지 그리고 보존하기 위한 방법과 설비

1.2 품질관리팀의 조직 관리
좋은 품질의 소프트웨어를 생산하기 위해 요원들을 적절하게 조직하고 관리하는 것은 소프트웨어 프로젝트 관리의 중요한 문제이다. 어떻게 조직을 세부 단위로 나눌 것이며, 조직 내 서로 다른 단계의 단위에 적절한 책임을 할당할 것인가의 문제를 해결하는 것으로 프로젝트를 기준으로 조직하거나 기능을 기준으로 조직하거나 이 두 방법을 혼합하여 조직하는 방법이 있다.

■ 프로젝트 조직
의사결정이 빠르고 인터페이스를 최소화 할 수 있으나 프로젝트 크기가 작을 때만 적용할 수 있다.

■ 기능적(Functional) 조직
전문성을 잘 살릴 수 있지만 인터페이스가 너무 많아지는 단점이 있다.

■ 매트릭스(Matrix) 조직

프로젝트 조직과 기능적 조직을 혼합한 매트릭스 조직은 책임이 분산되는 경향이 있다.

이러한 조직 구조를 선택할 때는 프로젝트의 크기, 생명주기, 조직사회의 문화 등을 고려하여 적절하게 구성해야 한다.

2 소프트웨어 품질보증 단계별 도구

[그림 16-3]은 품질보증 과정을 보여주고 있다. 품질과정을 살펴보면 요구분석, 분석 및 설계, 프로그램 구조 설계 과정에서는 체크리스트를 작성하여 테스트하고, 모듈 설계인 코딩 결과에 대한 테스트는 테스트 데이터를 선정하여 자동화된 툴을 사용한다. 이렇게 테스트한 결과는 그 비중을 평가하여 결함 보고서를 작성하고 그 대책을 마련한다.

즉, 설정한 품질목표와 기준에 의해서 소프트웨어 생명주기의 각 단계별로 체크리스트를 작성한다. 일반적으로 요구분석과 설계 과정에서는 체크리스트에 의해서 품질보증을 하지만 프로그램 구조와 모듈설계에서는 테스팅 툴을 사용하는 경우가 많다.

소프트웨어 구성 각 단계에서 사용되는 기법이나 기술과 여러 가지 도구들은 소프트웨어 구성방법이 소프트웨어 품질에 결정적인 영향을 준다는 점에서 소프트웨어의 품질보증과 생산성 향상에 밀접한 관련을 갖고 있다.

앞에서 살펴본 품질평가 요인은 생산물의 평가, 확인, 검증의 단계만으로 이루어지는 것이 아니라 소프트웨어 구성단계에서 이러한 요인들에 대한 고려가 이루어져야만 좋은 품질의 소프트웨어를 얻을 수 있다. 즉, 소프트웨어 테스트 기간 중에 발생하는 에러의 원인을 통계적으로 분석한 결과, 코딩 오류보다는 설계 오류 쪽이 더 많은 것이 판명되었다. 이것에 의해 신뢰성이 높은 소프트웨어 개발은 코딩 단계보다도 설계 단계부터 고려하는 것이 중요하다고 생각하기 시작했고, 현재는 요구분석, 설계, 프로그래밍, 문서화 등의 기법과 방법론이 품질 향상의 관점에서 많이 실시되고 있다.

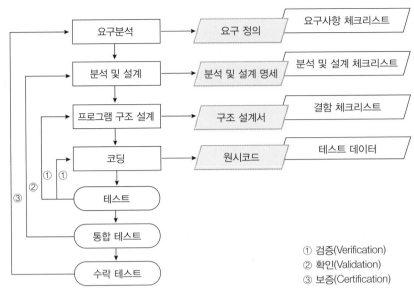

① 검증(Verification)
② 확인(Validation)
③ 보증(Certification)

그림 16-3 **품질보증 단계** [06]

■ **요구분석 단계의 품질보증**

요구분석 단계의 품질보증은 사용자의 요구사항 명세서를 기준으로 평가해야 한다. 따라서 요구사항 명세서는 사용자의 요구를 정확하고 빠짐없이 정의한 문서로써 그 중요성이 클 뿐만 아니라 시스템 품질평가의 가장 기본적인 기준이 된다. 요구분석 단계는 다른 단계에 비해 자동화 정도가 가장 미약한 단계로 정형적인 기법이 정착되지 못했다.

품질보증의 범주에서 볼 때 어느 정도 정형화된 요구분석 기법을 사용할 경우 요구사항의 일관성, 완전성을 확인하는 도구를 적용할 수 있다. 또한 품질측정의 관점에서 본다면 요구사항의 복잡도를 입력, 출력, 처리 과정의 수 또는 정제 단계의 수로 측정하는 도구를 사용할 수 있다.

■ **설계 단계의 품질보증**

종래의 설계 방법론들이 기능 및 처리 중심에서 자료 중심, 객체 중심으로 이동함에 따라 시스템의 구조나 제어흐름 등을 중심으로 품질 평가를 하던 관점을 자료구조 설계에 중점을 두어 평가하는 것이 바람직하다. 설계 단계를 지원하는 자동화 도구도 품질보증의 범위에서 보면 찾아보기 어렵다. 다만 사용되는 기법에 따라 설계 정보의 일관성과 완전성의 측정과 모듈의 중첩Nesting 정도, 모듈의 Fan-In, Fan-Out의 측정을 통해 복잡도를 측정해 보는 도구가 개발되었다.

■ 코드의 품질보증

프로그램 소스코드를 테스트하는 수단으로 자동화된 도구를 사용한다. 신텍스^{Syntax} 에러나 시멘틱스^{Semantics} 에러를 찾기 위한 테스트 목적도 있지만, 품질 향상을 위한 목적이 대부분이다. 코드의 품질 보증을 위한 테스트 방법에는 블랙박스^{Black-box} 테스트 방법과 화이트박스^{White-box} 테스트 방법이 있다.

블랙박스 테스트는 테스트 데이터를 입력한 후 출력 결과를 통해 처리부의 오류를 찾아내려는 시도인 반면, 화이트박스 테스트는 처리부인 소스코드를 추적하여 잠재되어 있는 오류를 찾아내는 방법이다.

■ 검증과 확인

검증^{Verification}이란 소프트웨어가 고객의 요구사항을 만족시키는가의 여부를 밝히는 활동이고, 확인^{Validation}이란 소프트웨어가 지정된 기능에 대해 정확하게 수행되는가의 여부를 밝히는 활동이다. 즉, 검증과 확인은 다음과 같이 구별할 수 있다. [07]

• **검증** : 제품을 올바르게 만들고 있는가?
• **확인** : 올바른 제품을 만들고 있는가?

검증이란 사용자가 원하는 올바른 제품을 만들었는지, 요구사항 분석의 결과가 사용자가 바라는 요구를 반영해 만족할 만한 것인지를 검사하는 것이다. 따라서 만들어지는 시스템이 프로젝트 초기 단계에서 정의된 목표와 요구사항에 부합하는지 검토하여 사용자가 원하는 올바른 시스템이 구축되었는지 검증한다.

확인은 개발주기상에서 현 단계의 산출물이 바로 이전 단계의 산출물과 일치하는가를 결정하는 과정으로, 사용자가 바라는 대로 소프트웨어가 만들어졌음(설계 및 구현됨을 의미)을 확신할 수 있도록 수행하는 활동이다. 즉, 사용자가 원하는 대로 소프트웨어가 제대로 만들어지고 있는지, 요구사항 명세서에 기술되어 있는 사용자 요구사항 대로 시스템이 동작하는지 검사하는 것이다. 확인은 설계, 구현, 시험 단계에서 이루어지며, 시스템 개발의 각 단계에서 그 이전 단계의 결과를 올바르게 반영하고 있는지, 전 단계에서 정해진 사양과 일치하는지 검토함으로써 시스템이 정확하게 구축되는지 검사한다.

■ 검토와 검열

검토Walkthrough와 검열Inspection은 소프트웨어 개발 생명주기의 전 과정에서 실시되어 오류를 최소화하기 위한 수단으로 활용되는데, 다른 품질보증 방법이 대부분 도구에 의해 시행되는 데 반해 검토와 검열은 인간에 의해 진행된다는 특징이 있다.

2장에서 다룬 바 있는 구조적 검토회의에는 개발 담당자와 사용자가 함께 각 단계의 산출물을 검토하고 검토 의견을 반영하는 절차였다면, 검열은 조정자Moderator에 의해 주관되며 검열팀에는 조정자, 설계자, 프로그래머 및 테스트 전문가가 참여하게 된다. 검열은 [그림 16-4]와 같이 5단계에 걸쳐 진행된다.

1단계에서는 검열 계획과 사전교육 등을 실시하며 주된 활동은 검열팀의 구성, 구성원에게 검토 역할 할당, 검열팀을 대상으로 간단한 사전 교육, 간단한 소프트웨어 설명, 어떤 작업이 어떻게 수행되었는지, 어떤 인터페이스가 있으며 기능은 무엇인지를 설명하는 등의 작업을 수행한다.

2단계인 준비 활동은 검열 자료를 받았고 검열 회의를 통보받았을 때부터 시작되며 모든 자료는 회의 5일 전에 전달한다. 검열팀 구성원은 발표할 자료를 준비하고 이해하기 어려운 부분을 표시하고 자료를 검토하여 결함을 발견하면 기록 양식에 기록한다.

3단계의 검열 회의는 발견한 결함을 구성원이 모여 논의하며 결함으로 판단되면 기록하고 종류를 구별하게 된다. 단, 해결책은 논의하지 않는다. 해결책은 개발자의 몫으로 남긴다. 회의 시간은 두 시간을 넘기지 않도록 하며 회의 중 참여자들의 결함 기록 양식을 회수한다. 발견한 결함에 대해 종합하고 준비기간과 검열 시간을 기록한 후 검열 회의의 재시행 여부 및 검열의 유형 등을 작성자에게 알리고 폐회한다.

4단계에서는 작업을 면밀히 살펴보고 수정 작업을 시행한다. 검열이 다시 필요하다고 결정되면 재검열을 준비한다.

마지막 5단계에서는 검열에서 발견된 모든 결함이 수정되었는지 확인하며 수정 결과는 직접 만나서 검사한다. 소프트웨어 품질관리자에게 종합보고를 제출하고 종료한다.

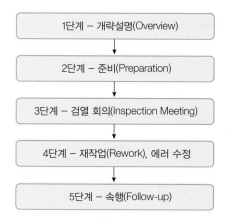

그림 16-4 **검열의 진행 단계**

03 경험적 품질관리 기준

앞서 살펴본 것처럼 소프트웨어 품질관리는 소프트웨어 개발의 성패를 좌우하는 매우 중요한 절차임에도 불구하고 개발자들과 사용자 모두에게 소홀히 여겨져 왔거나 막연하고 추상적인 개념으로 인식되어 왔다. 이 절에서는 현장에서의 품질관리 노력과 더불어 바람직한 품질관리 기준에 대해 논의해 보고자 한다.

1 현장에서의 품질관리

시스템 분석가를 포함한 소프트웨어 개발자들은 사용자의 요구사항을 기준으로 소프트웨어를 개발하는데, 개발자의 품질에 대한 인식은 구현된 소프트웨어가 포함하고 있는 다양한 기능에 현혹되기 쉽다. 범용 패키지 소프트웨어의 경우를 보더라도 버전이 증가할수록 새롭게 보강된 기능을 강조하게 된다. 그러다 보니 점점 사용자가 익혀야 할 사용법이 늘어나게 되고 소프트웨어는 복잡해지게 된다.

사용자 역시 다양한 기능을 제공하는 소프트웨어를 선호하는 것이 사실이다. 그러다 보니 품질의 척도는 제공되는 기능의 많고 적음에 의해 평가되기 쉽다. 하지만 이 경우 소프트웨어의 크기가 커지고 복잡한 인터페이스들을 관리하기 위해 많은 비용과 노력이 들므로 유지보수성이 떨어지게 된다.

소프트웨어는 비가시성을 갖는 특성상 개발 과정 중 소프트웨어의 품질 평가가 쉽지 않은 탓으로 품질보증 활동이 제품의 출시(완료)를 앞둔 시점에서 이루어지는 경우가 많다. 이 시기에 제품에 대한 테스트가 이루어지고 오류에 대한 수정작업이 진행된다. 하지만 오류의 원인에 대한 체계적인 분석과 접근보다는 임기응변식의 대응으로 단지 오류를 제거하는 데만 치중하는 경향이 있다. 이는 추후에 잠재적인 오류의 원인이 되기도 한다.

소프트웨어의 개발 과정에 산출되는 다양한 문서들에 대한 체계적인 정리와 변경관리가 이루어지지 않아서 실제 개발된 소프트웨어와 개발문서가 불일치하는 경우도 많다. 이는 향후 유지보수에 혼란과 치명적인 실수를 저지를 수 있는 원인이 되기도 한다.

프로그래머들은 자신이 작성한 프로그램에 충분한 주석을 달아 놓아 소스코드의 변경관리가 용이하도록 해야 함에도 불구하고 그렇지 않은 경우가 많다. 즉, 소스코드를 자신의 전유물로 생각하는 경향이 있다. 그러나 실제 다른 사람에 의해 소스코드의 변경관리가 이루어지는 경우가 많은 점을 감안할 때 이해하기 쉽고 명료하게 소스코드를 작성하는 것이 필수적이다.

사실 소프트웨어의 품질에 대한 객관적 평가가 쉽지 않고 품질보증 활동에 대한 인식이 낮은 탓으로 개발자나 사용자나 소프트웨어의 품질관리에 대해 관대한 기준을 적용하고 있다. 만일 우리가 사용하는 가전제품이나 생활용품의 품질이 떨어진다면 소비자의 불만이 얼마나 크겠는가? 물론 소프트웨어는 다른 제품과 달리 유지보수 절차를 통해 지속적으로 기능을 개선하거나 오류를 찾아 수정할 수 있는 기회가 주어지는 것이 사실이다. 하지만 그런 빈번한 변경관리는 반대로 소프트웨어의 신뢰성이 부족한 것을 입증하는 것이기도 하다.

"일단 사용해 보세요. 문제가 있으면 바로 수정해 드리겠습니다."

이와 같은 태도가 일반적인 개발자의 입장이라면 이는 품질관리가 제대로 이루어지지 않고 있음을 드러내고 있는 것을 의미한다.

"네, 일단 실행되네요. 문제가 있으면 연락드리죠."

사용자 역시 이와 같은 입장이라면 품질관리를 고려하지 않은 태도라 여겨진다. 그렇다면 개발자와 사용자가 같이 공감할 수 있는 품질관리의 기준은 무엇일까?

2 경험적 품질관리를 위한 기준

■ 개발자 측면

소프트웨어의 품질관리를 위한 품질목표 혹은 품질요인들 간에는 서로 상충되는 것들이 있다. 예를 들어 기능성이나 신뢰성, 사용성을 높이다 보면 효율성이 떨어지고, 효율성을 높이다 보면 유지보수성이나 이식성이 떨어지는 등 모든 품질목표를 충족시키는 소프트웨어를 개발하기는 쉽지 않다. 마치 디자인이나 품질이 좋으면서 가격이 싼 제품을 고를 수 없는 것과 마찬가지인 것이다. 결국 우선시 되어야할 품질목표를 세워 이를 만족시키기 위한 소프트웨어를 개발하는 것이 최선의 방법이 될 것이다.

과거에는 소프트웨어 개발 시 개발자의 입장에서 효율성(보다 적은 자원을 사용하며 보다 빨리 처리를 수행하는 능력)을 강조한 반면 최근에는 사용자 입장에서 요구되는 기능성, 신뢰성, 사용성 등이 좀더 높은 품질가치로 인식되고 있다. 물론 효율성이 중요하지 않은 것은 아니나 급속하게 발전한 하드웨어의 고성능화에 따라 제품의 성능Performance은 사용자의 불편이나 불만족 요인이 되지 못하고 있다. 반면에 사용자의 편의성을 고려한 제품에 대한 요구가 증대되고 있다. 따라서 사용자의 입장을 고려한 사용편의성, 기능성, 신뢰성 등에 좀더 역점을 두어야 할 것이며, 다양한 환경에 적응할 수 있도록 이식성을 중시해야 하며, 유지보수가 용이한 소프트웨어를 개발하는 데 우선순위를 두어야 할 것이다.

앞서 지적한 바와 같이 소프트웨어의 품질보증을 위한 노력은 개발 생명주기의 전 과정에 걸쳐 지속적으로 이루어져야 하는 만큼 개발자들은 개발 초기부터 품질관리를 위한 목표설정과 계획수립, 품질관리 조직을 갖출 수 있도록 해야 할 것이다. 품질관리를 위한 활동을 개발 단계별로 실시하여 피드백하는 시간을 갖도록 권장한다.

심리적으로 테스트는 파괴적 활동인 탓으로 테스트를 당하는 개발자의 입장에서는 이를 피하고 싶은 심리가 있기 마련이다. 하지만 벽돌을 만드는 사람이 벽돌의 강도를 측정하기 위해 벽돌을 파괴하는 시험을 거치지 않는다면 벽돌의 강도를 신뢰할 수 없는 것처럼 테스트를 거치지 않은 소프트웨어는 그 신뢰성을 보증할 수 없다. 따라서 테스트는 개발자가 아닌 테스트 전문가에 의해 체계적으로 실시되어야 한다. 또한 테스트는 산출물에 대한 객관적인 평가일 뿐 개발자에 대한 평가와 동일시 해서는 안 된다.

무엇보다도 개발자들은 문서화에 철저해야 한다. 코딩에 앞서 설계 과정에서 산출된 각종 표준들을 준수하며 소스를 작성해야 한다. 또한 변경사항의 발생 시 이를 지속적으로 추적 관리하여 추후 유지보수를 용이하게 할 수 있도록 해야 한다. 이때 변경사항 관리는 관리자의 통제 하에 이루어지는 것이 바람직하다. 간혹 프로그래머에 의해 임의로 변경된 사항이 표준화 기준에 맞지 않거나 설계 사상과 일치하지 않아 문제가 되는 경우가 있다.

최근의 개발환경은 과거에 비해 많은 변화가 이루어진 만큼 가능한 최신 버전의 개발 툴을 사용할 것을 권장한다. 과거의 프로그래머들이 자신이 개발한 논리에 의해 소스를 일일이 작성하던 것과는 달리 최근의 개발환경은 이미 표준화되어 제공되는 모듈(클래스 혹은 컴포넌트)들을 활용하여 원하는 프로그램을 빠르게 작성할 수 있도록 제공하고 있어 그만큼 생산성이 증가될 뿐 아니라 신뢰성이 증대되었다.

■ **사용자 측면**

소프트웨어의 품질관리는 개발자의 몫이라는 생각을 갖기 쉬운 것이 사실이다. 하지만 사용자 측면에서도 품질관리를 위한 노력을 기울여야 한다. 우선 소프트웨어의 개발에 앞서 명확한 기능 정의 등 소프트웨어에 대한 요구사항을 정의할 책임이 있다. 아울러 개발의 각 단계별로 산출되는 결과물에 대한 검증과 확인 작업을 소홀히 하지 않아야 한다. 개발의 초기 과정에서 발견된 오류를 수정하는 데 드는 비용이 상대적으로 적은 만큼 각 단계별로 오류에 대한 발견과 수정 과정을 거칠 때 보다 신뢰성 있는 소프트웨어를 개발할 수 있게 될 것이다.

개발된 제품의 품질에 대한 측정이 결코 쉬운 일은 아니지만 단지 겉으로 드러난 화려한 사용자 인터페이스^{Interface}나 다양한 메뉴에 현혹되기보다는 일정한 기간 동안에 발생하는 소프트웨어의 오류 및 오류를 수정하는 데 소요된 시간 등을 기록하여 이를 바탕으로 소프트웨어의 신뢰성을 측정하고 개발자에게 피드백을 해줌으로써 보다 개선된 소프트웨어로 발전시킬 수 있을 것이다.

신뢰성 측정을 위해 적용할 수 있는 간단한 척도는 다음과 같다.

MTBF = MTTF + MTTR

- MTBF : 실패 평균시간(Mean Time Between Failure)
- MTTF : 평균 실패시간(Mean Time To Failure)
- MTTR : 평균 보수시간(Mean Time To Repair)

신뢰성과 아울러 이용가능성^{Availability}은 주어진 시점에서 프로그램이 요구에 따라 작동되고 있을 가능성으로 다음과 같이 정의된다.

이용가능성(Availability) = MTTF / (MTTF+MTTR) * 100%

이러한 정량적인 자료에 의해 소프트웨어의 품질을 평가할 수 있을 때, 보다 객관적인 품질 평가가 가능할 것이며 개발자들에게도 막연한 불만사항의 토로에 그치지 않고 문제점을 지적할 수 있는 근거가 될 것이다.

사용자는 또한 소프트웨어의 올바른 사용을 위해 사용자 교육과 함께 사용자 운영규정^{User} ^{Operation Manual}을 꼼꼼히 살펴 제품의 기능, 특성, 대응방법 등에 대해 익힘으로써 사용자의 실수로 발생할 수 있는 오류를 방지하고, 제품이 제공하는 기능을 최대한 활용하는 자세가 필요하다. 대개 사용자는 자신이 주로 사용하는 기능에만 익숙한 채 숨겨진 다양한 기능을 익히는 데 소홀한 경우가 있는데, 이는 많은 비용을 들여 개발한 소프트웨어의 활용 효용성을 떨어뜨리는 결과를 가져오게 된다.

따라서 사용자는 개발자에게 사용자가 참조할 수 있는 소프트웨어에 대한 참조 매뉴얼^{User} ^{Reference Manual}을 요구하여 소프트웨어의 설계 사상을 정확하게 파악하고 그에 맞게 활용하는 것이 필요하다. 이러한 자세와 태도는 개발자에게도 좀더 철저한 문서화에 대한 필요성을 인식시킴으로써 결과적으로 양질의 소프트웨어 개발에 기여할 것이다.

▶ 요약

01 소프트웨어 품질

제품에 대한 사용자의 요구사항을 충족시켜줄 뿐만 아니라 결함이 없는 소프트웨어를 보증한다.

02 소프트웨어 품질요인

효율성, 융통성, 무결성, 상호운용성, 유지보수성, 이식성, 신뢰성, 정확성, 재사용성, 테스트용이성, 사용용이성 등이 있다.

03 소프트웨어 품질목표

ISO가 제시한 소프트웨어의 품질목표로는 기능성(Functionality), 신뢰성(Reliability), 사용성(Usability), 효율성(Efficiency), 유지보수성(Maintainability), 이식성(Portability) 등이 있다.

04 소프트웨어 품질공학의 구조

최상위 품질목표와 하위 계층에는 품질기준이 있으며, 각각의 품질기준을 측정하기 위한 체크리스트 항목으로 구성되어 있다. 각각의 체크리스트 항목은 검증 및 확인 절차를 밟는다.

05 소프트웨어 품질보증

소프트웨어의 품질보증을 위한 절차는 소프트웨어의 개발 생명주기 전 과정에 걸쳐 이루어져야 하며, 사용자가 원하는 올바른 제품을 만들고 있는지를 검사하는 검증(Verification)과 각 단계에서 산출된 산출물이 바로 이전 단계의 산출물과 일치하는지를 결정하는 확인(Validation) 등으로 구별된다.

06 소프트웨어 품질관리

소프트웨어의 품질관리를 위해 개발 담당자와 사용자가 함께 각 단계의 산출물을 검토하고 검토 의견을 반영하는 절차를 검토(Walk Through)라고 하며, 조정자에 의해 주관되며 설계자, 프로그래머 및 테스트 전문가가 참여하는 검열(Inspection) 등이 시행된다.

07 개발자 측면에서 품질관리 기준

품질관리의 중요성에도 불구하고 개발현장에서는 품질보증을 위한 활동에 소홀하기 쉽다. 경험적으로 소프트웨어의 품질에 대한 사용자 편의성이 강조되고 있는 현실을 감안하여 개발자들은 효율성을 중시하는 관점에서 기능성과 신뢰성, 사용성 등에 우선순위를 두는 것이 바람직하다.

08 사용자 측면에서 품질관리 기준

사용자들도 소프트웨어의 품질관리가 개발자의 몫이라는 사고에서 벗어나 좀더 객관적인 품질 측정이 가능하도록 정량적인 측정을 위한 자료수집 등에 관심을 가지고, '사용자 운영규정(User Operation Manual)'이나 '사용자 참조 매뉴얼(User Reference Manual)' 등을 꼼꼼히 살펴 소프트웨어를 바르게 사용할 수 있는 자세를 가져야 한다.

▶ 연습문제

01 '소프트웨어 형상관리'에 대한 참고 문헌을 찾아 그 개념을 학습하시오.

02 사용 중인 소프트웨어의 '사용자 운영 매뉴얼'이나 '사용자 참조 매뉴얼'을 살펴본 후 그 내용 가운데 평소에 소홀히 다루었던 항목들을 찾아보고 부족한 내용은 무엇인지 검토해 보시오.

03 소프트웨어 품질목표들을 검토한 후 최우선적인 품질목표 세 가지를 선택하고, 그 이유를 기술하시오.

04 소프트웨어 시험(Test) 방법론들에 대한 참고 문헌을 찾아 학습하시오.

1장

[01] 한금희/함미옥, 컴퓨터 과학 개론, 한빛아카데미, 2004년.

2장

[01] 윤청, 성공적인 소프트웨어 개발 방법론, 생능출판사, 1997년.

이경환, 소프트웨어 공학, 청문각, 1992년.

[02] 소프트웨어 품질관리, KIST 시스템공학센터(SEC).

[03] 윤청, 성공적인 소프트웨어 개발 방법론, 생능출판사, 1997년.

[04] Edward Yourdon, Structured Analysis and System Specification Workshop, 1988년.

[05] 양해술 외, 구조적 시스템 분석과 설계, 상조사, 1996년.

3장

[01] 한국방송통신대학교 서울 제1지역 대학 홈페이지 도서관 층별 배치도.

[02] Edward Yourdon, Structured Analysis, 1988년.

[03] Edward Yourdon, Structured Analysis and System Specification Workshop, 1988년.

4장

[01] 김동환 외, 구조적 시스템 분석, 홍릉과학출판사, 1992년.

5장

[01] CSC 뉴스, 한국 IBM.

[02]~[03] Edward Yourdon, Structured Analysis and System Specification Workshop, 1988년.

[04] 김동환 외, 구조적 시스템 분석, 홍릉과학출판사, 1992년.

[05] CSC 뉴스, 한국 IBM.

6장

[01] 김동환 외, 구조적 시스템 분석, 홍릉과학출판사, 1992년.

[02] Edward Yourdon, Structured Analysis and System Specification Workshop, 1988년.

7장

[01]~[02] 김동환 외, 구조적 시스템 분석, 홍릉과학출판사, 1992년.

9장

[01] BPwin 2.5 User's Guide, Genesis Technology Corp.

[02] 위키백과.

[03] BPwin 2.5 User's Guide, Genesis Technology Corp.

10장

[01]~[06] 관계형 DATABASE 구축을 위한 Data Modeling, Genesis Technology Corp.

11장

[01] 관계형 DATABASE 구축을 위한 Data Modeling, Genesis Technology Corp.

[02]~[03] Introduction to Database Design, Genesis Technology Corp.

[04] 관계형 DATABASE 구축을 위한 Data Modeling, Genesis Technology Corp.

[05] 김동환 외, 구조적 시스템 분석, 홍릉과학출판사, 1992년.

13장

[01] Tucker, 객체지향 입문, 정보문화사, 2004년, p.89.

[02] Tucker, 객체지향 입문, 정보문화사, 2004년, p.259.

[03] Matt Weisfeld, 객체지향적으로 생각하라, 정보문화사, 2009년, pp.14-15.

[04] 김태균, K교수의 객체지향 이야기, 배움터, 2004년, pp.139-151.

[05] 김태균, K교수의 객체지향 이야기, 배움터, 2004년, pp.121-123.

[06] Matt Weisfeld, 객체지향적으로 생각하라, 정보문화사, 2009년, pp.184-185.

[07]~[08] Matt Weisfeld, 객체지향적으로 생각하라, 정보문화사, 2009년

[09] Matt Weisfeld, 객체지향적으로 생각하라, 정보문화사, 2009년, pp.48-49.

[10] 한글판 위키백과(ko.wikipedia.org), 영문판 위키피디아(en.wikipedia.org).

[11] 시스템 통합의 핵심기술(쌍용정보통신 복병학/경복대학 이재우 共著).

[12] Tucker, 객체지향 입문, 정보문화사, 2004년, pp.467-468.

14장

[01] 한정수 외, UML 입문, 한빛아카데미, 2008년, p.24.

[02] 한정수 외, UML 입문, 한빛아카데미, 2008년, pp.45-60.

[03] Kiminobu Kodama, UML 모델링의 본질, 성안당, 2005년, pp.26-27.

[04] Kiminobu Kodama, UML 모델링의 본질, 성안당, 2005년, p.285.

[05] 한정수 외, UML 입문, 한빛아카데미, 2008년, p.104.

[06] Kiminobu Kodama, UML 모델링의 본질, 성안당, 2005년, p.46.

[07] Tucker, 객체지향 입문, 정보문화사, 2004년, p.95.

[08] Tucker, 객체지향 입문, 정보문화사, 2004년, pp.97-103.

[09] Tucker, 객체지향 입문, 정보문화사, 2004년, p.104.

[10] Kiminobu Kodama, UML 모델링의 본질, 성안당, 2005년, p.36.

[11] 한정수 외, UML 입문, 한빛아카데미, 2008년, pp.230-231.

[12] 한정수 외, UML 입문, 한빛아카데미, 2008년, p.250.

[13] Kiminobu Kodama, UML 모델링의 본질, 성안당, 2005년, pp.32-33.

[14] 한정수 외, UML 입문, 한빛아카데미, 2008년, p.141.

[15] 한정수 외, UML 입문, 한빛아카데미, 2008년, p.166.

[16] TechnologicART 저, UML 사전, 영진닷컴, 2005년, p.202.

[17] 한정수 외, UML 입문, 한빛아카데미, 2008년, p.206.

[18] 한정수 외, UML 입문, 한빛아카데미, 2008년, p.182.

15장

[01] Tucker, 객체지향 입문, 정보문화사, 2004년, pp.91-94.

16장

[01] 소프트웨어 품질관리, KIST 시스템공학센터(SEC).

[02]~[06] 이경환, 소프트웨어 공학, 청문각, 1992년.

[07] 윤청, 소프트웨어 공학, 생능출판사, 1999년.